江苏省教育科学规划一般课题“数据驱动高质量发展的‘发现教育’实践与创新”（D/2021/02/209）

用教育家精神
点亮星海发现之光

主编　周晓阳　范红梅　陈小军

苏州大学出版社
Soochow University Press

图书在版编目（CIP）数据

用教育家精神点亮星海发现之光 / 周晓阳，范红梅，陈小军主编. -- 苏州 : 苏州大学出版社，2025. 7.
ISBN 978-7-5672-5335-3
Ⅰ. G632. 0-53
中国国家版本馆 CIP 数据核字第 2025PV4026 号

YONG JIAOYUJIA JINGSHEN DIANLIANG XINGHAI FAXIAN ZHI GUANG

策划编辑：刘　海　　**装帧设计**：刘　俊
责任编辑：刘　海

出版发行：苏州大学出版社　　**网　　址**：http://www. sudapress. com
社　　址：苏州市十梓街 1 号　　**邮　　箱**：sdcbs@ suda. edu. cn
邮　　编：215006　　**开　　本**：718 mm×1 000 mm　1/16
印　　刷：苏州工业园区美柯乐制版印务有限责任公司　　**印　　张**：19. 5
版　　次：2025 年 7 月第 1 版　　**字　　数**：320 千
印　　次：2025 年 7 月第 1 次印刷　　**定　　价**：88. 00 元

图书若有印装错误，本社负责调换
苏州大学出版社营销部电话　0512-67481020
苏州大学出版社天猫旗舰店　https://szdxcbs. tmall. com

以传承为笔　共绘星海新篇章

（代序）

在苏州工业园区教育的浩瀚苍穹中，“星海”之名宛如一颗耀眼的星辰，长久以来一直散发着独特而迷人的光芒。我长久地仰望着这颗璀璨的“星海星”，虽深知其不凡，却始终徘徊在它光芒笼罩的领域之外，如同在浩渺宇宙中遥望神秘星球，心中满是向往与好奇。我明白，在星海的深处，蕴藏着一种独特而深邃的精神，那是一座亟待挖掘的精神富矿，其中蕴含的能量足以震撼和启迪每一个投身教育事业的人。而星海的老师们，个个都是教育领域的佼佼者，他们犹如夜空中熠熠生辉的繁星，我对与他们结识并共同探索发现教育的奥秘充满了渴望，却一直未能如愿。

直到 2020 年 1 月，我有幸成为星海中的一颗新“星”。那一刻，心中的期待与憧憬恰似春日里破土而出的新芽，带着蓬勃的生机与无限的可能。这一年，“传承再出发，目标再攀高”成为我们年度工作的核心主题，它就像一座明亮的航标，在教育的汪洋中为我们指引着前行的方向。传承，成为我们肩负的重要使命，可我们传承的究竟是什么呢？《用教育家精神点亮发现之光》宛如一把神奇的钥匙，为我们开启了探寻答案的大门。这部珍贵的、秉承教育家精神的案例集，细致入微地记录了星海从创业初期的艰难起步到不断探索教育理念的曲折历程，从师生携手并肩、共同奋进的温暖瞬间到一次次突破困境、创造辉煌的激动时刻，全方位地涵盖了星海发展的每一个重要阶段。用心研读它，我们仿佛能够触摸到星海一路走来坚实而有力的脚印；深入思索其中的故事，我们便能领会到那些蕴含在字里行间的教育智慧与强大的精神力量；展望未来，我们更能从这些故事中明晰未来奋斗的方向与目标。而我坚信，认真研习本书，更是每一位老星海人重温教育初心、每一位新星海人快速融入集体的必修课。

在当下这个激情似火、蓬勃发展的火红年代，科技日新月异，社会对人才的需求也在持续攀升。在这样的大环境下，星海的创新创业之路恰似一场气势恢宏的星际航行。要在这场航行中顺利前行，需要全体星海人齐心协力，紧紧握住手中的“船桨”，共同破浪奋进。这是一个勇立时代潮头、乘势而上的绝佳机遇，星海就如同那艘即将驶向星辰大海的巨轮，只要我们全体星海人同心同德、奋勇拼搏，就能让这艘教育航船朝着美好的未来全速前进。然而，在这个竞争激烈、不进则退、慢进也是退的时代，星海的再出发、再攀高，要求我们每一个星海人都要成为冲锋在前的热血尖兵。在教育过程中，我们会面临诸多看似无解之题，比如如何巧妙地激发学生的内在动力，让他们从被动学习转变为主动探索；又如如何在有限的时间里给予每个学生充分且有针对性的关注，满足他们不同的学习需求；等等。面对这些难题，我们要凭借教育家精神中坚定的信念与超凡的智慧去一一解开。同时，对于那些尚未被提出却又亟待解决的无问之问，我们也要主动去探寻答案。无论是教学资源的匮乏，还是教育理念更新带来的挑战，我们都要以无畏的勇气逢山开路、遇水架桥，全力以赴，为星海二十五岁的风华增添绚丽的色彩，全面开启星海新二十五年波澜壮阔的美丽画卷。

星海前任校长沈坚同志曾深情地评价星海人的故事“很感人”。回首过往，每一个故事都像是夜空中闪耀的星辰，在其背后，闪耀着光辉的思想与先进的理念。在探索“人人成功、人人成星”这一教育理想的道路上，星海的老师们秉持着执着的信念，他们坚信每一个学生都拥有无限的可能，哪怕面对基础薄弱、学习动力不足的学生，他们也从未有过一丝放弃的念头。他们以超越常人的自信，勇敢地打破传统教育的束缚，不断尝试新的教学方法与模式。每一次耐心细致的辅导、每一场精心设计的课堂，都展现出他们尽责的决心。这些教育故事生动地诠释了星海精神，真实地记录了教书育人的全过程。星海人怀着对教育纯粹而炽热的热爱，一心只为学生的成长全力以赴，最终收获了教育的最大成功——培养出一批又一批优秀的人才。这个过程虽充满了日夜备课的艰辛、与学生的倾心交流，但他们的事业因这份无私的付出而无比崇高，人生因这份执着的坚守而满含尊严，这正是教育人的荣耀所在！

的确，星海的建设是一项伟大的事业，绝非某一个人、某一代人能够独自完成。它不仅是一代又一代人持续接力的伟大征程，也是一代又一代精神的传承。这种传承，与当前弘扬的教育家精神高度契合。教育家们心怀对学生的大爱，时刻关注每一个学生的成长。在星海，我们同样要秉持这种精神，用心去发现每一个学生的独特之处。比如，有的学生可能在艺术方面天赋异禀，对色彩、旋律有着独特的感知力；有的学生则在逻辑思维上独具优势，能够轻松解开复杂的数学难题、分析深奥的科学原理。我们要以发现教育的敏锐视角，挖掘他们的潜力，让教育真正成为点亮学生未来的明灯。

愿每一位星海人都能牢记星海教育故事，将教育家精神融入日常教育教学的每一个细微环节，在发现教育的道路上不断探索、不断前行。让我们以传承为笔，饱蘸教育家精神与发现教育的智慧之墨，共同绘就星海教育更加辉煌的未来！让星海的光芒在教育的星空中愈发耀眼，照亮更多学生前行的道路！希望本书作为对星海教育精神的深度解读，能为大家提供有益的启示与思考，助力我们在教育的征程中不断前行。

周晓阳

2025 年 3 月

目 录

导言：追寻教育之光

上篇：传承与弘扬——教育家精神的时代解读

中篇：探索与实践——用教育家精神点亮发现之光

下篇：反思与展望——教育家精神引领教育未来

导言：追寻教育之光

基于“教育家精神+发现教育”的促进教师成长实践研究

陈小军

在新时代教育变革的宏大背景下，教师专业成长已然成为提升教育质量的核心要素。教育家精神凝聚着教育工作者对教育事业的热忱与坚守，宛如一座灯塔，照亮教育前行的道路；而发现教育专注于挖掘学生的潜在能力，恰似一把钥匙，开启学生发展的无限可能。二者有机融合，为教师成长开辟了全新的视角与路径，无论是在理论层面还是在实践层面，均具有不可估量的重大价值。

教育家精神为发现教育提供了理念和价值导向。教育家们以其高尚的品德、卓越的智慧和无私的奉献精神，为教育事业树立了榜样。他们的教育理念和方法，如因材施教、启发式教学、探究式学习等，都与发现教育的内涵相契合。教育家精神激励教师以学生为中心，关注学生的个性差异和发展需求，引导学生主动发现问题、解决问题，培养学生的创新精神和实践能力。

教育家精神的内涵包括对教育事业的热爱、对学生的关怀和对教育创新的追求，对学校的管理工作具有重要的指导意义。教育家精神与发现教育相互促进、相辅相成，促进学校对于发现教育的研究，推动学校师资队伍的建设。学校将继续以教育家精神为灯塔，全力建设优秀师资团队。

一、基于“教育家精神+发现教育”的促进教师成长的内涵

（一）教育家精神

教育家精神是教育工作者在长期教育实践中逐渐沉淀形成的，它集中体现了教育的本质、教育的价值追求和教师的职业操守，是一系列精神品质的高度集合。正如苏霍姆林斯基所深刻指出的，“教育者的个性、思想信念及其精神生活的财富，是一种能激发每个受教育者检点自己、反省自

己和控制自己的力量”。教育家精神涵盖了对教育事业的忠诚与热爱，是一种全身心投入的、坚定不移的敬业精神。在教育过程中，教育家精神强调对学生的悉心关怀与充分尊重，密切关注每一个学生的成长历程，尊重个体间的差异。并且，在当下数字化时代，借助大数据技术推进因材施教，以爱为核心开展教育活动，构成了教育的情感根基。

（二）发现教育

发现教育是指教育者依据发现的基本原理，严格遵循学生的成长规律，以改进教育教学模式为手段，以激发学生潜能并促进其全面发展为目标的教育实践活动。本研究中的发现教育吸收了已有的理论成果，在教智融合的时代背景下，秉持“发现人、唤醒人、发展人”的价值取向，旨在培育“阳光自信、身心健康、学业精进、智慧优雅”的师生群体。发现教育的思想渊源可追溯至苏格拉底的知识助产术，近代的卢梭、第斯多惠等教育家也持有相关主张，他们都强调学生在学习过程中的主动探索与发现。

（三）教师成长

教师成长贯穿了教师的整个职业生涯，是一个多维度持续发展的复杂过程。在专业知识与技能方面，教师要不断深化对学科知识的理解，紧密追踪学科前沿动态，持续提升教学设计与课堂管理能力，以满足学生日益增长的学习需求。在教育理念方面，教师要实现从以教师为中心向以学生为中心的根本性转变，高度关注学生的全面发展及个体差异，因材施教。在师德修养方面，教师要恪守职业道德，做到敬业爱生、为人师表，成为学生成长道路上的道德楷模。在教育科研能力方面，教师要善于敏锐发现教学过程中的问题，积极探索教育规律，改进教学实践，推动教育改革与创新，为教育事业的发展贡献智慧。

（四）“教育家精神+发现教育”的实践研究

教育家精神与发现教育的融合是一项创新性举措。作为江苏省首批教师发展示范基地校和苏州工业园区首批教师培训基地，星海实验高级中学开展“教育家精神+发现教育”的实践研究具有重要的现实意义。本研究旨在助力“四有”（有理想信念、有道德情操、有扎实学识、有仁爱之心）好老师充分汲取教育家精神的养分，以发现教育理念为指引，精准洞察学生的独特之处，积极探索创新教学方法，全面提升专业素养，实现从单纯的知识传授者向学生成长引路人的角色转变，推动学习环境的优化升级，达成“人人成功、人人成星”的教育目标。

二、“教育家精神+发现教育”的研究现状与深化价值

（一）教育家精神研究现状

通过检索国内知网，本研究共获取 2082 条与教育家精神研究相关的结果，其中有 41 篇论文聚焦于“教育家精神促进教师成长”。这些研究主要集中在教育理念、实践探索及教育思想等方面，涵盖了时代化演进、跨文化比较及与教育政策的关联探讨。随着教育改革的不断深入，教育家精神已成为教师专业发展的关键目标，尤其强调教育情怀、教育智慧与创新能力。在国外，相关研究较为成熟，涉及教育理论、教育领导力、教育伦理等多个领域，并将其视为教师专业发展的重要驱动力。然而，当前的研究存在理论较为分散、实践操作性欠缺、跨学科视角单一等问题，尚未形成系统、完整且具有广泛指导意义的理论与实践体系。

（二）发现教育研究现状

本研究从知网检索到 1220 条与发现教育研究相关的结果，其中有 79 篇星海实验中学教师发表的相关研究论文。布鲁纳的发现教学法着重激发学生的智力潜能，但在实际应用中存在一定的局限性，如对学生的自主学习能力和基础知识储备要求较高。国外数字化教材普及程度较高，十分注重教学过程中的互动性，以及对学生个体差异的关注，通过智能化学习系统为学生提供个性化的学习路径。国内的相关实践始于 2012 年之后。例如，苏州市吴中区鲈乡实验小学等学校提出了对“人”“事”“气”的发现理念，并取得了一定的成果，提高了学生的学习积极性、提升了课堂参与度等，但在推广过程中面临着缺乏标准化模式和可持续发展动力的挑战。

（三）“教育家精神+发现教育”研究现状

国外在此方面的研究起步较早，认为教育家精神与发现教育相互融合能够有效提升教师的教学能力和学生的综合素质。他们通过实证研究验证了教育家精神与发现教育融合模式在提升教学效果、促进学生全面发展方面的积极作用。而国内在这方面的研究尚处于起步阶段，可供借鉴的成果相对较少。课题组提出的教育家精神与发现教育融合创新实践观点，在以往的实验学校中基本未曾涉及，具有显著的创新性。后续需要进一步深化理论研究与实践探索，为教育改革和教师专业发展提供有力支撑，填补国

内在这一领域的研究空白。

（四）“教育家精神+发现教育”的深化价值

1. 顺应研究趋势

从理论价值来看，国内外研究均表明，教育家精神与发现教育的有机结合能够有效推动教师的专业成长和学生的全面发展，因此需要进一步深化探索，以更好地支持教育改革，适应教育发展的时代要求。

2. 丰富教育理论

从应用价值角度分析，对教育家精神与发现教育融合的研究能够细化教师成长路径，在师德建设、科研能力培养等多个方面为教师的成长提供理论支撑，同时构建起激发学生多元智能的科学理论框架，为教育实践提供更具针对性和操作性的指导。

3. 促进教师成长

将教育家精神融入发现教育实践，能够增强教师的使命感，促使其改进教学方法，激发创新活力，积极探索项目式、探究性教学等新型教学模式，提升教师的专业素养和教育教学水平。

4. 提升学生素质

发现教育能够有效激发学生的兴趣与创造力，融入教育家精神后，能够进一步激发学生的好奇心、培养学生的创新思维及团队协作能力，助力培养适应时代需求的实践型人才，为学生的未来发展奠定坚实基础。

5. 提升教育品质

在推广价值层面，该研究为教育质量提升和教师成长提供了新的路径，有助于不同学校充分利用本地资源，开展具有特色的教学活动，创建教师发展项目，促进教育教学资源的优质化提升，实现教育的均衡发展。

三、基于“教育家精神+发现教育”的促进教师成长观点创新

（一）主要观点

“教育家精神+发现教育”模式，旨在通过内在的精神激励与外在的教学实践优化，全方位推动教师专业成长，构建良性发展的生态体系，实现教师发展的新突破，提升教育质量，培育高素质人才。

1. 有效驱动教师成长核心机制

“教育家精神+发现教育”可以有效驱动教师成长核心机制。教育家

精神赋予教师崇高的理想、深厚的情怀和卓越的智慧，为教师提供内在的精神指引，增强教师的使命感；发现教育则提供创新的理念与方法，促使教师转变角色。二者的融合，可以从精神激励与实践优化两个层面全面提升教师的教育教学能力和创新能力，实现教师专业成长质的飞跃。

2. 全面重塑教育教学实践

“教育家精神+发现教育”有助于全面重塑教育教学实践。例如：在教学目标上，注重培养学生的综合素养，以契合时代发展的需求。在教学方法上，采用探究式、项目式学习等方式，引导学生积极主动参与学习，培养学生的创新与实践能力；关注学生的个体差异，实施因材施教，营造良好的课堂氛围，进而提升教学质量。

3. 构建教师专业发展生态体系

“教育家精神+发现教育”有助于构建教师专业发展生态体系。例如：开展丰富多样的培训、研讨与交流活动，促进教师之间分享经验；建立科学合理的评价与激励机制，将融合成果作为重要的评价指标；整合学校、行政部门及社会等方面资源，为教师发展提供全方位的支持和保障。

（二）创新之处

1. 发展创新

“教育家精神+发现精神”研究打破了传统观念的束缚，将教育家精神与发现教育紧密结合，开创出了全新的教师发展路径，开拓了新的研究方向，进一步完善了相关理论与实践体系。以往的相关研究大多只关注教育家精神或发现教育，本研究首次将二者深度融合，为教师专业成长研究带来了新的思路。

2. 应用创新

“教育家精神+发现教育”研究积极探索在不同学科、不同学段及不同教育资源条件下的融合模式应用，开展跨学科、跨学段的实践研究，拓展了融合模式的应用范围，为不同教育场景提供广泛适用的方案。无论是在基础教育阶段还是在高等教育阶段，无论是在资源丰富的学校还是在资源相对匮乏的学校，都能找到适合的融合实践方式。

3. 认识创新

“教育家精神+发现教育”研究深化对教师专业成长本质的认识，突出强调教育情怀、教育智慧及对学生自主学习能力培养的重要性，为教师专业成长研究提供了新的视角与维度，从以往单纯关注教师专业知识和技能的提升，转变为注重教师精神层面和教育理念的塑造。

4. 手段创新

“教育家精神+发现教育”研究运用大数据分析技术，实时跟踪教师教学与学生学习情况。借助虚拟现实、人工智能等新兴技术，为教师提供沉浸式培训体验和先进的教学辅助工具，提升教师的实践应用能力。利用现代信息技术手段，实现教育教学过程的精准分析和个性化指导。

四、基于“教育家精神+发现教育”的促进教师专业成长研究方向及研究重点

（一）研究方向

本研究聚焦“教育家精神+发现教育”模式，旨在探索出促进教师成长的高效路径，全面提升教师的综合能力，使其能够更好地顺应新时代教育发展的需求。一方面，本研究重视青年教师专业成长，实施青年教师雏鹰计划，为青年教师提供具有可操作性的融合实践指南，助力青年教师以教育家精神为引领，运用发现教育理念充分激发学生潜能，提升教学质量；另一方面，本研究通过该模式加强教师之间的交流与合作，推动教师专业共同体的形成，实现教师队伍的整体发展。同时，本研究还将为教育改革提供坚实的实践依据，推动教学模式的创新，为培养高素质人才奠定基础。

（二）研究重点

本研究围绕总体目标，设立了三个子课题，具体如下。

1. 基于“教育家精神+发现教育”的教育理念创新研究

坚持思想教育、推进思政建设，坚持师德为先、推进师风建设，坚持主题教育、推进师风行动，深入剖析教育家精神与发现教育的核心内涵，以及二者融合对教师教育理念产生的影响。通过问卷调查、访谈等方式，了解当下青年教师教育理念存在的问题，并通过开展培训研讨活动（如举办专题讲座、进行案例分析等）、新聘教师入职培训、学年师徒结对工程、常规教学工作检查、青年教师先锋队建设、青年干部培养工程等帮助青年教师更新教育理念。建立跟踪评估机制，运用课堂观察、学生评价等手段评估教学效果，为进一步优化教育理念提供依据。

2. 基于“教育家精神+发现教育”的教师专业成长路径研究

深入研究发现教育方法的特点与适用场景，结合教育家精神中的创新元素，为骨干教师寻找“领路人”，组建学校教师学术委员会，支持骨干教师发挥辐射力量，深入探索适合不同学科及不同教学内容的创新教学方法。组织教师开展创新实践活动，鼓励教师在课堂教学中尝试新方法，并对实践过程进行记录与分析。搭建交流平台，定期组织教师分享实践经验，促进教师的专业反思与自我发展意识的形成。通过对教师专业成长需求的调查，评估创新方法对教师科研效果的影响，持续关注教师的专业成长。

3. 基于“教育家精神+发现教育”的教师发展评价研究

分析教师在融合实践过程中遇到的困难与需求，建立选拔机制、导师制度、激励机制，构建教师专业发展支持体系。开发有针对性的培训课程，完善激励机制，对表现优秀的教师予以表彰。探索学校、教育行政部门及社会资源的协同合作机制。通过教师满意度调查、专业发展成果评估等方式，了解支持体系对教师成长的促进作用，并及时进行调整与完善。

五、基于“教育家精神+发现教育”的促进教师专业成长研究思路与方法

（一）研究思路

1. 理论构建

以教育家精神为核心，融合发现教育理念，构建“教育家精神+发现教育”的理论框架，明确教育家精神的内涵，如教育情怀、教育智慧、创新精神等，以及发现教育的关键要素，如探究式学习、问题导向、学生主体性等，为后续的实践研究提供坚实的理论支撑。

2. 实践探索

运用行动研究、案例研究等方法，采取名优教师校内示范引领、名优教师区域内工作坊引领、名优教师参加援疆项目等举措，将构建的理论框架应用于教师专业成长实践。探索具体的融合策略，比如探索教师如何借助发现教育提升自身的教育智慧，以及如何在教学实践中充分体现教育家精神，并在实践中不断检验和完善理论。

3. 效果评估

采用定量与定性相结合的方法，评估“教育家精神+发现教育”模式

对教师专业成长的实际效果，分析教师在教学能力、创新能力、学生发展指导能力等方面的提升情况，通过数据统计分析和案例深入剖析，全面、客观地评价研究成果。

4. 总结推广

总结研究成果，提炼出可推广的教师专业成长模式和实践策略，为教育政策的制定及教师培训工作提供有力的支持。将研究成果转化为实际应用，推动教育领域的改革与发展。

（二）研究方法

1. 文献研究法

广泛阅读相关文献，系统梳理国内外教师发展及“教育家精神+发现教育”融合的相关研究成果，为后续研究奠定坚实的理论基础。通过对文献的深入分析，了解前人的研究思路和成果，发现研究的空白点和创新点。

2. 问卷调查法

运用SPSS软件对问卷数据进行分析，评估教师能力的变化情况。在共同体学校范围内发放问卷，调查教师的基本情况（如年龄、学历、职称等）及专业发展状况（如阅读情况、进修经历、教研参与度等），据此制定教师发展目标。通过对问卷数据的统计分析，了解教师的现状和需求，为研究提供数据支持。

3. 案例研究法

记录教学实践案例，探索教师评价的多样性，通过开展多样化的培训活动促进教师发展，比如，利用教师大会、党员党课等平台强化教师的理想信念；提升教研活动的实效性，探索教师评价的多样性，从而形成教师专业优质均衡发展的新路径。选取典型案例进行深入研究，总结成功经验和存在的问题，为教师专业成长提供实践参考。

总之，开展研究的学校系江苏省首批教师发展示范基地校、苏州工业园区教师首批培训基地校、江苏省四星级高中及教科研先进集体，同时还是苏州工业园区高中科研共同体的牵头学校，能够充分发挥科研团队的合力，实现内外联动。在管理改革、课程教学等方面积累了大量成功经验，为课题研究提供了坚实的实践基础。学校在教师发展、教育教学改革等方面的丰富实践经验，为研究提供了宝贵的案例和实践素材，有助于深入开展研究。

上篇：传承与弘扬
——教育家精神的时代解读

春风之心

袁昕彤①

法国历史学家儒勒·米什莱在《论人民》中如此直言："谁把思想局限于现在，谁就不能了解当今的现实。"

民族时代精神的塑造必须有历史传统的沉淀，社会的前进必须有历史的根基。倘若我们意欲饱览今日祖国之发展变局，仅仅流连眼前的鲜花着锦是远远不够的，我们势必要把栏杆拍遍，将目光投向历史，久久地凝视数千年的文化之河，凝视百年来筚路蓝缕的奋斗史，凝视那些在文明长河中汲水、在混沌蒙味中点亮火把的教育者、先驱者。因为正是教育，让文明火炬有了传递的可能，让一代又一代的灵魂被润物细无声的教育所滋养，让我们得以窥见历史精神与前方之路的轮廓。

学海渡舟十余载，我也终于在 2023 年完成了身份的转变，从一名孜孜以求的问道者转变为一名循循善诱的传道者。现在的我势必也要把目光投向更开阔的远方，投向大教育家前辈，从他们炙热的心火中采撷一点光芒照亮自己。

一、铁肩担道义，妙手著文章

何谓师者？韩文公曰"传道授业解惑也"，"传道"第一。

何人能够担起"传道"的使命？在古代，想来是文人士大夫；在现代，他们大约在五四以后有了一个新的名字，叫作"知识分子"。

但在当代，许多教师并不会用这样的概念来判定自己的身份。网络信息时代善于将一切庄严泛娱乐化，善于消解一些本该严肃与神圣的内核。在一众网友解嘲自己职业意义之时，许多教师也不免在自己身上贴上了"教书匠""打工人"之类的标签。一个"匠"字、一个"工"字，看似

① 袁昕彤，女，中共党员，2023 年毕业于南京师范大学教师教育学院，同年入职苏州工业园区星海实验高级中学担任语文教师。曾获市级"三话"比赛优秀指导教师奖；区级青年教师基本功大赛一等奖，评题比赛一等奖，解题能力竞赛二等奖。

轻描淡写，其中透露出的却是：我们正在把自身的教育对象视为客体化的“被雕琢者”，而忘却了我们是在课堂中和一个个活生生的灵魂对话，也顺带忘记了学生的主观能动性与主体性。李学农教授在采访中说：“什么叫有师德？什么叫没有师德？没有师德是因为教师心中没有孩子。”反过来说也是一样的，心中没有孩子，何谈教育呢？

胡适曾言知识分子应爱惜羽毛。作为一名教师，我们也应当勤于呵护自己洁白的羽翼，首先要做的就是重新确立自己作为一名“知识分子”，最起码是“知识者”的身份。诗人林贤治曾对一个时代的“知识者”提出如下要求：“首先得有相当的专业知识，他立足于自己的专业，关心专业以外的广大社会. 并且以自己的理想价值，设法加以干预、批判、改造。”回顾中华民族百年来的革命史、崛起史，五四运动毫无疑问是浓墨重彩的篇章，它的意义绝不止步于政治性，更在于精神上的光焰万丈。《觉醒年代》将这份精神意义概括为“觉醒”，我认为它的价值更在于道德意义上的启迪。作为时代的启蒙者和人民的教育者，五四时代的知识分子所背负的，从来不只是胸中的经纶点墨，而是这以外更沉重的使命。他们的思想与语言始终受良心和德性指挥，成为社会的呼吸；他们的声音从不唯唯诺诺、有气无力，他们更不会成为为帝王或权势唱诵赞美诗的合唱团的成员，他们始终站在无权者一边，为黎民苍生的苦难发声。

支撑他们这样做的，就是内在的道德感与使命感，是一种铭记初心、保持反叛与独立的操守与坚持。因为这份道德感与使命感，鲁迅先生可以“寄意寒星荃不察，我以我血荐轩辕”，可以“于浩歌狂热之际”寒得锥心，可以“于天上”看见深渊的隐忧。他以睿智的眼，洞察到了这历史的斑驳与人性的劣根，于是凭着一腔愤怒与悲悯，写下了一个个最普通、最有个性却又最能反映中国国民性的人物，狂人也好，阿 Q 也好，祥林嫂也好，他们不仅是文学长廊中典型的形象，更是喝醒东方沉睡雄狮的警铃。在五四时代的诸多启蒙者与教育者当中，鲁迅先生不仅是先驱者，也是首先洞察到启蒙者自身局限性的人——“铁屋子”的论断让人心寒、叫人绝望，《药》的悲剧让人看到了启蒙者的孤独与失败，可即使身处寂寞的荒原之上，感受到无尽的悲哀与无聊，鲁迅先生也从未放下那支战斗的笔，从未放弃唤起疗救的注意，这种似乎“明知不可为而为之”的孤勇，可谓是“虽千万人，吾往矣”。

今天，鲁迅先生的声音在语文教材中依旧掷地有声，这足以说明当今时代仍然在呼唤这样的声音，也足以说明教育者仍然将先生高标的人格视为学习的榜样。这并不是要求所有的教师都成为斗士，而是要求教师必须具备知识分子那种“心事浩茫连广宇”的深切关心，以及“俯首甘为孺子牛”的悲悯情怀。纷繁复杂的信息刺激、物质化的社会关系、愈加严酷的竞争环境、淡漠的共同信仰，以及职业分工引起的社会个体单子化……种种现代性的因素促使人和人之间的精神隔膜不断加深，不可否认的是，孤独、焦虑和不安定感正在侵吞人类的精神维度和情感纽带，人们对于“家族”“邻里”“社区”等群体性概念的归属感和亲切感正在下降。我们一面追求着自以为是的个性解放，一面沦为某种浮躁和冷漠的象征，长此以往，知识终将无法突破心灵的重重障壁，只能沦为谋取物质财富的冰冷符号。

作为教师，我们应当把自己从这种精神状态中解救出来，重新树立作为一名“知识者”对自身羽毛的爱护，以及对世界应有的殷切关怀和担当。教师自己有信念、有担当、有精神、有爱心，他所精心培养的学生才会有信念、有担当、有精神、有爱心。就像鲁迅先生说的那样：“无尽的远方，无数的人们，都与我有关。”唯有平庸的时代和平庸的心灵，才会永远把目光停驻在眼前琐屑的得失和享乐上，继而成为永远被物质虐打的奴仆。真正崇高的灵魂能够看见他人、看见未来，并用自己的声音走遍大地，用自己的一生践行孔子的仁爱与屈平的忧心，这是百年前的爱国者与教育者为我们留下的创世纪般伟大的精神能源。尽管当下的我们走不了那么远，尽管我们的声音没有那么洪亮，尽管我们只是在三尺讲台上面对几十名或许正在走神的孩子，但微小并不等同于无，低吟并不意味着无人倾听。历史的革命实践已经告诉我们：星星之火，可以燎原。教师之传道正是如此，怀揣理想信念，有一分热，发一分光；有一口气，点一盏灯；有一点润物无声的滋养，就会有郁郁葱葱的桃李结出果实。不怕荧光稀微不足照彻长夜，唯恐忘了自己还有一腔“知识者”本该有的热血滚烫。

二、吹灭读书灯，一身都是月

我的教育路程刚刚开始，但我在摸着石头过河的旅途中，每每与一位德高望重的师父相遇，都恰似置身于由书卷堆叠而成的山岳之间，与其进行精神的对话。

毫无疑问，这世上博闻强识、满腹经纶的先生数不胜数，但作为高中语文教师，我们需要的或许不是单向度地迈进离群索居的学术殿堂，好老师的博学更具有一种奇特的亲切感，一种能促使学生成为乐学者与好学者的亲切感。

他们的阅读体系似乎一直在生成，从来都没有停下过向更遥远的宇宙迈进的步伐，像一座移动的图书馆，一边满怀温情地接纳新出版的读物，一边为那些陈旧的典章擦拭封页上的落尘。记得有一次我去听课，语文课上讲《孔雀东南飞》，师父翻开书，撑着讲台盯着诗文瞧了一会儿，忽然抬起头对班上的学生说："我早上起来读了好几首乐府诗，早上读点书的感觉还是很好的，其中有一首《古艳歌行》——这首艳歌不是你们想的那种艳歌，而是一个乐府旧题——开头一句是'翩翩堂前燕，冬藏夏来见'，乐府诗好像都很喜欢用鸟类来比兴，这是为什么呢？"

语文课连着早读，是第一节课。那会儿是冬天，太阳出来得迟，算一算时间，一个钟头前或许枝头还挂着一弯玲珑绰约的上弦月。我并不知道师父所谓的早上起来读书究竟有多早，但我知道这并不是偶然，很多次夜半时分，当我以为自己已经工作到很晚时，总会发现有更优秀的人仍在伏案工作，有的是在备课，有的是在读书，还有的甚至是在写字。由这番细节出发，想要理解一个人在教育事业上所获得的卓然成绩与深刻体悟是很容易的。

师者传道在于信念；师者若欲授业解惑，空有信念还远远不够。习近平总书记对好老师提出了四个维度的要求："有理想信念、有扎实学识、有道德情操、有仁爱之心。"师者何以授业解惑？唯有"学海无涯苦作舟"。信息时代的知识，实在是一件唾手可得的东西，没有教师可以凭借自己的大脑匹敌无所不能的搜索引擎。在这样的背景下，课堂教学所呈现的东西也要越过知识的表层，着眼于思维的培育、文化的理解等方面。这就对教师本人的学养提出了更高的要求。

我们唯有以更谦卑的心态和更加勤勉的进学，才能将中华大地上千年诗歌王国的典章内化为自己的育人涵养，才能将西方世界无数理性的剖析与自由的思辨吸纳为自身的治学精神，才能借这一缕不朽的月光，照亮学生的心田。教师之于学生如同一面明镜，他的态度、他的品格往往能在学生身上照射出来；反之也是一样，学生对知识的见解、对人生的态度也往往受到教师的影响。李学农教授说："教师要实现自我专业发展，必须明确自我专业发展的任务。教师的自我在哪里？教师的自我在于促进学生的发展。因此，我认为教师的专业发展是和培养人的活动联系在一起的，教师想把学生培养成什么样的人，就会朝着那个方向去努力。因此，专业教师的自我发展的最终指向是教师能够促进学生的发展。"新的时代，语文课程向学生提出了更高的素养要求，也就是对语文教师提出了更高的素养要求，我辈又岂能故步自封？功崇唯志，业广唯勤。终身学习不仅有利于教师自身的发展，同样也对学科教学的发展和学生素养的提升有着至关重要的作用，唯有如此，教师才能生长出更加坚实的根基，厘清学科的枝蔓，最终才能在知识经济时代抓住前沿的果实，为教育事业的发展改革与祖国人才的培养贡献出自己的青春和力量。

三、读圣贤书，所为何事?

北宋教育家张载道尽了古往今来知识分子的至高追求："为天地立心，为生民立命，为往圣继绝学，为万世开太平。"南宋文天祥说得更概括，用一句"孔曰成仁，孟曰取义"回答了他一生忠烈慷慨的原因。万方多难时，多少仁人志士为中华之崛起而读书；在祖国百年奋斗的历史进程中，多少前贤为民族之崛起而读书。忆往昔山河未改，年年花开相似。一代人却有一代人之使命，亦有一代人之精神，前辈已走尽了他们的路，将指向未来的时代火炬交付到我们手中。何其侥幸，吾辈之责任，不必像开天辟地那般惊心动魄，但吾辈须记得初心、守得恒心、用得苦心，唯有如此，方能以文育人，化雨春风，笑看桃李花满蹊。

弘扬教育家精神，力做“四度”教师

——在人工智能时代重塑星海教育使命

马云秀

在人工智能浪潮的席卷下，教育格局正经历着前所未有的深刻变革，育人方式的革新迫在眉睫，教师角色也急需从单纯的知识传递者向兼具创新思维与深厚教育情怀的教育家型教师转变，以顺应教育发展的新需求。本文围绕星海学校的实践探索，从教师队伍建设、创新人才培养、课堂教学优化、教学管理强化等多个维度展开深入探讨，全面解析如何在人工智能时代重塑教育使命，兴办高质量教育，成就师生的成功人生。

一、教师队伍建设：弘扬教育家精神，做“四度”教师

在教育的“四度”中：温度是教育的基础，为教育注入情感的力量，让教育充满人性的关怀；亮度是教育的手段，凭借智慧的教学方式激发学生的学习潜能；高度是教育的追求，以高尚的品德引领学生树立正确的人生方向；深度是教育的根本，依靠深厚的文化底蕴滋养学生的心灵，提升学生的综合素养。温度、亮度、高度与深度，彼此紧密相连、相互促进，共同构成了一个有机的整体。

（一）温度：以爱为基，温暖育人

教育本就是一场充满爱与温情的旅程。教育的温度，体现在教师对学生的深切关怀与深刻理解上。日常里，教师须时刻留意学生的细微情绪与成长需求，通过真诚、平等的交流，构建起和谐、互信的师生关系。当学生在学习、生活中遭遇难题时，教师凭借深厚的情谊及时给予支持鼓励，助力他们跨越难关。这种以爱为基石的教育，不只是传授知识，更在滋养学生心灵，为其未来奠定温暖且坚实的情感根基，让学生在关爱中如幼苗向阳，健康、快乐成长。

（二）亮度：以智启学，点亮课堂

教育的亮度核心在于教师的教学艺术与专业素养。课堂上，教师如技

艺精湛的导演，精心设计趣味教学环节，深入浅出地讲解知识，点燃学生求知欲，激发学习兴趣。同时，注重培育学生的思维能力，引导其掌握科学的思维方法，提升其独立解决问题的能力。在信息化时代，教师还应积极运用多媒体、在线教育平台等创新教学方式，为课堂注入活力，引导学生在知识海洋中畅游，开启创新发展之门。

（三）高度：以德立身，引领成长

教育不只是知识传承，更是人格与品德塑造。教师作为学生成长的引路人，其人格魅力与道德情操影响深远。教师须以身作则，以高尚师德为学生树立道德标杆，用严谨的治学态度让学生敬畏知识，以积极的人生态度激励学生树立正确的价值观。在教育教学中，注重言传身教，通过点滴举动与真诚交流，将教育的真谛传递给学生，让学生在潜移默化中接受高尚品德的熏陶，成长为有担当的社会栋梁。

（四）深度：以文润心，提升素养

教育的深度体现在教师深厚的文化底蕴与先进的教育理念。在知识经济时代，教师应不断学习新知识、新思想，拓宽文化视野，钻研教育教学规律，反思教学实践，以提升理论水平。教学时，教师应引导学生深入探究知识的本质，挖掘知识蕴藏的文化内涵，提升思维的深度，实现文化的传承与创新，提升学生的文化素养与综合能力，为学生的长远发展筑牢根基。

二、创新人才培养：构筑“高原筑峰”星海护城河

苏州工业园区星海实验高级中学之所以能够在激烈的教育竞争中脱颖而出，其核心竞争力源于一套独具特色、相互增强的“增强回路”，通过资源流、能量流、认知流“三流叠加”的创新模式，精心构建起了一座稳固的“高原筑峰”式发展大厦。

（一）资源流：师资队伍与课程图谱

1. 优质师资与成长体系并行

学校师资实力强劲。经验丰富且爱岗敬业的老教师，是学校教育教学的中坚力量。他们凭借深厚的知识积淀，将宝贵经验倾囊相授，为年轻教师成长助力，奠定学校教学根基。同时，学校构建“136918”成长体系，精细规划教师成长。所谓“136918”成长体系是指：入职 1 年，教师须站

稳讲台，与学生建立良好的互动关系；3 年完成一轮高中教学，掌握教学内容与教学方法；6 年成为校级骨干，发挥示范作用；9 年晋升为区级骨干；18 年冲刺省、市级名师，在更大的舞台发光、发热，推动教育事业发展。

2. 创新课程体系与办学模式

学校全力构建“一核五维六系列”课程图谱及“领雁课程体系”。“一核”聚焦学生全面发展与个性发展，“五维”从品德、知识、身心等方面促进学生成长，“六系列”涵盖多领域课程，提供丰富选择。学校紧跟时代步伐，创办科学高中，秉持“学校主阵地、社会大课堂”理念，打破传统教育界限，优化课程体系，革新教育模式。通过与高校、企业、科研院所合作共育，为学生搭建广阔的实践平台，提供专业指导，为学生多元发展创造无限可能。

（二）能量流：正反馈循环与心理能量池

学校以两大举措助力教师发展与学生成长。一方面，构建正反馈循环机制，以教育成果吸引优秀的师资与生源，提升教研水平，推动教学质量提升，形成良性循环；另一方面，创新评价，推出成长型思维评价体系，关注学习过程，给予肯定鼓励，激发学习动力，助力学生全面发展。

1. 正反馈循环，驱动学校发展

学校构建起良性正反馈循环机制，为持续发展注入强劲动力。学校一旦在教育教学方面成果斐然，如高考成绩优异，众多学生被知名高校录取且获得高校高度评价，便会吸引更多的优秀教师加入，优质生源也会纷至沓来。优秀师资与优秀生源的汇聚，极大地提升了学校的教研水平，教师在活力充沛的教研氛围里探索先进的教学方法与教育理念。教研进步促使学校制定更高的目标，进一步提升教学质量，从而形成“高质量教育→吸引优秀师资与生源→提升教研水平→更高发展目标”的良性循环，推动学校在教育发展的道路上不断突破。

2. 创新评价体系，构筑心理能量池

为了帮助学生摆脱分数焦虑，培育积极心态与坚毅品质，学校创新推出成长型思维评价体系。该体系打破传统单一的分数评价模式，着重关注学生的学习过程，全面、客观地评价学生的努力程度、进步情况及创新思维，及时给予肯定鼓励，让学生在学习中持续收获成就感与自信，进而激发深层学习动力，构建起强大的心理能量池。有了这一能量池的支撑，学生能更主动地投入学习，勇敢地直面挑战，实现全面发展与成长。

（三）认知流：决策机制与高原筑峰“一核八环”模型

学校育人模式亮点纷呈：秉持“五育融合”理念，兼顾素质与应试；实施分层教学，满足个性化需求；给予学生自主选择权，并为其免费提供奥赛培训；设有强基课程和竞赛课程，构建“国家常规课程+奥赛培训课程”模式；拥有专业教练团队，还邀请国家级教练指导，助力学生全面且有特长地发展。

1. “五育融合”

在人才培养过程中，学校始终坚定地秉持“五育融合”的教育理念，致力于实现学生素质发展与应试能力的提升。例如，在高三这个关键阶段，学校依然坚定不移地保留艺术课，让学生在紧张的学习之余，通过艺术的熏陶缓解压力，提升审美素养。同时，学校严格保证学生每天有一小时的运动时间，体育课更是持续开设至高考，确保学生拥有健康的体魄，为学习与生活提供坚实的保障。通过这些举措，学校确保学生在应对高考挑战的同时，能够实现德智体美劳的全面发展，从而培养出具有较高的综合素质与创新能力的新时代人才。

2. 分层教学

为了更好地满足不同学生的学习需求，学校精心构建了一套科学、有效的分层教学模式。学校根据学生的学习能力、知识基础、兴趣爱好等多方面因素，对学生进行合理分层，并为每个层次的学生量身定制适宜的课程体系、配备专业的教师团队。通过这种分层教学模式，教师能够更加精准地把握学生的学习特点与需求，探索出最适合学生个性化发展的教育路径，实施有针对性的教学策略，为学生提供最适合其发展的教育资源，帮助学生在自己的最近发展区内实现最大程度的成长与进步。

3. 自主选择

在学校，每个学生都拥有充分的自主选择权，能够根据自己的兴趣爱好自主决定是否参加奥赛培训。为了鼓励学生积极参与竞赛活动，激发学生的学科潜能，学校提供全免费的培训课程，让学生能够毫无后顾之忧地追求自己的兴趣与梦想。

4. 强基课程

针对高一至高三不同年级学生的特点与需求，学校系统设置了多维雕琢的强基课程。强基课程包括三个方面的课程：拓展提升课程，旨在帮助学生拓宽知识视野，加深学生对学科知识的理解与掌握；靶向突破课程，针对学生在学习过程中的薄弱环节与重难点，进行有针对性的强化训练，帮助学生突破学习瓶颈；生涯规划课程，引导学生提前了解自己的兴趣爱好、优势特长，以及未来社会的职业发展趋势，为学生的未来职业选择与人生规划提供科学的指导和帮助。

5. 常态发展

通过多年的探索与实践，学校成功开创了“国家常规课程+奥赛培训课程”的特色培训模式。这种培训模式将国家课程的基础性与奥赛培训课程的拓展性有机结合，既保证了学生对基础知识的系统学习，又为学有余力、对学科竞赛有浓厚兴趣的学生提供了深入学习与提升的机会，实现了学生全面发展与特长发展的有机统一，促进了奥赛培训课程的常态化、可持续发展。

6. 专业团队

经过 10 多年的精心培育与沉淀打磨，学校组建了一支专业、成熟的奥赛自主教练团队。这些教练不仅具备扎实的学科专业知识，能够深入浅出地传授大学阶段部分专业知识，帮助学生拓宽学科视野，还具备丰富的竞赛指导经验，能够根据学生的实际情况制订个性化的训练方案。同时，教练团队还自主研发了部分奥赛校本课程，这些课程紧密结合学生的特点与竞赛要求，具有很强的针对性与实用性。

7. 权威指导

为了让学生能够接触到最前沿、最权威的竞赛指导，学校积极邀请数、理、化、生等学科的知名国家级奥赛培训教练走进校园，亲临奥赛培训课堂。这些国家级教练凭借其丰富的经验与深厚的专业造诣，为星海学子带来了最权威、最专业的指导，帮助学生在竞赛中不断提升自己的实力，冲击更高的奖项，为学校的竞赛成绩提升注入强大动力。

三、课堂教学优化：“三年一盘棋”的战略规划

学校积极探索教育优化路径。在课堂管理上，秉持“三年一盘棋”的

理念，统筹规划高中三年教学，按阶段培育学生核心素养，助力学生成长。在教学方法上，利用大数据打造数字化校园，通过收集、分析数据完善督查反馈机制，精准定位问题，推广优秀经验，提升教学质量，实现精准高效教学。

（一）统筹规划，铺就成长通途

学校在课堂教学管理上，秉持整体统筹思路，构建校本实践体系，坚定落实“三年一盘棋”战略。教师据此明确了教学规划，学生也有了清晰的学习方向。学校对高中三年学生的核心素养培育通盘考虑，划分不同教学阶段，各阶段目标与重点任务明确且层层递进。例如，高一夯实基础、培养习惯，高二深化知识、拓展能力，高三提升综合素养、冲刺高考。这般科学规划与实施，助力学生在高中三年逐步积累知识、提升能力、拓展思维，实现核心素养全面发展，为未来的发展奠定坚实的基础。

（二）精准教学，借大数据提质

在信息化浪潮下，学校敏锐捕捉大数据在教育领域的巨大价值，以数据为核心全力打造数字化校园。借助先进的教学管理系统与工具，全面实时收集、分析教学数据，推动教学与管理模式革新，重构教育生态。在教学实践中，持续完善教情、学情督查与反馈机制。通过深度剖析学生学习数据，精准定位学生发展水平，明确学习瓶颈，分析班级教学成效差异。对教学成果优异的班级和教师，及时总结经验，并在全校推广；针对薄弱学科和班级，组织专业团队调研，找出问题根源，并采取有针对性的举措，提升教学质量，让教学更精准高效。

（三）作业设计：大数据分析与解题思维跟踪

学校多管齐下优化作业设计，并将其纳入集体备课与校本教研。教师依据教学和学生实情，遵循规律，探讨作业关键问题。教师精选精编习题，学校严控总量，通过登记、检查等确保作业量适度。同时，尊重学生个体差异，订制个性化作业，鼓励教师以多种形式分层设计作业，以满足不同学生的需求。

1. 遵循规律，统筹安排

学校将作业设计视为教学过程中的重要环节，纳入集体备课与校本教研的核心内容。教师在备课过程中遵循教育教学规律与学生的认知发展规律，共同探讨作业的设计目标、内容选择、难度层次等关键问题，确保作业设计与教学目标紧密契合，与学生的实际学习情况相适应。

2. 精选精编，总量控制

为了减轻学生的作业负担，提高作业质量，教师勇挑重担，主动深入题海，根据教学内容与学生的实际需求，对海量的习题进行精心筛选、改编与创编，设计出具有针对性和启发性的高质量作业。在作业总量控制方面，学校建立了严格的作业登记制度，教师对每次布置的作业内容进行详细登记，作业管理小组定期对作业总量进行检查、监督与协调，确保学生的作业量合理、适度，让学生能够在有限的时间内，通过完成高质量的作业，实现知识的巩固与能力的提升。

3. 个性订制，形式多样

在作业设计过程中，学校充分尊重学生的个体差异，依据学生的学习能力、知识基础及学习风格等基本情况，为学生量身订制个性化的作业。在设计作业时，教师首先关注学生的心理状态与学习需求，以激发学生的学习兴趣与主动性为出发点，再结合课程内容进行精心设计。学校积极鼓励创新型作业、多元作业及跨学科作业的设计与布置，倡导分层作业模式，根据学生的不同层次设计基础作业、提高作业与拓展作业，满足不同学生的个性化学习需求，让每个学生都能够在完成作业过程中获得成就感与自信心，实现自身的成长与进步。

四、教学管理强化：以硬实的管理抓队伍

学校从多个维度优化教学管理与教师培养。优“三风”，抓关键，通过骨干、干部引领带动教师成长，推进分层培养行动。以多元举措激发教师动力，如提振精神、提优教研、提亮特色等。发挥名师引领作用，通过帮扶、公开课等助力教师发展。探索 RAP 集备模式与循证教研高效备考。秉持终局思维，着眼城市发展与人才长远发展，夯实基础、培养能力，追求教育的深远价值。

（一）优“三风”，抓关键

在教学管理工作中，学校深知骨干、干部在教师队伍中的引领示范作用。因此，学校积极倡导以骨干、干部的“一马当先”，带动全体教职员工形成“万马奔腾”的良好工作氛围。为了提升教师队伍的整体素质，学校深入推进青年教师专业素养成长行动、名优教师专业发展成就行动、班

主任专业水平提升行动。通过这一系列行动，有针对性地加强对不同层次教师的培养，强化教师的教学能力，为教师提供广阔的多元成长空间。

（二）举措多元，激发教师群体动力

为打造“科学高中”，学校积极行动，推出了多元举措。在提振职业精神上，学校邀请教育楷模分享坚守初心的故事，点燃教师对教育事业的热忱，促使其全身心投入教学。提优校本教研时，学校搭建交流平台，教师围绕教学难题展开探讨，如课堂引入与分层作业设计等。同时，学校还引入外部专家资源，助力教师更新教学策略。在彰显美术特色方面，学校加大设施投入，开展特色课程研发，组织学生参赛，提升美术教学水平。此外，学校还支持教师跨学科学习与校际交流，量身定制培训方案，全方位提升教师素养，促进学生全面发展。

（三）名师引领，推动教师队伍成长

学校充分发挥名师作用，促进教师成长。学校建立“一对一”帮扶机制，名师针对年轻教师备课、授课等问题，从教学环节、语言、互动等方面给予实用建议，助其站稳讲台。定期举办名师公开课，展示先进教学模式，如项目式学习应用，课后组织研讨，分享设计思路与反思，引领教师更新理念。实施专业补短板工程，根据教师教学与科研能力评估，为教学强、科研弱或科研强、教学弱的教师提供有针对性的指导，使其实现教学与科研均衡发展，助力优秀骨干成长，推进“136918”人才目标的实现。

（四）创新模式，助力高效备考提质量

学校以 RAP 集备模式与循证校本教研为重点探索高效备考。RAP 集备模式包括反思（Reflection）、分析（Analysis）、预备（Preparation）三步：反思阶段，教师回顾教学与备考经验不足，如模拟考后分析学生失分知识点；分析环节，从学生基础、态度及教学内容等多方面剖析原因；预备阶段，依据前两个阶段的结果制订后续计划，调整教学与精选习题。循证校本教研借助大数据，收集学生课堂、作业、考试数据，分析答题时间、答题准确率及不同教学下的成绩变化，精准把握教学方向，优化教学策略，为高效备考提供科学依据。

（五）长远布局，追求教育深远价值

学校秉持终局思维，不局限于短期升学率。站在城市发展视角，学校深知优质教育对城市人才培养意义重大，期望毕业生在未来就业的企业或科研院所成为领军人才，提升城市人才投资回报率。在人才培养上，学校注重夯实学生学科基础，通过课程与教学让学生知其所以然；大力培养学生的创新能力，鼓励学生质疑和探索，开展科创与研究性学习；塑造学生辩证、批判等思维，注重品德教育，培养学生守时、守礼、守义的品德及家国情怀，致力于让学生在20年后仍能凭借其在校积累立足社会，实现教育的长远价值。

大教育家精神的光辉：体育教研组的传承与辉煌

王　明[①]

在教育的浩瀚星海中，总有那么一群人，他们以汗水为墨，以操场为纸，书写着关于坚持、热爱与奉献的动人篇章。苏州工业园区星海实验高级中学体育教研组，便是这样一群璀璨夺目的星辰，他们的故事，是关于老一辈教育家精神的传承，是青春与梦想的交响，也是汗水与荣耀的赞歌。

一、初创维艰，星光初现

时间回溯至苏州工业园区星海实验高级中学高中部（简称“星海高中”）建立初期，那时的体育组如同初升的朝阳，虽光芒微弱，却蕴含着无限可能。潘璇老师，作为星海高中的元老级人物，肩负起了第一任体育教研组长的重任。在那个人手不足、架构不全的时期，他凭着对体育教育事业的无限热爱与执着追求，以一己之力，撑起了体育学科在学校中的一片天。

① 苏州工业园区星海实验高级中学语文教师，秉持“听说读写，课堂内外；古今中外，天地之间”的语文教育理念，从教7年，4次指导学生获全国作文竞赛决赛一等奖，多次进行大市教师培训讲座和命制大市统考试卷。多次获得区级及以上基本功竞赛、优质课评比一等奖。从教以来一直担任班主任和承担两个班的语文教学工作，其间曾担任3年备课组组长。

潘老师的身影，总是忙碌而坚定。面对组员稀缺的困境，他一人身兼数职，既要精心备课，确保每一堂课都干货满满，又要亲自带队训练，从晨光熹微到夜幕降临，日复一日，年复一年。训练器材的不足，没有难倒这位有智慧的老师。他亲手制作的器材，虽然简陋，却实用性强，功能齐全，成了队员们心中最宝贵的“秘密武器”。

更令人钦佩的是，潘老师深知体育成绩与文化课成绩并重的重要性。他利用学生体育活动时间和周末时间，加班加点地组织校队训练，力求在不耽误学生文化课学习的同时提升他们的体育竞技水平。在他的精心指导下，星海高中的体育课堂总是充满活力与激情，每学期的教学计划都能有条不紊地推进，为学校的体育教学奠定了坚实的基础。

潘老师不仅自身工作勤勉，更将这份对教育事业的热爱与执着传递给了后来者。他像一位慈祥而严格的师傅，用心培养着每一位新加入体育组的青年教师。在他的引领下，星海高中体育组逐渐壮大，成长为一支团结协作、勇于创新的优秀团队。

二、田径场上的坚韧与汗水

在星海高中，潘老师是体育教研组的灵魂人物，而田径队的主教练夏正宏老师与胡锦琪老师则是这支队伍的中流砥柱，他们用自己的行动诠释了坚韧与执着的真正含义。

无论是严冬还是酷暑，这两位老师始终与田径队员同在。他们将对田径运动的热爱转化为对队员无私奉献的力量。田径队的组建并非一帆风顺，面对学生的拒绝、家长的不理解，他们没有退缩，而是以更加坚定的信念和科学的训练方法赢得了队员和家长的信任与尊重。

为了不影响队员的文化学习，他们精心规划每一个训练时间，力求在有限的时间内达到最佳的训练效果。他们不仅关注队员的体能训练和技术提升，更关心他们在学习和成长中所遇到的问题，给予及时的帮助和指导。在他们的带领下，星海高中田径队逐渐崭露头角，在各类比赛中屡获佳绩。

在第二十五届苏州工业园区运动会中，星海高中田径队更是以出色的表现夺得了第一名的好成绩。这一荣誉不仅是对他们辛勤付出的最好回报，还是整个团队不懈努力的最好证明。夏老师更是身兼数职，除带领田径队之外，还兼顾篮球队的带队训练工作。为了篮球队能取得好成绩，他甚至牺牲自己的周末时间，为队员进行加强训练。

夏老师在篮球场上的身影总是那么引人注目。他严谨的态度、专业的技术指导，以及与队员们亲密无间的沟通，使得篮球队在他的带领下不断进步。每一次的比赛都是一次新的挑战，每一次的胜利都是对他辛勤付出的最好回报。他的付出与奉献，不仅赢得了队员们对他的尊敬与爱戴，还使他成为星海高中体育教研组不可或缺的一员。

胡老师则更注重队员综合素质的培养。他深知，一名优秀的运动员不仅要具备良好的身体素质，还要具备坚强的意志和高尚的品质。因此，他在训练中总是向队员们强调要有良好的比赛态度和团队合作精神。他鼓励队员们在比赛中互相帮助、共同进步，使得整个队伍的风气变得积极向上。在他的指导下，田径队的每一个队员都在不断地突破自我，成为更好的自己。

夏老师与胡老师的辛勤工作和无私奉献，使星海高中的体育事业蒸蒸日上。他们不仅是教练员，更是队员们的朋友和导师。他们用自己的汗水和努力，为队员们树立了一个光辉的榜样。在他们的带领下，星海高中的体育精神得到了最好的传承和发扬。

总的来说，星海高中田径队在夏正宏和胡锦琪两位老师的带领下，不仅在体育竞技方面取得了显著的成绩，更重要的是，他们为学生树立了积极向上、坚韧不拔的榜样。两位老师的教诲并不局限于运动场上的技巧，更多的是对人生态度和价值的正确引导。这样的教诲和引导，无疑会在学生心中留下深刻的印记，激励他们在未来的道路上不断前行。

三、健美操的舞动与排球的拼搏

在星海高中的校园里，两支引人注目的团队正以她们独有的魅力和力量书写着属于她们的传奇。健美操队与排球队，一舞一搏，展现了新时代女学生的风采和活力。

健美操队的主教练齐淑慧老师，是苏州市乃至全国知名的优秀教练员和裁判员。她的教学风格独特，训练态度严谨，为星海高中的健美操队带来了无数荣誉。在她的带领下，星海高中健美操队在全国啦啦操有氧舞蹈和花球比赛中屡获佳绩，多次荣获第一名。这一切都离不开齐老师夜以继日的辛勤付出和无私奉献。她不仅注重队员动作的规范性和技巧的提升，更重视对队员良好心理素质与团队合作精神的培养。在她严格的要求下，这支健美操队逐渐成长为一支技术精湛、作风顽强的优秀队伍。

星海高中排球队则由冯久龙老师与马慧慧老师分别负责沈浒路校区和苏茜路校区的训练工作。面对女子排球队参赛人员较少的现状，他们并没有放弃对排球项目的热爱与追求。相反，他们更加注重课堂教学和人才发掘工作，在高一年级广泛开展排球教学。一方面，这样可以发现有技术才能的学生；另一方面，为了普及排球项目，培育后备力量，实现梯队发展的目标。在他们的不懈努力下，星海高中的女子排球队逐渐壮大，并在2024年暑期园区高中女子排球比赛中获得了第二名的优秀成绩。这个成绩的取得，同样离不开两位老师无私的奉献与辛勤的付出。

在这片充满活力的校园中，每一个跳跃、每一个扣杀都凝聚着教练和队员们的汗水与泪水。健美操队的每一个翻滚与跳跃都是对美的追求和表达，每一次的完美落地都证明了她们无数次练习的价值。排球队的每一次扣杀和防守，都是对胜利的渴望和对挑战的勇气。

这些年轻的女孩子们在运动中找到了自己的位置和价值，她们通过自己的努力和拼搏，展示了女性的力量。她们不仅是在追求比赛的胜利，更是在追寻自我成长和自我完善。在这个过程中，她们学会了如何面对困难、如何与队友协作、如何在压力之下保持冷静。这些宝贵的经验，将伴随她们一生，成为她们宝贵的精神财富。

在星海高中，健美操队和排球队的故事还在继续。每一天，她们都在用自己的汗水和努力编织着属于自己的青春篇章。在这里，她们不仅学到了运动技能，更学会了如何成为一个有责任、有担当的人。这份精神将成为她们人生旅途中最亮丽的底色。

四、足球场上的激情与梦想

足球，作为世界上最受欢迎的运动之一，在星海高中的校园里同样拥有广泛的群众基础。男子足球队主教练张鑫老师和车恒老师是这支队伍的灵魂人物。在星海高中的绿茵场上，两位老师就像两位指挥官，引领着年轻的战士们向着胜利的彼岸冲锋。他们深知，足球不仅是一项运动，也是一种精神的寄托，更是一种团队力量的展现。

张老师和车老师对足球的热爱，仿佛融入了他们的血液。他们不仅精通足球的各种技战术，更懂得如何激发球员的潜能，如何培养球员的比赛心态。在训练中，他们以身作则，严格要求自己，同时也对球员充满耐心和关怀。他们知道，每一个细节都关系到比赛的成败，因此，从传球的精准度到防守的站位，从进攻的配合到门将的扑救，他们都力求做到尽善尽美。

足球场上的训练是艰苦的，但球员们在张老师和车老师的带领下从未有过退缩。他们顶着烈日，冒着寒风，一遍遍地重复着枯燥的动作，只为了在比赛中能够多进一个球，多防住一次进攻。这种拼搏的精神，不仅感染了场边的观众，也赢得了对手的尊重。

在比赛中，张老师和车老师更是化身为球队的“定海神针”。他们站在场边，密切关注着场上的形势变化，适时地给予球员指导和鼓励。当球队陷入困境时，他们会用坚定的眼神和有力的声音告诉球员：“相信自己，我们一定能够战胜对手!”正是这种信念的支持，让星海高中的男子足球队在比赛中屡创佳绩，最终在 2023 年苏州市“姑苏晚报杯”足球赛中夺得了冠军的荣耀。

五、身体素质练习的坚持与迸发

在星海高中，体育教研组始终高度重视学生的身体素质。这种重视并不局限于高一、高二的学生，对于面临高考压力的高三学子们，体育教研组同样致力于为他们创造优质的运动条件与氛围。即便在人手紧张的情况下，沈浒路校区和苏茜路校区之间的协调与统筹工作也从未放松，体育教研组的老师们努力为高三学生安排专门的锻炼场地和时间，甚至特别指派了体育老师来指导他们进行科学、有效的锻炼。

校园里，你总能见到生动活泼的一幕：单杠上挂满了挥汗如雨的男生，他们在练习引体向上，每一次的拉升都凝聚着他们对健康和活力的追求；操场上奔跑的女生们步伐轻盈而坚定，仿佛是在与风竞走，尽显青春的朝气与坚韧。这样的场景是星海高中长期以来培养学生体育锻炼习惯的直观反映。

正是因为这份对体育重视的坚持，星海高中学生的身体素质一直处于全市领先水平。在 2024 年苏州市举办的 73 所高中学校的体质测试中，星海高中高三学生以总分排名第一的优异成绩，充分展现了学校在体育课堂教学方面的成果与实力。这不仅是对学生日常锻炼成效的认可，更是对学校体育教学理念的最佳证明。

星海高中体育教研组的老师们深信，良好的体能不仅是学生综合素质的重要组成部分，也是他们未来应对各种生活和工作压力的坚实基础。因此，星海高中体育教研组的老师们将秉承这一理念，为学生打造更优质的体育锻炼环境，让运动成为校园生活的常态，助力每一个学生健康成长，迎接未来的各种挑战。

六、传承与辉煌

星海高中体育教研组的故事，是一段关于传承与辉煌的篇章。从潘璇老师的无私奉献，到夏正宏、胡锦琪、齐淑慧、车恒等老师的辛勤付出，老师们用自己的行动诠释了什么是真正的教育家精神。他们不仅关注学生的体育技能提升，更关注学生的全面发展；他们不仅追求比赛的胜利，更追求教育的真谛。

在老师们的共同努力下，星海高中的体育事业蒸蒸日上。田径队、健美操队、排球队、足球队等各个团队都取得了优异的成绩，为学校赢得了荣誉和赞誉。更重要的是，他们培养了一批又一批的优秀学生，让这些学生在体育运动的舞台上绽放了青春的光彩。

如今，星海高中体育教研组已经成长为一支团结、默契、精益求精和有活力的团队。他们将秉承老一辈教育家的精神，不断创新、不断进步，为星海高中的体育事业谱写更加辉煌的篇章！

逐光育梦，书写“小先生”教育印记

陈小军

在教育的星辰大海中，每一位教育工作者皆为执着的追光者。我们以爱为笔，饱蘸责任的浓墨，精心勾勒出一个个动人心弦的育人篇章。而教育家精神，恰似那熠熠生辉、高悬于天际的启明星，穿透重重迷雾，照亮我们前行的漫漫征途，引领着我们在育人的征程中永不止步地探索求知，矢志不渝地拾级成长。

陶行知先生的“小先生制”教育思想，无论是其科学、先进的理论与思想内涵，还是其积极、合理的价值观与方法论，都对我影响深刻。回顾来到苏州工业园区工作的近20载时光，我目睹了这片热土日新月异的蓬勃发展。在这片充满活力与希望的教育沃土上，我惊喜地发现，自己在不断学习教育家精神的过程中，也实现了自我的成长与充实，教育之路愈发开阔而坚实。

一、理解与包容：和你一起低头找幸福——苏州大学附属中学

初入苏州大学附属中学（简称“苏大附中”），我便邂逅了一段充满温情与感动的教育时光，那是一段独属于“和你一起低头找幸福”的美好旅程。彼时，毫无征兆地，我接过了高三（9）班班主任这根沉甸甸的接力棒，成为这个全校闻名的“问题班级”的第四任掌舵人。面对周围同事善意的劝说——建议我婉拒这份棘手的工作，我也曾犹豫。但在深入了解了这个班级后，我发现这个班级的学生虽有着让人头疼的一面，却也绽放着独特的光芒，尤其是在才艺领域，他们的才华与热情令人瞩目。

程丽同学和章意婕同学，这两名怀揣艺术梦想的学生，并非专业出身，仅凭一腔热爱，便在2008年苏州市中学生高中组舞蹈和器乐比赛中脱颖而出，双双勇夺一等奖第一名。章意婕同学更是凭借卓越的才艺，获得了艺术特长生高考加分的珍贵机会，为自己的未来开启了一扇闪耀的大门。

时光飞逝，如白驹过隙。2008年9月30日，学校举办秋季运动会，那些熟悉的身影再次出现在我的眼前——曾经的高三（9）班的学生回来了。考入南京审计学院（今南京审计大学）的程丽同学，比起高中时，身形更加清瘦，肤色也变得黝黑，但她那快人快语、活力四射的模样丝毫未变。还记得高考结束后的6月22日下午，在苏大附中的丙戌厅，程丽同学以一支灵动优美的《孔雀舞》将毕业庆典的气氛推向了高潮，她的精彩表现也被学校校报和《附中人》争相报道，成为校园里的一段佳话。

薛璟同学，就读于上海应用技术学院（今上海应用技术大学）。高中时，她可是课堂上的“思维活跃者”，最爱和老师“唱反调”。有一次历

史课上，当我讲到秦始皇的暴政，提及“赭衣塞路，囹圄满市”时，她突然站起身来，大声发表自己独特的见解：“我觉得秦始皇很仁慈。”我微微一愣，好奇地问道：“为什么这么说呢？”她条理清晰地阐述道：“以前用活人陪葬，秦始皇改用兵马俑，这难道不是仁慈的体现吗？”她新颖的观点、有理有据的论述，让我对这个学生刮目相看，也深刻意识到每个学生都有着独特的思维视角，值得我们用心去挖掘。

还有那个让人又好气又好笑的“睡觉大仙”卢明华同学，一见到我，他便满脸笑容地迎上来，手里还拎着一桶肯德基快餐，说是要好好犒劳辛苦的班主任。回想起刚接手班级时，他可没少让我操心。有一回上午，我发现他没来上课，同宿舍的同学说他可能身体不舒服。我心急如焚，赶忙前往宿舍探望，只见他正蒙着被子呼呼大睡。我关切地询问他哪里不舒服，他有气无力地回应可能发烧了，脸也红彤彤的。我不敢耽搁，急忙跑到校医务室找姜医生。姜医生正忙，便安排蔡医生和我一同前往宿舍。路上，我联系了卢明华的爸爸，让他尽快赶到学校。可等到医生到宿舍一量他的体温，正常；听听他的心率，也正常。然而，当我一说他爸爸要带他去娄葑医院（今苏州工业园区星海医院）时，他却“嗖”地一下坐起来，精神抖擞地表示自己一切都好，什么毛病都没有。这戏剧性的一幕，至今仍让我忍俊不禁，也让我对这个看似调皮的学生多了几分理解与包容。同班学生邢大鹏当年考入常熟理工学院，2012 年考入复旦大学哲学系，现在深圳证券交易所工作。每逢教师节，邢大鹏都要向我问候一声，2023 年国庆节他在吴江结婚还邀请我参加婚礼。

二、严厉与变通：安徽金寨，一次难忘的研学之旅——苏州工业园区星海实验高级中学苏茜路校区

作为星海高中的创建参与者之一，我与同事们一同传承着星海初中已深深扎根的担当精神。在星海实验中学苏茜路校区的时光里，一场难忘的安徽金寨研学之旅，为我的教育生涯增添了浓墨重彩的一笔。这不仅是带领学生共同探索世界、磨砺成长的宝贵经历，更是我教育理念升华的重要契机。

星海金寨、弋阳社会实践研学活动声名远扬，而这响亮口碑的背后，是无数班主任默默付出的心血与努力。2014 年 7 月 6 日的夜晚，明月高

悬，繁星闪烁，这样璀璨的夜空在苏州是极为罕见的美景。当晚，我班学生参加完天堂寨篝火晚会后，陆续返回金寨的农家住处，此时已过晚上 9 点半。我所带的班级是所有队伍中深入体验农家生活最真实的一支，15 名女生住在条件简陋的农家。这家农户淳朴善良，住宅是典型的明末清初皖西徽式民居，古朴而陈旧，不仅没有空调，洗澡也成了一大难题，当地人采用的是农户家大锅烧水、在大木盆里洗澡的方式，与城市里便捷的淋浴截然不同。班里这些来自苏州市区的女生，对此很不适应。

我住的农家设有淋浴间，不过热水流量有限。在请示带队的严校长和顾校长后，我与房东协商好，让我班 4 ~ 6 名学生到我的住处洗澡。山区的夜晚并不宁静，路上有狂吠的狗（据说不咬人），还有在泥路上蜿蜒爬行的水蛇。外出安全问题时刻揪紧着我的心，因此我提前反复告诫学生，晚上绝对不允许外出，以免发生意外。在金寨的那些日子里，我很少在晚上 12 点前入睡，每晚都要和同事戴大勇老师打着手电筒挨家挨户仔细查房。若有学生确实需要到我的住处洗澡，必须提前告知，由我亲自接送，无论男生女生，晚上都严禁私自外出。

有一天，篝火晚会结束后，将近晚上 10 点，我和王素珍老师在途中撞见了我班的两名女生——费千仪和费文晞。她们带着换洗衣物，没拿手电筒，仅靠手机那微弱的灯光，走在田间狭窄的小道上，准备去事先约好的农家洗澡。看到这一幕，我顿时怒火中烧，严厉地斥责道："这里靠近原始森林，野猪、獐子、果子狸等动物都有，导游还说可能有金钱豹，要是你们出了事，我怎么向你们家长交代？怎么能把班主任的话当耳旁风！"两名女生低着头，一声不吭。尽管我在气头上，但还是和王老师一起护送她们洗完澡，平安返回住处。

第二天早饭后，两名女生主动向我认错，对我昨晚的发火毫无怨言。因为她们真切地体会到，老师在那月色朦胧的大山脚下的严厉斥责，实则饱含着深沉的关爱。2020 年年初，即将大学毕业的费千仪（就读于中国传媒大学，后入职外交部）和费文晞（就读于香港教育大学）回到母校看望我。交谈中，她们还兴致勃勃地回忆起那段难忘的大别山金寨之行，曾经的点点滴滴仿佛就在昨天。

还有，目前动漫电影《哪吒 2》十分火爆，这让我想起星海高中首届文科班历史课代表刘念同学（毕业于山东大学），她在杭州成立了游戏文化公司，她一有历史动漫成果就与身为历史教师的我分享，最近该公司出品了以五代十国历史为背景的武侠游戏《燕云十六声》，其社会评价还不错。

三、执着与收获：将发现教育融于人人成功中——苏州工业园区星海实验高级中学沈浒路校区

在星海实验高级中学沈浒路校区，我全身心地投入将发现教育融于人人成功之中的教育实践，始终秉持乐学、乐教的理念，深入探索发现教育的无限可能，积极借助大数据赋能教学，致力于让每一名学生都能在历史课堂上找到属于自己的成功密码，绽放出独特的光彩。

平日里，我乐于阅读、不断思考，努力拓宽自己的知识边界，积极参与苏州教育科学研究院和苏州工业园区教师发展中心组织的各类研讨活动，始终以苏州名特优教育家型教师的标准严格要求自己，力求在教育领域不断精进。苏州工业园区在 2022 年荣获基础教育国家级教学成果二等奖的课题“探寻适合的教育：以大数据促进因材施教”，为我指引了努力的方向。我潜心钻研其中的成功经验，将大数据与发现教育科研成果紧密结合，将乐学、乐教的重点放在精心研究教材、精准把握考纲、全心扎根课堂上，致力于在日常教学的反思与实践中不断突破自我。这份努力切实提升了星海高中学生的学习幸福感，也让我收获了同学们真挚的喜爱与尊重。在星海高中的 14 年教学生涯里，我所带班级在历次统测中成绩斐然，均位居大市前列。先后培养出 3 名被清华大学和北京大学录取的学生，另有 2 名学生大学毕业后成功入职外交部。2019 年、2024 年，我所带班级高考本一达线率更是达到 100%。

探寻适合的教育，也让我发现了学生天真的调皮与可爱。2023 年秋季运动会入场式，高三（7）班学生自豪地举起“小军一定赢”的横幅，那一刻，我感受到了他们对我的信任与鼓励，心中满是温暖与感动。到 2024 年毕业典礼合唱时，这激动人心的一幕重现，那份温暖与感动在校园里延续。班主任将这珍贵的瞬间拍摄下来，分享到微信家长群，一时间好评如潮。家长们的认可与支持，成为我继续前行的强大动力。尤其令人欣慰的是 2024 年高考，高三（7）班的顾嘉琪同学虽家境普通，但凭借自身不懈的努力，历史学科高考获得 85 分，高考总分 622 分，被江苏警官

学院录取，这所高校是她进入高中后就梦寐以求的。查到分数的当晚，她第一时间与我分享喜悦，那一刻，我由衷地为她感到高兴。高二下学期从理科班转到文科班的汪玉涵同学，由于之前基本没有系统学习过4本历史教材，学习上困难重重。我利用课余和自习时间为她悉心辅导，她也破釜沉舟、勤奋苦读，最终在2024年历史学科高考中取得了84分的好成绩，家长对我十分感激。看到同学们的成长与进步，我深感所有的付出都是值得的。

岁月悠悠流转，世间万象更迭，而我奋斗的脚步从未停歇。回首往昔，我对“和你一起低头找幸福”这句话情有独钟。它质朴无华，却总能让我在园区教育的“春华秋实”中寻得一份与之同行、悄然成长的幸福感。追寻这份幸福的道路，满是艰辛与波折，好在有志同道合者相伴，携手奋进，就像生逢盛世，尽享时代的恩泽。“和你一起低头找幸福”“安徽金寨，一次难忘的研学之旅”“将发现教育融于人人成功之中”，我亲历的三个教育小故事，只是我教育生涯中的冰山一角，但它们承载着我对“大先生”教育事业的热爱与执着，也见证了我在教育家精神引领下的成长与蝶变。在未来的教育路上，我将继续怀揣着这份“小先生”初心，逐光而行，书写更多精彩的教育篇章，为培育祖国的栋梁之才贡献自己的学科力量。

让成为教育家型教师的路上充满诗意

王　明

一、一种信念：胸怀天下，以文化人

为了更好地界定和谈论教育家型教师“胸怀天下、以文化人的弘道追求”，首先有必要对“人文”这一概念做一个界定。渊源于古罗马西塞罗理想化教育思想“humanitas”的古典人文学科，是指古罗马自由民成长为“人”所必修的科目，即“七种自由的艺术”（简称“七艺”）：文法、修辞、辩证法、算术、几何、音乐、天文。这与中国先秦“六艺”，即礼、乐、射、御、书、数的目标基本相同：“顺先王诗、书、礼、乐以造士。”

古代注重的是臻于人性理想状态的修身，而非现代教育分工以后占统治地位的职业或专业训练。古典人文教育通过当时几种基本知识技能的锻炼，使个体成为那一时代身心发育尽可能完善的人，这就为语文教师提供了作为教育家型教师的工作准则：以主体性的人自身为内在目的的教化活动。

所谓主体性的人，即合乎人的本质的人。因此，无论语文具有多么丰富、广阔的外延，其内涵都必须具有人文精神，即以培养独立而健全的人为核心目的。人文精神的内涵应该包括知、情、意等各方面。具体到语文学科方面，人文性就意味着首先应该将对学生人文精神的培养作为课程目标的价值取向，并以此来制定语文课程目标，选择、整合和利用语文课程资源；其次，语文课程应凸显教师的人文关怀，使学生受到真善美的熏陶，保护和尊重学生的独特体验；最后，教师还要在关注学生语文知识、能力发展的同时更加关心学生情感态度价值观的发展，注重人文关怀和语文教育的感染及熏陶作用。以此观之，语文教学应致力于引导学生探究人的生存意义而不是科学分工意义上的专业性知识（这些专业性知识固然重要，但永远都不是语文教育的终极追求，即所谓“得意而忘言”），它更多属于人类所赖以安身立命的精神根基。

因此，教育家型教师与学生之间的关系不同于把主体当作客观的外在静观的认识关系，而是胡塞尔所说的“主体间性”（intersubjectivity）的关系。它势必要求认知、情感、意志一体化地体验认同，这就是被伽达默尔作为人文主义首要特性概念的“教化”（Bildung），它不只是指人的思想观念，而是包括了个体身心感触的全部存在。也正因如此，想完成“胸怀天下、以文化人的弘道追求”的语文教师，首先也必须是一位人文知识分子，对语文教师人文素质的要求，在根本上就是要确立这种将对象当作主体来看待的精神态度，语文教师应比其他人更有教养、更富有良好细腻的精神感受力，应处于更高的教化水平上。不仅如此，基于语文学科的人文性质，语文教师不仅要关心个人的遭遇，更要关心这一个人遭遇所包含的普遍“意义”（significance），“意义”与“含义”（meaning）的不同之处就在于：人世间全部活动都有其特定的“含义”内容，这些“含义”内容可从人与自然的关系、人与人的关系等不同方面由自然科学与社会科学进行研究；而这些含义内容对于这些从事活动的主体究竟有何价值意义，则须由人文学科阐释。每个现代人都具有人文意识，但是只有将这种人文意识公之于众，使之成为社会化的普遍言说话语，这种人文意识才具有人文知识分子的公共交往性质。因而，想成为教育家型教师的语文教师，还应该是阐释并守护世界意义的人。

给予想成为教育家型教师的语文教师如此高的定位的目的，就在于强调人文精神在整个教师行业的重要性和稀缺性。从事人文科学（哲学、宗教、艺术、教育）的人也许并非真正的人文知识分子，把自己的专业当作谋生手段的教书匠与怀有强烈人生自我意识并远超出一己之命运思考而将之推广为人类普遍问题的教育家的根本差异就在于此。

二、一次发现：发现自我，诗意成长

“王老师!”

那是2018年秋季学期的最后一天，嘉禾突然出现在办公室门口，叫住了正在收拾行李的我。我抬起头，他盯着我看，欲言又止，脸上还染着少年特有的几分羞赧。

“怎么了？放寒假啦！咋还不回家？”

“寒假我准备读几本书，”他的声音带着信任与热爱的温度，“有几个问题想找您问问。”

“好，我来看看!”我放下手中的东西，接过了他手中紧攥的小本子。《源氏物语》《中国哲学简史》……我看着他列的书目，那些书目都是我曾在课上有意无意提到过的。

再一次地，欣慰和感动涌上心头。我看着嘉禾的双眼，那种对文学的渴望，就在他褐色的瞳仁里那么纯粹地绽放了。

“将‘语文’二字拆解来看，分成了‘言’‘吾’‘文’三个部分，除语言和文学两大学习内容之外，第一人称代词‘吾’被放在最中心的位置，说明自己对文本的感知才是最重要的。”

在开学第一课上，我对孩子们说出了自己对“语文”的粗浅理解。

我一直有种执念，觉得要学好语文学科，就必须自主高效地鉴赏文学作品。于是在简略介绍了高中语文学习的变化之后，我便给他们上了一堂主题为“当我们在谈论阅读时，我们在谈论什么”的讲座，把自己阅读的经验与体悟从为什么阅读、阅读的分类、阅读的准备三个方面对他们进行了系统的阐述。

原本以为这些与考试直接关系并不大的枯燥内容不会引起学生的兴趣，没想到他们出乎意料地认真，纷纷在笔记本上做着详细的记录。我趁热打铁，提出了自己的几点要求。

一是每个人都选择 1~2 本文学类书籍，根据课上的指导做出一学期的阅读计划。

二是每个人准备三个笔记本，分别命名为“周记本”“思维导图本”（之前跟学生做过介绍）和“阅读鉴赏本”。

这时，有几个孩子就举手问我什么叫阅读鉴赏本，我笑着回答他们：“就是阅读——鉴赏本！”

“不就是摘抄本嘛，故弄玄虚。”

“又来了，抄到手抽筋都没啥用的东西。”有几个学生纷纷开始抱怨。

“老师，阅读鉴赏本有什么要求吗？”有好学的学生问道。

“现在只有一个要求——鉴赏的内容一定要比摘抄的内容多！”

“这老师不按套路出牌啊！”

“这可咋办呀？”

孩子们又窃窃私语起来。

语文学科的教学承担着其他学科难以实现的美育功能，语文的学习应当是审美的，具有诗意的，但发现诗意的过程是充满艰辛的。

一如我所料，前两周阅读鉴赏的完成出现了两极分化的情况。在完成出色的阅读鉴赏里，令我惊喜的是出现了许多不同的鉴赏方式与风格。章晨同学一周只摘录一篇短文，在句子中画出不同记号并写下鉴赏文字，在文末又有一定篇幅的总评；王璇同学则注重课内向课外延伸，依据文段来源不同设定了好几个鉴赏板块，从实用与审美等多个角度进行赏析；陆灵同学利用阅读鉴赏本落实阅读计划，他选择的是哲学启蒙书《苏菲的世界》，经常会在阅读鉴赏之后向我提出一两个问题；彦霖同学则钟爱小说与戏剧，在阅读鉴赏的过程中时常撰写阶段性体悟，有时也会在本子上向我推荐他爱读的书。针对学生的问题，我一一作了回答；对于他们的推荐，我也在之后进行了了解。

当然，完成度不高的同学也有不同表现。有的学生是出于应付，流于初中时好词好句积累和僵硬的手法赏析，针对这类学生，我在课上借课文学习之便向他们介绍了批注式阅读，并强调了多种批注搭配使用进行训练。还有一种情况则是摘录的文本类型单一，赏析的内容也较为单一，这类学生的阅读面往往狭窄，不愿接触其他类型的文学。而嘉禾的阅读鉴赏，就在其中。

其实嘉禾的文字功底非常出色。在学习《雨巷》一诗时，我让学生发挥想象并用自己的几句话去描摹作者所描述的丁香姑娘。一向沉默少言的他竟然主动举手分享了自己的创作。女子鞋跟踏在青石板上的声音、握着伞柄的指尖、油纸伞边流淌的水滴，一个个精准的细节勾画出了一个呼之欲出的丁香姑娘形象。班上其他同学听着听着都露出了惊叹与敬佩的神情。我也未曾想到，阅读鉴赏完成度并不高的他竟然有着这样细腻精准的文笔。那节课，我对他的小练笔赞不绝口。

但他之后的几次写作让我不寒而栗。

在一次诗歌小比赛中，他写出了一首无题长诗，下笔细腻而又奔放，感情饱满，在表达上颇有郭沫若《天狗》的神韵。但与其他同学歌颂生命美好不同，他的诗歌充满痛苦与愤怒，频频出现与“死亡”相关的词汇。我非常想弄清楚在这样的文字背后到底隐藏着一颗怎样的心灵。

其他老师知道后也十分吃惊：“这孩子平日挺听话懂事的呀！上课时虽然沉默了一些，但性格也算温和吧，怎么会写出这样的句子呢？”

我借机与嘉禾的父母取得了联系，请他们到学校了解情况。嘉禾的母亲听说孩子写出了这样的诗和文章，心里一急，眼泪便不住地流了下来，坐在一旁的父亲也陷入了沉默。

经过了解，嘉禾从小就喜欢读书，但总爱挑网络上与动漫相关的小说看，甚至有些沉迷，尤其喜欢《龙族》这部网络小说，而经典名著几乎没有阅读过。

目前，网络小说质量参差不齐，不少网络小说所表达的价值观、世界观消极负面，虽然可以打发时间，但并不适合心智正在成长的青少年。必须扩大他的阅读面，我想，要引导嘉禾发现经典文学。

但如何激发他对文学经典的兴趣呢？如何用正确的价值观、世界观感染他呢？

我在其他学生的周记与阅读鉴赏中找到了答案。为了锻炼孩子们的想象力，我并没有对周记的内容和形式有过多要求，而是给足他们自由发挥的空间，目的是让他们真正爱上写作。

许多孩子什么内容都写，毫无顾忌。因此我也发现，不像在任务型作文中他们都表达对生命美好的赞颂，充满了正能量，实际上不少学生对生与死、善与恶有着真实的思考。他们通过网络接触到了社会与生活不那么美好的一面，也有着属于自己的困惑。这让我回忆起自己在高中阶段的时光，那时的我有了独立的想法，对世界的看法也在发生着微妙的变化。

高中这个时间段正是塑造三观（人生观、价值观、世界观）的黄金时期，我想，不应该压抑学生正常的思考，更不应该忽视他们的困惑。我尝试着以自己对人生的理解，结合自己在文学中寻找答案的阅读体验，在学生的周记与阅读鉴赏本中跟他们交流，敞开心扉，去真正地了解他们的内心世界。

一开始，孩子们也并没有多少回复，只是一些感谢的话语。但我一直坚持着，有时候一写就是大半页。渐渐地，有同学在本子上展开了追问，进一步表达了自己的观点。我曾跟陆灵就《苏菲的世界》这本书聊过马克思主义哲学中国化的现实意义，并推荐他去读冯友兰的《中国哲学简史》；我跟彦霖探讨过孤独与成长的问题，跟他分享自己阅读《月亮与六便士》时所感受到的坚定力量；我还在《小王子》的阅读中借用小王子与玫瑰、狐狸之间的关系引导彬羽正确处理恋爱与学习的关系，用《飞鸟集》中自然、生命与爱的主题陪伴李蕊度过了亲人去世的艰难日子。孩子们对世界与社会各种各样的疑问，在文学作品中有着不同的解答。而阅读也并不是孤独的，文学的强大力量往往只有在交流碰撞中才彰显出来。

同样，我也是在这种独特的交流世界里真正地走进了嘉禾的内心。

那次的周记，他写了整整 6 页。在肯定了他的文笔和布局谋篇之后，我针对他在文中塑造的一个内心挣扎、彷徨无助的角色，又一次在他的周记本上试探地发问："为何一个人生才刚刚开始的十五六岁少年，却有着这样的挣扎？是什么让你有创作这样一个角色的冲动？"

周记本发下去的第二天下午的课外活动时间，他终于出现在我的办公室门口。

"老师，我想跟您谈谈。"

那天，我们从课外活动时间一直聊到晚自习上课时。我以文学为桥梁，找了一些有与他心理相似的人物的文学作品，以拉近文学与他当下生活的距离，从《人间失格》谈到《麦田里的守望者》，挖掘文字中"爱"

与“温暖”的主题。以此为契机，我们进一步聊了许多关于成长与网络小说写作的问题（经过了解我得知，嘉禾想做一名网络文学作家），尤其当我表示对《龙族》的兴趣时，他更是十分激动，打开了话匣子。

虽然通过他之前的文字，我能够感受到眼前的这个大男孩其实有一颗极其敏感的心，他需要关注与陪伴，他希望得到肯定，但是当这一切都从他自己的口中说出来时，我的内心涌起一股莫名的感动——他真正相信了我，对我敞开了心门。从那之后，他时常会找我谈天，有时是聊阅读文学作品时的一些困惑，有时是聊写作过程中遇到的难题。在文学中，他发现了自我，而且正在诗意地成长。

三、一条道路：砥砺彼此，天地共生

从此之后，我发现同学们也在彼此分享作业本上我与他们的“通信”，相互进行交流，班级里自主阅读的同学渐渐多了起来，不少同学下课后时常会到校内书店逛一逛，在文学类书架前停留的时间更长了。他们会主动在阅读鉴赏本上记录、赏析自己的阅读与写作，并与我交流；他们在课前5分钟爱书推荐中的解读偶尔也会让我受益颇丰……

文学带给我与学生的实在太多。它让我与学生的心灵零距离，它让语文的教与学都充满欢喜，它让我们师生的成长都充满诗意。

我还想带他们走入天地之间。

“古者包羲氏之王天下也，仰则观象于天，俯则观法于地，观鸟兽之文与地之宜，近取诸身，远取诸物，于是始作《易》八卦，以垂宪象。及神农氏，结绳为治而统其事，庶业其繁，饰伪萌生。黄帝之史官仓颉，见鸟兽蹄迒之迹，知分理之可相别异也，初造书契。”根据许慎关于汉字产生源流的论述，我们发现，“胸怀天下，以文化人”更具涵盖性和普遍性的意义：与天地共生。

许慎将天地之纹理看作文字起源最核心的部分，可见世间万象对于“胸怀天下，以文化人”的启示意义：唯有细察天地之纹理，我们才能更好地赏读人文之理。不但如此，中国第一部体大思精的文学研究著作《文心雕龙》也在《原道第一》中推崇天地之文：“日月叠璧，以垂丽天之象；山川焕绮，以铺理地之形：此盖道之文也。仰观吐曜，俯察含章。”这里的“道”，指的就是天地。在刘勰眼中，日月天象、山川万物无一不

蕴含着丰富的文采，甚至包括风吹山林、泉石相击，都是天地之文对人的敞开与展现。

是故，我希望我和我的学生都能观四季变化而感叹光阴易逝，睹万物盛衰而思绪纷纷，临肃秋因草木凋零而伤悲，处芳春由杨柳依依而欢欣。这些由天地之文而引发的独特的精神慰藉、思想启迪、审美享受、生命皈依，都是"以文化人"的生动写照。

唯有走上此道，我们才能在审视语文时长叹："文之为德也大矣，与天地并生！"

陶行知教育思想在指向"人"的历史教学中的应用

——以"第 17 课 国家出路的探索与列强侵略的加剧"为例

陈小军

后现代教育哲学以后现代主义哲学为基础，它所呈现的现代理性批判思潮，重视人与事的表象和枝节，淡化对人与事本质的追求，[①] 崇尚"人"对同一事物或问题看法的多样性和差异性，主张因不同的取材方式而对同一时期的同一事件有着不同的世界观、人生观、价值观和认识论。学习后现代教育哲学有助于我们对陶行知教育思想的理解与研究。陶行知教育哲学理论简约、见解卓越，他以问题促思考，主张教学做合一，从"点"拓展成"面"，从"单维"的身心修为延伸至"多维"，[②] 他认为，"不论研究什么学科，总要看一个明白，想一个透彻"。"想一个透彻"，说的是引导学生用"运神骋智"的方式来审辨思维问题根源之所在，其中不乏发现问题、解决问题时所需的以差异、多元取代统一、普适的教育思

① 职玮琳．基于后现代主义教育哲学的教育观［J］．中国电子教育，2013（4）：29-35.

② 邱磊．论"生活力"的教育思辨：陶行知与杜威教育思想的追溯和重审［J］．江苏第二师范学院学报（社会科学），2014，30（6）：16-20.

想智慧，这对促进当前历史教育思维的多元化、思辨化和科学化，探索和推广陶行知教育思想具有务实的理论价值和应用意义。

变化的历史需要多角度的理性认知，复杂的历史需要多层次的批判质疑，未知的历史需要多途径的互证探究。与之相呼应的是，陶行知主张在教学过程中要帮助学生摒弃“单打一”的思维模式，鼓励多找寻与主题相关的材料。① 本文以“第 17 课 国家出路的探索与列强侵略的加剧”为例，通过历史教师从被动的课程传授者转变为积极的课程资源开发者、教学方案设计者、课堂环节组织者，来说明陶行知教育哲学思想下历史人物在新课改教学立意中的创设，使历史教师在教材内容、教学方法、问题情境、探究场域等方面有更多的拓展和研发。该课所涉历史时间的跨度为 19 世纪中期—19 世纪末，这一时间段正值近代中国发生“千古之大变局”，涉及晚清历史人物较多，但要筛选能统领本课教学要点的历史关键人物，不是信手拈来的事。选择历史人物时既要考虑历史课程标准和统编教材内容的落实，又要考量该历史人物对历史发展进程的影响力和所遗存文献资料的丰厚度，进而以历史人物为鉴，在知识与能力、情感态度与价值观上增强学生的唯物史观和家国情怀。课文所涉时间跨度恰与历史关键人物“中兴名臣”——李鸿章的人生履历存在交集，所以将性格复杂而又矛盾的典型人物李鸿章作为该课教学的主线索人物，以对李鸿章的人生经历进行分期研究的方式，通过同时代人物主张的对照，营造学生穿越时空与“活生生”的历史人物文本对话的氛围，从“行与知”的角度设身处地思考、理解历史人物的心境，并不断叩问自己：“当时如是我该怎么办？”

一、李鸿章其人

李鸿章虽是近代中国历史长河的沧海一粟，但作为晚清历史中的关键人物，他的人生经历和所作所为对呈现、测探和活化该课历史教学内容，具有使人明智和感悟人生的指导价值与启迪意义。设计该课教学时，教师可结合课标知识要点，以与时代共呼吸的李鸿章一生“三神三悲”为主线索。

---

① 徐伟，涂怀京．陶行知思维能力培养思想探析［J］．生活教育，2007（7）：12-14.

（一）李鸿章一生有三“神”

1. 神其一生平步登天

清朝原本是满族人的天下，汉族人备受歧视。李鸿章却是个例外，他少年参加科举，中年力压太平天国运动“有功”，成为同治、光绪两帝重臣。

2. 神其洞察时局的眼力

作为“中兴名臣”，李鸿章走在自强求富的前沿，中体西用，力推近代中国的现代化。

3. 神其圆润的外交思想

一介儒生的李鸿章面对纷至沓来的边疆问题和日益严重的民族危机，抛弃“清流派”不切实际的主战幻想，敢于承认晚清腐败现状，反对闭目塞听，提出理想化的救国方针——顺应时风，网罗实用人才，在韬光养晦中自强求富，为晚清赢得了一段相对安全的“自强求富”的国际环境。

（二）李鸿章一生有三“悲”

1. 悲其背负骂名

后人论及李鸿章大多以“卖国贼”冠之。甲午中日战争后，72 岁的李鸿章卑躬屈膝地签订了《马关条约》。八国联军侵华后，78 岁的他又诚惶诚恐被逼签订《辛丑条约》。然而很少有人会想起在签订《马关条约》前，李鸿章自春帆楼去行宫路上被人射伤左额，流血不止。

2. 悲其劳而无功

李鸿章多年殚精竭虑经营的北洋水师，在日军攻占威海卫后便全军覆没，这也使他的威望一落千丈、名声大臭。

3. 悲其愚忠一生

世间人情冷暖泾渭分明，他甚至备受主子的冷落和怠慢。甲午之殇后，他的直隶总督和北洋大臣之职被革，慈禧太后也不得不冷落他，往日门生故吏皆敬而远之。

二、关于历史关键人物李鸿章的历史教学实践

下面根据 2020 版高中历史课程标准和该课教学要求，按照时序串联知识、再现历史，从李鸿章与洪秀全跌宕起伏的人生对照、李鸿章与王家璧争锋相对的洋务派与顽固派论战、李鸿章与左宗棠针对边疆危机的海防

塞防之斗、李鸿章与翁同龢对日战与和之见、李鸿章与伊藤博文日华利益辩驳之争五个方面来“源源本本的彻头彻尾的来研究”①，旨在让学生在了解历史关键人物活动轨迹时，以寻“人”问“史”来增强历史熟知感和亲近感。

（一）李鸿章与洪秀全：“旗杆子”和“枪杆子”跌宕起伏的人生对照

陶行知的整体观非常鲜明，但凡教育及与教育相联系的一切，在他看来都是一个整体，不可分离。② 将李鸿章与洪秀全这两个同时代历史关键人物的生平进行对照，可对太平天国运动爆发的原因、过程、纲领、失败原因进行分析，并以“你中有我，我中有你”的历史整体观解释李鸿章组建淮军镇压太平军起家发迹的原因；可对照历史关键人物的整个人生经历，将新课标要求的重要历史知识点串联起来，从整体观的角度构建历史知识网络；可依据时空梳理李鸿章、洪秀全跌宕起伏的人生经历，从特定历史人物“得志与失意”的经历中阅读历史、汲取教训、反省人生和感悟情怀，在审辨思维和史料研读中“不离行以求知”，提升学生的历史整体认识力。

1. 由“笔杆子”走向“枪杆子”——洪秀全

洪秀全（1814—1864），广东花县人，早年科考不顺，屡次落第，本应回家种地，做个农民，终生“日出而作，日落而息”，但他不甘平庸，愤而反清，创拜上帝教，揭竿而起，领导太平天国运动，建立地上“天国”，颁布具有空想性、革命性的《天朝田亩制度》和《资政新篇》。最后，天京陷落，太平天国惨被多种力量联合绞杀，演绎出天灾人祸和时代异变下，晚清农民奋力抗清的“得志与失意”。

2. 由“笔杆子”走向“旗杆子”——李鸿章

李鸿章（1823—1901），安徽合肥人，科考仕途平坦如砥，秀才、举人、进士一气呵成。他作为晚清中兴重臣的“旗杆子”，以匡救大清颓势为己任，壮年招勇，中年封疆，晚年大力倡导洋务运动，创办近代军事企业和民用企业，培养翻译人才和军事人才。甲午国殇后，他苦心经营的北

① 徐伟，涂怀京．陶行知思维能力培养思想探析［J］．生活教育，2007（7）：14.

② 姚文忠．论陶行知的教育哲学观［J］．生活教育，2015（2）：8.

洋水师不出一年被毁灭殆尽，他本人还被任命为全权大臣赴日艰难谈判，对日方低头折节，甚而被日人小山行刺，仕途“得志与失意”共生。

（二）李鸿章与王家璧：针锋相对的洋务派与顽固派的论战

陶行知说，学问研究学习应从各种不同的角度进行多侧面思考，力求做到思维的广阔性。① 在该课的教学中，教师在讲授李鸿章举办洋务的同时，可补充顽固派代表王家璧的主张，从而反衬李鸿章不仅是匡救晚清王朝的“卫道者”，更是求学西艺器物的“开新者”。洋务派与顽固派论战的实质是农业文明与工业文明之争，顽固派是当时清王朝中不可忽视的一股反对势力，对洋务运动有很大的“杀伤力”，这进一步表明在封建体制下洋务运动举步维艰，顽固势力根深蒂固。当然洋务运动自身也存在致命软肋，它“未必有真心打破旧轨”，只是在封建制度的基础上修修补补，无意改变封建官制与民众观念，仅以中国纲常名教为本，辅以学习外国利器和擅长之技，渐图自强，企图挽救日薄西山的清王朝，它的失败具有必然性。

1. 李鸿章是晚清洋务派的主要代表

李鸿章基于两次鸦片战争“创巨痛深”的打击、坚船利炮的强敌和每况愈下的中国社会现实，痛定思痛，看到了内忧外患下中西方综合国力的差距，开始了前后达 35 年自强求富的国家出路探索——洋务运动的自强与近代化。李鸿章看到西方国家“枪炮并发，所当披靡。其落地开花炸弹，真神技也”“惟以中国军器远逊外洋为耻”，认为“中国积弱，由于患贫，西洋方圆千里，数百里之国，岁入财赋以数万万计，无非取资于煤铁五金之矿、铁路、电报、信局、丁口等税”。故李鸿章为挽救危局，在军事方面，开始用洋枪洋炮装备淮军，创办近代军事企业江南制造总局，建成以北洋水师为代表的近代海军；在经济方面，倾心致力洋务事业，创办民用企业上海轮船招商局、开平矿务局、上海机器织布局；在教育方面，派遣留学生，创办近代学校，培养经世致用的翻译人才和军事人才。

2. 王家璧是晚清顽固派的主要代表

王家璧坚决反对洋务运动，对李鸿章倡导向西方学习科技、教育的洋务运动给予警告，直言“以夷变夏，即可自强，此大误也”“师事洋人，

---

① 徐伟，涂怀京．陶行知思维能力培养思想探析［J］．生活教育，2007（7）：14.

可耻孰甚?”“勿以事非己出轻改前人，勿以能顺夷情不顾国是”。他的理由如下：

（1）祖宗之法不可变，奇技淫巧无需学。“洋人之所长在机器，中国之所贵在人心”,①“夷夏之防”素来有之，“泱泱天朝上国”的立国根本是“礼义廉耻”的传统儒家思想教育，如向低于华人的“夷人”学习，大搞机器生产，岂不是难以启齿的丑事。

（2）选用人才重视科举取士。王家璧坚决反对李鸿章的选人、用人之法，他认为“以章句取士，正崇重尧舜周孔之道”。教育是为统治者服务的，如果背离了古圣贤的教导，不明“大义”,“虽机警多智，可以富国强兵，或恐不利社稷”,② 即使有真才实学，能使国家富强，也断不能用，因为“机警多智”的人才，稍一刺激和离间，就可能人心离散，成为威胁大清社稷的叛逆分子。

（三）李鸿章与左宗棠：针对边疆危机是“顾此”还是“失彼”的海防塞防之斗

陶行知赞同荀子“好一则博”，注重“思维的深刻性”，认为一心一意研究问题，必有豁然开朗、心领神会之时。③ 19 世纪 70 年代初，中国同时面临陆海边疆危机，加之晚清日益严重的财政困境，导致由“筹饷”分配不均而引发了的海防、塞防的争论，原本倾向重塞轻海、重北轻南的清王朝重新认识到了塞海边防兼重的重要性，但坚持海防与塞防并重无疑增加了清政府的财政负担。需要特别注意的是，主张塞防的左宗棠主动出击收复新疆，以战则克西定回疆；主张海防的李鸿章被动防御、避战自守，旗下的北洋舰队却全军覆没。教师指导学生深入钻研“海防、塞防之斗”，因为“即使是一个很小的问题，也可以研究出很深刻很渊博的大道理来”：面对外来侵略，从军事战略上看，有时主动出击比消极防御更有效，更能掌握战略主动权。

1. 以李鸿章为代表的大臣持专事海防、放弃塞防的海防论

李鸿章建议以海防为重，认为“新疆不复，于肢体之元气无伤，海疆

---

① 曾永玲 . 洋务派与顽固派的一场论战［J］. 松辽学刊（社会科学版），1996（1）：60.

② 曾永玲 . 洋务派与顽固派的一场论战［J］. 松辽学刊（社会科学版），1996（1）：60.

③ 徐伟，涂怀京 . 陶行知思维能力培养思想探析［J］. 生活教育，2007：14.

不复，则心腹之大患愈棘”①。他主张弃守新疆，停兵、撤饷，“已经出塞及尚未出塞各军”，军费“似须略加覆减，可撤则撤，可停则停，其停撤之饷，即匀作海防之饷。否则，只此财力，既备东南万里之海疆，又备西北万里之饷运，有不困穷颠蹶者哉”！②

2. *以左宗棠为代表的大臣认为应海防和塞防并重，两者不可偏废*

左宗棠认为“窃维时事之宜筹、谟谋之宜定者，东则海防，西则塞防，二者并重，决不能扶起东边倒却西边”。他要求一面收复新疆，一面加强海防，二者同时并举，不可偏废。左宗棠见大宗用兵之饷被用于海防时，建议海防和塞防经费应通盘合筹，不要厚此薄彼：“甘饷日形支绌，出关各军待用孔殷”，而“自福建筹办台防，沿海各省均以洋防为急，纷议停缓协饷”。③

（四）李鸿章与翁同龢：一对“后党”与“帝党”重臣对日“战”与“和”之见

陶行知主张研究问题应“善于透过现象看出本质”“深入到里面，看得清清楚楚”。④ 甲午中日战争前，日本早已“严兵”以待，而清政府在战前还在争论究竟要不要对日作战。为此晚清政坛“后党”重臣李鸿章与“帝党”魁首翁同龢进行了“战”与“和”的较量。从唯物史观来看，其本质是地主权贵阶级内部争权夺利的斗争，其中包含着个人家庭恩怨纠葛和个人势力地盘的维护；从全球史观来看，其较量也凸显出两位重臣对世界和日本情况洞察力的差异。他们对日“战”与“和”的争论不休并不影响民众对他们入木三分的客观评价，从对联“宰相（李鸿章合肥人）合肥天下瘦，司农（翁同龢常熟人）常熟世间荒”来看，广大民众认为他俩都搜刮民脂民膏，是一丘之貉。

1. *洋务派的对日态度*

以李鸿章为首的洋务派，对日政策以“外须和戎”⑤ 为中心，认为只有主动了解日情和国际时局，谨慎行事，避免武装冲突，保持相对温和态

---

① 栾兆鹏．李鸿章全集［M］．合肥：时代文艺出版社，1998：1070.
② 栾兆鹏．李鸿章全集［M］．合肥：时代文艺出版社，1998：1070.
③ 钟婷婷．试论晚清财政危机下的海防塞防之争［J］．贵州师范学院学报，2015（1）：26.
④ 徐伟，涂怀京．陶行知思维能力培养思想探析［J］．生活教育，2007（7）：14.
⑤ 魏菱．晚清李鸿章与清流派外交思想比较浅析［J］．理论观察，2017（4）：105.

势，清朝才有乘势而上的可能性，最终实现军事实力的崛起，为来日的战争胜利赢得底气、为最终清王朝的富国强兵提供基础，这也是李鸿章办理对日交涉事宜时的总方针。

2. 清流派的对日态度

以翁同龢为首的清流派，对外核心思想是“力主攘夷”，他们以儒家传统的民族思想为依据，强硬反对对外妥协，是主战。他们极力要求保卫国土和维护国家主权，指责李鸿章“忍诟言和”，鼓动光绪帝训斥李鸿章“怯懦规避，偷生纵寇”。清流派的对日态度反映了艰难时代抵御外侮的社会共识，但他们身在朝廷，不习外事，缺乏与外国的直接交流和对外战争的经验，主张大而空洞，没有说服力，更提不出克敌制胜的具体建议。

（五）李鸿章与伊藤博文：马关谈判日华利益辩驳之争

陶行知认为行的思维具有直观性、具体性，“行知行”是辩证统一的，没有行的知是虚空、浮泛的。① 中日甲午战争改变了中日两国的命运。弱国无外交，根据李鸿章与伊藤博文在马关谈判中对话的史料记载，中日两国一强一弱、泾渭分明，谈判桌上的较量是以战场上双方对抗的胜败为后盾的。“泱泱大国”的全权代表李鸿章当时已过 70 岁，在“伤心”之地春帆楼外遇刺，还要代表落后的晚清在谈判桌上“挨打”。李鸿章负伤未愈，打着绷带还要对日卑躬屈膝、唯唯诺诺，那是中华民族何等的难堪和耻辱；相比之下，伊藤博文又是何等的骄横跋扈、颐指气使。17 年后梁启超到日本，特意前往春帆楼，留下了“春帆楼下晚涛哀”的感叹，毕竟这是让国人刻骨铭心的耻辱和伤痛。以下是从许陈静和吴四伍先生《李鸿章与伊藤博文》、陈仲丹先生《“春帆楼下晚涛哀”：细说〈马关条约〉谈判》等材料中摘取的几段具有直观性、具体性的对话细节：

伊藤博文狮子大开口：停战可以，但前提是“中国应将山海关、天津、大沽三地交由日军占领，中国军队交出武器，而且这期间日本驻军的费用要由中国负担”。②

李鸿章脱口连呼：“过苛！过苛！”他质问伊藤博文：这些军事要地日本军队根本没有到达，为什么竟然想凭借和谈占领呢？

---

① 徐伟，涂怀京．陶行知思维能力培养思想探析［J］．生活教育，2007（7）：12.

② 许陈静，吴四伍．李鸿章与伊藤博文［J］．领导文萃，2017（10）：38.

伊藤博文要中国代表只需回答“允”还是“不允”。

李鸿章问：“难道不准分辩?”

伊藤博文道：“只管申辩，但不能减少。”

4月2日，日方向李鸿章出示和约底稿，限3日内答复。内容包括要求中国割让“盛京省南部地方”、台湾全岛和澎湖列岛。赔款3亿两白银，以及增开通商口岸，允许日本人来华开厂等 。

李鸿章回复道：“日本如不将拟索兵费大加删减，并将拟索奉天南边各地一律删去，和局必不能成，两国惟有苦战到底。”

历史是由“人”书写的，学习“第17课 国家出路的探索与列强侵略的加剧”，我们可从晚清1个“关键人”到5个“主张对照”再回到1个“屈辱时代”，通过不同史料呈现来侧面探析本课国家出路探索的“行与知”：在衰落与悲凉交加的晚清之际，面对“千古之大变局”和列强侵略的加剧，国内各阶级、各阶层积极有为的人士肩负责任，不屈不挠地探索中华民族自强不息的救国之路。例如，上述李鸿章、洪秀全等历史人物都是历史前进的见证者，他们的主张有“天国梦”“守旧梦”“自强梦”“变政梦”“灭洋梦”“革命梦”等，这些主张之间有相向的，有相悖的，也有兼容的。他们为了实现自己的救国主张相互论战，其中不乏诘难批驳。这些近代中国人怀揣梦想、关注时局、探求新知，给学生展现了一幕幕前后相接的不凡历史，催发学生探析史料、深入历史，站在历史交汇点审思过去和展望未来：昨日国家的不幸——“天朝上国”清王朝腐败堕落、任人宰割，甚而被蕞尔小国日本欺凌，沦落至“豺狼瓜分国危亡”的境地；明日国家的有幸——面对“覆亡无日”的中华民族困境，前赴后继的仁人志士关注时局、勿忘国耻、各抒己见，新思想、新行动一浪高过一浪，努力践行强国御侮之道。以上这些蕴含历史人物主张“行与知”的对照素材，或多或少为践行陶行知的教育价值观、学生观、整体观、创造观、批判观、知识观等教育思想，提供了本真的教学情境和丰腴的生根土壤。

陶行知认为，尽信书不如无书，学习需要批判精神，不能照抄照搬，学习应是质疑、审察、实验和抉择的过程。[①] 陶行知教育思想在指向

---

① 徐伟，涂怀京. 陶行知思维能力培养思想探析［J］. 生活教育，2007（7）：14.

“人”的历史教学中的应用也同样如此，其多方位寻“人”问“史”、“想一个透彻”与“教人求真、学做真人”的教育观实则相通，对激发学生学习情趣和探究意识，提升学生思维品质，发展学生学习力、发现力、合作力和评判力大有裨益，继而历史课程的育人目标得以实现——培养全面发展的、关心国家命运的时代新人。

中篇：探索与实践
——用教育家精神点亮发现之光

发现教育引领，科学高中凸显

——发现教育 2025 年指导思想、发展目标和行动举措

苏州工业园区星海实验高级中学

2025 年是苏州工业园区星海实验高级中学“十四五”规划的收官之年与“十五五”规划的谋篇布局之年，站在承上启下的关键节点，学校机遇与挑战并存，须在前期成果上实现新突破、新跨越，须加速推进学校高站位、高质量发展进程，须把握非凡园区“砥砺再出发、昂扬向新行”的新契机，须全面贯彻《中国教育现代化 2035》和《教育强国建设规划纲要（2024—2035 年）》文件精神，结合学校发展现状与需求，借发现教育之力，强时代教师队伍，筑科学高中特色，为党育人、为国育才，全面落实立德树人根本任务，努力服务中国式现代化建设。

2025 年为学校“创新提质行动年”，新的一年，学校将在党委领导下，以发现教育为指引，全面推进科学高中建设，进一步提质创新实施发现教育，完善理论、实践、载体三维融合发现教育体系，进一步优化课程体系、细化人才培养路径、深化教师发展举措，打造发现教育新引领力，开辟发现教育内涵建设新赛道，全力向优质科学高中目标奋进。

一、指导思想

2025 年，学校将深入贯彻党的二十大精神，全面贯彻党的教育方针，落实立德树人根本任务，贯彻党委领导下的校长负责制，深入贯彻习近平总书记关于在教育“双减”中做好科学教育加法的重要指示精神，在发现教育引领下有序推进科学高中育人方式改革行动。2025 年，锚定“创新提质行动年”这个核心主题，通过党建引领发现教育铸牢忠诚之魂，着力强化基层党组织建设，坚持“五育融合”，以“让教育成为发现与创造的艺术”为办学理念，大幅度提高教育教学质量，以奋发有为的姿态贯彻落实《中小学科学教育工作指南》，以扎实举措和实际成效集思广益，统筹谋划“十五五”学校发展新规划，积极探索教育科技后备人才培养机制建

设，努力筑强高品质科学特色高中，提升学校内涵建设示范度，扩大学校内涵建设影响力和辐射范围。

二、发展目标

发现教育创新提质行动，旨在通过教育生态变革，践行星海教师使命，引领学校发展，激发办学活力，强化星海品牌。宏观上，学校基于“重思考、能创新、会学习”的办学愿景，深化党建内涵、升级党建品牌，以“星心向党”凝练党建特色文化，推动发现教育引领下的教育管理、课程、支撑体系数字教学改革，引领“星”先锋、“星”师风、“星”生力、“星”公益、“星”阵地五大行动；微观上，学校做强“一校两区三地”发展格局，探索高品质科学教育发展途径，加快“发现教育”理念建构、行动创新与高质量实施。在发现好书、发现好课、发现好社团、发现好生、发现好师、发现好家长的基础上，进一步发现美好、发现校园、发现社会、发现世界、发现实验、发现艺术、发现科学、发现课程、发现未来……积极探索和完成江苏省教育科学“十四五”规划主课题结题论证工作，大力推进 13 个获得省级、市级、区级立项的实践性研究项目。

学校以“五育融合”为培育目标，将学生培养成“爱党爱国、阳光自信、身心健康、学业精进、智慧优雅”的时代新人。通过发现教育的全面行动，学校致力于管理效能提升、教学质量提高、服务能力增强、信息能力建设、安全网络防护，为学生实现自我赋能式成长提供坚实支撑。同时，学校积极探索破解发展瓶颈的途径，加快推进发现教育理念的实施，为学校在新时代实现高质量发展奠定扎实基础，展现出星海教育在新时代的使命与担当。

（一）文化建设目标

学校进一步深化推进发现教育办学特色的研究实践，以全方位的举措推动学校文化特色建设，对发现教育进行理论化再造、系统化建构、品牌化推广，理念先行、顶层设计、目标导向、文化扎根，让发现教育的理念内化于心、外化于行，促进广大教师、全体学生的文化认同、文化自信和文化自觉。学校文化建设包括“行思润志”文化长廊、“科学家精神”展览馆、“和远・毅行”户外拓展基地、“红色研学”教育基地、“国际理解与空中课堂”交流平台及“星海社团文化”课程基地等精神家园，将发现教育打造成为学校“全家福”的文化标志与内涵特征。

（二）学校发展目标

学校秉承“团结、敬业、精细、卓越”星海精神，高标准、高水平再启“一校两区三地、双轮驱动、聚力发展”新征程，根据自身发展的需求，依据党的二十大、二十届三中全会统筹教育、科技、人才三者协调发展的要求，为形成具有星海特色的育人道路，以发现教育为基石，建设一所以科学教育为支点的特色高中。学校致力于建设特色化、优质化的科学课程体系，数字化、智能化的信息支撑体系，优质化、前沿化的硬件及社会资源支撑体系，科学化、多元化的测评考核体系，培养“会理解、富创意、有教养、能负责、善领导”的创新型学生，为普通高中科学教育提供星海方案。

（三）学生成长目标

学校坚持“人人成功、人人成星”的教育理想，尊重生命、尊重教育规律，秉持以生为本，通过“光晖耀星辰”系列德育课程实现课程序列化，以“活动育人、生活德育”为路径构建品牌德育活动体系。学校通过“和远·毅行”德育课程和“繁星瀚海”课程文化，将科学探索与品德教育相结合，促使教育教学各环节契合学生与时代需求，让发现成为知识增长、素养提升的内驱力，为科学探索注入品德力量，全力打造集科学与人文于一体的沉浸式学习空间，培养适应时代需求的新人。

（四）教师发展目标

立足发现教育，聚焦发现教育与教育家精神融合的校园文化构建，锻造高素质教师队伍，加快推进“星晖耀海”“四有”好老师团队建设，通过学习教育家精神内涵，启智润心、因材施教，探索中国式育人新路径。全面厘清教师专业发展层次，全模块优化教师专业发展路径，形成“定制式”教师专业梯队发展方案。发现和培育优师，发现青年教师的成长和发现青年教师的绝活，助推提升2025年苏州工业园区骨干教师、苏州市姑苏教育人才等名师评选成功率，实现名师荟萃，梯队合理，市级、区级骨干教育人才各学科全覆盖，提升教师在江苏省、苏州市、苏州工业园区的专业知名度和工作坊、骨干教师共同体学科建设的影响力。

三、行动举措

（一）“发现教育”创新提质行动，深入推进党建高质量新发展

1. 规范组织生活，强化党员教育管理

以习近平新时代中国特色社会主义思想为指引，规范开展“三会一课”、主题党日活动，切实增强“四个意识”、坚定“四个自信”、做到“两个维护”。认真落实上级党委部署，规范建设党组织，通过中心组学习、书记党课等多种途径，强化党员学习教育。开展党章党史、党纪党规学习及典型案例剖析等活动，引导党员学思想、学理论、学先进，以学增智、促干。各党支部创新主题党日形式，开展参观学习、党员自我评议，将其作为民主议事平台，密切联系群众，了解群众意见。同时，制定主题党课、书记党课内容，推进学生思政教育，巩固新型思政课体系，稳定教学与人文环境。

2. 擦亮党建品牌，塑造党建全新形象

做实、做靓“星心向党”党建品牌，为党建注入新活力。重视思政教育，完善工作机制，淬炼队伍，实施管理干部“共性+个性”选拔标准、“蓄水+梯次”培养模式和“评价+激励”考核机制。在先锋引领上，校党委每月评选“先锋园丁”，树立正面典型，引领教师爱岗敬业；开设“先锋课堂”，组织“党员先锋好课放样”活动，激励教育教学创新变革。

3. 坚持党建带群建，促进民主管理

坚持党建带团建，发挥学校工会、共青团等群团组织作用。重大事务征求群团组织和民主党派意见，接受监督检查，坚持校务公开和民主管理，保障师生合法权益，评优评先、职称评聘等严格按程序进行，确保公平公正。

4. 融入发现教育，完善群团工作机制

在群团工作中实践发现教育，挖掘难点与亮点。完善以教代会为基本形式的民主管理制度，讨论学校“十五五”发展计划，保障教职工民主管理与监督权利。加强对困难职工的精准帮扶，建立健全教师关心关爱机制，丰富教职工生活，提升教职工的幸福感与归属感。

（二）“发现教育”创新提质行动，深入推进立德树人项目建设体系

1. 传承创新，夯实德育基础工作

传承优秀德育特色与精神，深化思考并创新举措。在德育课程方面，推进“和远·毅行”在场体悟活动，丰富学生体验。秉持科学教育质量观，落实“五育融合”、综合育人，坚持全员、全过程、全方位育人，注重课程、文化、活动、实践、管理、协同等多途径育人。因材施教，做好分层教学、分类指导、分层作业与限时作业，开展品牌经典活动，满足学生多元发展需求。引导学生做好小事，营造良好学习氛围，展现劳动精神，组织学生到养老服务中心开展爱心志愿服务。开设多样化星海德育大课堂，如大社团课、学生大讲堂等。

落实德育常规管理，提升管理品质。提前规划并有序推进升旗仪式，做好每日常规检查，常态化开展“星晖旗”“毅行旗”评选，以评促改。加强社团管理与考核，发展学生兴趣特长。建设志愿岗，将志愿服务从校内拓展到校外，利用 3 月“学雷锋月”组织学生进社区服务。

2. 进阶发展，深化发现教育实践

围绕立德树人思想，深入实践发现教育。持续推进苏州市前瞻性教学改革实验项目、品格提升工程精品项目的结项效能辐射推广，如“繁星瀚海：时代新人‘和远·毅行’的在场体悟行动”等。微改造德育阵地，做好主题活动展板展示；开展主题班会，共同探讨学生成长热点、焦点问题。

搭建德育润心平台，全面开设社团、研究性学习、实践课程，亮化评优评先。落实全员导师制工作方案，做好教师培训与重点个案跟踪分析。探索电子媒体新功能，开发班级学情分析微论坛、家访情况记录模块，借助手段助力教育发现与学生成长。打造育人新品牌，发力家庭新教育，擦亮校园新文化。健全优化德育课程，融入理想信念、核心价值观、传统文化等教育，塑造“爱党爱国、阳光自信、身心健康、学业精进、智慧优雅”的星海学子新形象。

（三）“发现教育”创新提质行动，深入推进育人质量全面品质提升

1. 深耕课程体系，推进发现教育纵深发展

坚定不移地贯彻“一核五维六系列，全人课程体系”，将学科建设视作践行发现教育的核心任务。紧密围绕创新人才的培育目标，以项目研究为有力抓手，全面推行课堂管理中的“三巡三起”“发现美好·星海日志”制度，通过系统化的管理模式，全力助推学生学习效率的显著提升。深入开展发现教育的实践探究，既要着重以大数据在教育领域的应用研究为驱动力，推动教与学方式的深刻变革，又要着力从两个关键方向发力：其一，对发现教育进行体系化研究，构建课程改革的全新模式；其二，以

特色教育的提质与扩容，充分彰显发现教育的实际成效。深度提炼“高原筑峰”进程中的宝贵经验与成果，并积极分享给区域内的高中共同体和结对帮扶学校，促进教育资源的交流与共享。

2. 创新教研模式，全面提升课堂教学品质

严格贯彻执行教学“七认真”的要求，将集体备课的形式与内容列入重点督查范畴，高度重视对作业布置与批改情况的调研分析，明确规定周测、月调研试题的难度系数必须维持在 0.7 左右，致力于让学生在学习过程中切实感受到收获的喜悦与满足。高一、高二年级的备课组每周至少开展一次集体备课活动，高三年级备课组则明确实行一周“两研”制度，每次活动都确保有充实的活动内容与详尽的研究记录，严格做到定时间、定地点、定主讲人、定研讨内容。积极牵头联合兄弟部门，全力落实江苏省优质课比赛活动，扎实推进校本教研工作，充分挖掘并发挥本校“名特优”及骨干教师的资源优势，通过优质的教研活动，有力推动老、中、青各年龄段教师的共同成长与进步。精心编写校本教材，持续滚动传承并优化教学资料，不断丰富限时分层作业的形式与内容，深入推进限时分层作业制度的实施。合理规划课时及教学时间，紧密结合各学科的独特特点，统筹安排限时分层作业的完成时间，做到定时发放、限时完成、定人收缴，并要求教师切实做到作业“四精五必”，即精选、精讲、精练、精评，作业布置与检查务必做到有发必收、有收必看、有看必批、有批必评、有评必补，将认真对待作业的效率发挥到极致。持续重视学生的多元发展，同步推进竞赛教学与美术特长生培养工作，从多个维度促进学生综合素养的提升。在高一、高二年级，全面推进数学、物理、化学、生物、信息奥赛训练工作，持续做强“青少年科学院”精英人才培养项目，采用校内、校外专家协同合作的方式，推动奥赛训练实现高速、高质量发展，同时规范、有序地做好高一新生招生政策的宣传工作。

3. 优化教学路径，显著提升人才培养效能

全面落实分层教学策略，切实减轻学生负担，提高教学效果；扎实开展分层教育，精心做好个性化辅导工作；科学优化班级组合方式，有效提高教学效率，深刻领会并切实落实教、学、评一致性原则。紧密聚焦创新拔尖人才的培养目标，扎实推进“高原筑峰”行动。在 2025 年，力求高中毕业生被清华大学、北京大学录取的人数在 2024 年高考丰收的基础上

再创新高，九校联盟大学（C9院校）的录取比例提升至15%以上，“双一流”高校（世界一流大学）的录取比例达到40%以上。2025年，星海融合教育中心将进一步拓展通往国际一流名校的升学通道，全力提升星海融合教育在区域内的品牌吸引力与影响力，为学生提供更为广阔的发展空间。

（四）“发现教育”创新提质行动，深入推进教科研成果凝练与突破

1. 借势拓展，深化合作交流

借助省级会员优势，拓宽发现教育合作交流边界。2025年，学校教科研紧扣发现教育与课堂教学融合实践，转化好课成果，融入日常教学。践行实践研究、实践方法研究两大策略，为学校“高原筑峰”、教师成长、教学质量提升服务。

2. 挖掘课题，充实资源储备

挖掘新课题方向，启动新一轮发现教育课题申报。教科室宣传发现教育的内涵与意义，做好发现教育驱动科学高中建设的创新实践、发现教育理念下教育家精神校园文化建设、发现教育理念下中学生英才计划的创新实践、基于发现教育数字赋能教学评实践研究，引导师生关注人的成长、培养综合素养。指导图书馆进一步完善教育家文献资料数字资源和图书资源储备。

3. 协同联动，推动内涵发展

教科室协同教导处等多部门，持续优化课程基地，培育科学课程。围绕论文写作、课题研究等开展系列教科研活动，定期举办教科研沙龙，激发灵感、引领行动。开展课题交流，提升教师研究水平。注重内涵项目的资料收集，上半年助力主课题结题，下半年完成“发现教育”系列专著之二《用教育家精神点亮星海发现之光》的编撰，力求江苏省教学成果奖申报数量实现突破。

（五）“发现教育”创新提质行动，深入推进“四有”好老师梯队建设

1. 分层培育，打造研究型教师团队

锚定研究型教师团队建设目标，对师资进行分层培育，致力于打造有情怀、有智慧、有情趣的科学教育教师队伍。针对青年教师，借助青年教师先锋成长营，助力其入门，重点提升其科学素养，以及跨学科教学、实验设计与操作、活动设计与实施等教学实践能力，使其掌握科学教育规范。成熟教师通过多级培训向名优教师进阶，名优教师开展“风范教师领航”示范。同时，倡导学术文化，鼓励教师开展科学教育课题研究，推动教研学术化，强化团队协作。在全球范围内招揽人才，邀请知名学者、科技企业领袖、杰出教育管理者加入，力邀至少两位学术造诣深厚、管理经验丰富的专家担任科学副校长。

2. 创新模式，提升科学教育质效

为了提升科学教育质量与效果，学校创立科学教育研究中心，创新科学教育组织化管理模式，由科学副校长统筹，科学教师承担责任，科学顾问提供指导，英才导师协同配合，科学教育管理中心推进落实。优化导师制和书院制并融入科学教育，全方位构建领导管理与专业指导体系，让科学教育在校园落地生根，与人才培养协同发展，优化普通高中科学教育管理制度。

3. 竞赛驱动，助推课堂教学改革

组织“致远杯”系列教学基本功竞赛活动，以此推动课堂教学改革，夯实青年教师教学基本功。参赛教师按教龄和工作经历分为不同部分进行比赛，工作两年内的青年教师参加“板书+演讲”竞赛，工作两年至六年的青年教师参加讲题竞赛，未带过高三毕业班的高一、高二教师参加课堂教学竞赛。

4. 以老带新，激发教师发展活力

青年教师培养和新引进教师的适应工作是学校可持续、健康、高标准发展的关键。通过开展“发现好课”青年教师汇报课、骨干教师展示课活动，以骨干教师示范课引领课堂教学方向，助力青年教师成长，在青年教师汇报课中发现其优势与不足。此外，在校长带领下开展青年教师座谈会，了解他们工作、生活中的收获与困难，帮助其解决生活后顾之忧，为其专业发展提供指导。

（六）“发现教育”创新提质行动，深入推进构建智慧校园融合新效能

1. 紧跟趋势，落实重点实验项目

学校信息中心要顺应新时代信息技术与教育深度融合趋势，落实苏州工业园区国家级信息化教学实验区两大关键项目：一是聚焦数据驱动高质量发展的发现教育实践与创新；二是开展5G支撑下核心素养导向、面向高中学段实践性学习的混合式教学研究。立足教智融合，对学校实体学习场馆（教室、实验室、图书馆等）与自主线上学习环境（线上公开课、学习网络平台、虚拟实验室等）的结构形式进行重构，以空间革新满足学生的多元学习需求。同时，借助苏州工业园区智慧教育枢纽易加学院，打造个人、学校、区域互联互通的学习空间，构建新型教育模式，提升大数据在教学改革与学校管理中的效能。

2. 夯实基础，强化技术设施建设

在校园全域实现高速稳定网络覆盖，让教学区、办公区、生活区紧密相连。部署智能感知设备，如智能摄像头、环境传感器等，实时采集校园环境和人员活动数据，为智慧管理提供翔实依据。建设功能完备的大数据中心，对教学、管理、学生行为等多源数据进行存储与深度分析，挖掘数据潜藏价值，为教育决策提供精准、有力的支持。

3. 丰富资源，推进教学资源数字化

对各类学科网、智学网、正确云、易加学院等教学资源，如教材、课件、试题等进行数字化转化，方便师生随时便捷获取。大力开发丰富多样的在线课程，覆盖多学科、多层次内容，满足学生个性化学习需求。运用虚拟现实（Virtual Reality，VR）、增强现实（Augmented Reality，AR）技术，创设沉浸式教学场景，让学生身临其境地感受知识的魅力，提升学习兴趣与学习效果。

4. 激发活力，创新教学模式

依托智慧教学平台，开展线上、线下混合式教学。教师可以在平台发布学习任务、组织讨论、批改作业，学生也能自主学习、交流互动。借助人工智能技术实现个性化学习推荐，依据学生的学习进度、知识掌握程度等，推送适配的学习内容和练习题目。打造智慧教室，配备互动大屏、录播系统等智能教学设备，支持小组协作学习、远程教学等新型教学方式。

5. 赋能教师，提升教师能力

定期开展信息技术培训，助力教师熟练掌握智慧教学工具与软件使用方法，提升信息技术应用能力。组织教学研讨活动，鼓励教师分享优秀教学经验，共同探索创新教学模式。建立激励机制，对在发现教育与智慧校园融合教学中表现突出的教师予以奖励，充分激发教师的积极性。

6. 科学评价，优化学生评价体系

构建多元化学生评价体系，除传统考试成绩之外，将学生在线学习行为、小组协作表现、创新实践成果等纳入评价指标。利用大数据分析学生学习全过程与学习成果，全面、客观地评价学生学习状况，为学生提供针对性学习建议。

7. 协同共育，强化家校合作

搭建家校互动智慧平台，家长可以通过平台实时掌握学生的学习进度、在校表现等情况。教师与家长借助平台沟通交流，共同关注学生成长，凝聚家校教育合力。

（七）“发现教育”创新提质行动，深入推进平安校园规范建设和保障

1. 规范采购，强化物资储备

以发现问题为导向，严格规范各类采购流程。在防汛、防火安保物资方面，及时开展隐患排查，按需补充物资，确保物资储备充足、质量可靠，为校园安全筑牢物资基础。

2. 深化网格化管理，提升校园安全水平

持续推进网格化管理模式，将校园划分成多个安全网格，明确各网格责任人与工作任务，实现安全管理责任到人、任务到岗。同时，组建校园义务消防队和防暴队，定期开展实战培训演练，提升应急处置能力，有效提升校园安全管理的精细化与规范化程度。

3. 强化安全责任，确保安全意识到位

落实综合治理责任区域责任制、首遇处理责任制和快速整改责任制，树立大安全观念，压紧、压实主体责任。定期检测学校燃气报警探测器，定期维护报警系统，保证燃气使用安全规范。做好责任区《安全巡查发现隐患·星海日志》，定期开展专题演练，组织全校师生观看全国校园消防安全教育网络直播公开课，增强师生消防安全意识。

4. 多管齐下，保障校园全方位安全

加强法治教育与安全教育，定期检查和维保校园技防、消防设施。严格把控食品安全，严守食品卫生规定，严控食材进货渠道，严格查验机制，全力保障高考考点食品安全，积极开发新菜品，以满足师生需求。

5. 加强常态防控，完善管理制度

定期向师生家长发布流感公告和防流感指南，加强常态防控宣传教育，引导师生员工养成良好的卫生防疫习惯，增强个人防护意识。规范和完善各条线管理制度，保证流程规范、监督有效。提前筹划“一校两区三地”教学设施维修保养和校园新建项目的申报工作，为学校高质量发展奠定物质基础。

发现教育视域下教育家精神引领的校园文化建构研究

范红梅　陈小军　张一哲　唐忠才

成尚荣先生在《第一动力·第一品质·第一专业》一文中指出，敲碎蛋壳，鸡蛋成美食，内部突破，则孵化新生命。受其启发，我们认为发现教育为教育家精神提供实践场域，教育家精神为发现教育锚定价值坐标，二者共同指向人的全面发展这一教育元命题，进一步深化新时代校园文化建设的内涵。

一、理论价值：校园文化建设依据发现教育与教育家精神契合

（一）教育家精神：校园文化建设的根本遵循

教育家精神是中华优秀传统文化与新时代教育精神的高度提炼，为在教育强国建设进程中构建独具特色的校园文化提供根本遵循。在新时代教育改革背景下，学校的校园文化建设也需要回归教育本质，以教育家精神为价值内核，以铸魂育人为先导，培养社会主义建设者和接班人。

大力弘扬教育家精神，培养学校教育家团队，是构建学校特色文化的切入点与动力源。习近平总书记明确了教育家精神的六大内涵，一支师德高尚、业务精湛、梯次合理、富有创新精神的高素质教师队伍，不仅是校园文化建设的核心力量，也是特色校园文化的外在表现和突出特点，更是校园文化建设的核心目标和最终追求。

（二）发现教育：校园文化建设的实现路径

发现教育是教育者在探索教育改革的过程中，基于发现的基本原理、教育的发展规律及学生的身心发展规律，以“发现—唤醒—发展—成全—成功”为教育价值取向，以培养创新人才为目标的育人活动。发现教育是教育改革的双引擎，是新质生产力与教育家精神共生的动力源泉。教育者须依据教育规律和学生身心发展特点，引导学生自主探索知识，培养创新思维。其意向创新体现在丰富理念体系、激发学生内驱力、提升教智融合精准度等方面，为新时代校园文化建设提供新思路和新范式。

（三）校园文化建设：教育家精神与发现教育理论自洽

根据党的二十大、二十届三中全会统筹教育、科技、人才协同发展的要求，学校聚焦发现教育与教育家精神融合的特色文化构建，锻造高素质教师队伍。以教育家型团队为核心力量，围绕学校的文化特色和培养目标，立足校本，突破传统的课程格局，强化和丰富学校的课程文化；以数据为核心，重构学校教育生态，打造数据驱动下的数智校园文化，促使学校教学和管理模式的变革；鼓励学生在社团活动中发现兴趣、提升自我、释放压力，做到自主管理、自我服务、自觉成长，建设创新发展型社团文化。

二、问题导向：基于发现教育与教育家精神视角的现实剖析

（一）现状剖析

发现教育理念的深化落实决定了校园文化建设的成效，虽然学校在课程融入和教学方法革新方面取得了一定成效，但在文化的渗透和融合方面较为生硬，校园文化在物质、制度、精神层面与发现教育和教育家精神落地融合存在适配度错位。在教育家精神弘扬方面，学校开展了榜样树立、精神传承等活动，师生有一定认同感，但在具体的物化载体及主动作为等方面仍有欠缺。

（二）问题归因

问题的根源在于教育理念转化不足，未能将先进理念有效融入日常教学、管理、德育等方面工作。师资队伍素养有待提升，部分教师对新教育理念和教育家精神理解肤浅；绩效考核机制不够完善，在激励教师推动教育改革创新方面存在一定缺陷；社会环境对教育的功利化需求影响校园文化建设的方向和进程。

三、建构逻辑：基于发现教育与教育家精神相耦合的校园文化建构

（一）意义塑构：创设发现教育生态圈

发现教育生态圈的创设落笔于教育家精神培养的“教育家计划”，实现立德树人根本任务，通过理论、实践、载体三大创新达成发现教育统领学校的文化建设，对发现教育进行理论化再造、系统化建构、品牌化推广，理念先行、顶层设计、目标导向、文化扎根，让发现教育的理念内化于心、外化于行，促进广大师生的文化认同、文化自信和文化自觉，全方位细化、优化学校文化特色建设路径。创设发现教育生态圈旨在通过教育生态变革，践行学校教育使命，引领学校发展，激发办学活力，构建特色学校文化体系，将发现教育打造成为学校“全家福”的文化标志与内涵特征。

（二）情怀熏染：形塑师生共同价值追求

正如陶行知先生发现传统教育弊端，提出“教学做合一”的生活教育理论一样，教育家精神是发现教育得以深化实践的校园文化内核，拥有此精神的教育者凭借对教育的热情、责任感和探究精神，挖掘教育新问题，探索解决策略。学校以教育家精神为引领，实施“大先生”培育行动，组织定期培训、专题研讨等活动，帮助师生深入理解发现教育与教育家精神融合的深刻内涵，形成共同的价值追求，并将此价值追求融入校园文化建设的各个环节，从校园景观、教学设施、规章制度、管理模式、师生校园活动等方面形塑师生共同的价值追求。

（三）实践体系：建立教育家精神导向的实践体系

发现教育是教育家精神的外在实践载体，教育家精神是校园文化建构的灵魂，三者共契，其实质是教育本质的回归与创新。以教育家精神视角观察研究发现教育要素，推动校园文化建设与革新，三者之间相互促进，呈契合融通关系（图 1）：在发现教育的进程中，凭借探索未知的勇气、创新求变的思维及人文关怀的温度，不仅实现教育家精神中“大先生”风范的成果滋养，更让这种精神在校园文化建设中充分彰显；教育家精神所蕴含的教育热情、敏锐洞悉力与深厚职业责任，又如同强劲引擎，为发现教育注入新质生产力，在明确方向的同时又激发出源源不断的校园文化活力。

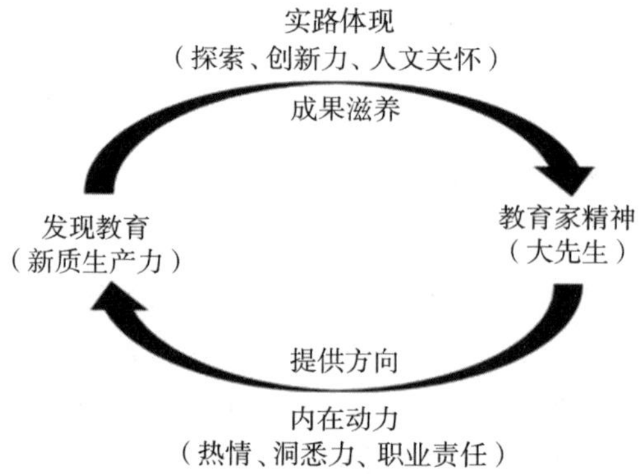

图 1　发现教育与教育家精神关系模型图

四、建构路径：形成教学、教师、文化三位一体的协同创新模式

（一）教学创新：打造发现教育课程群

学校融入教育家精神的课程理念，优化课程设置与教学内容，创新教学方法与手段，提升教学实践环节。

1. 发现式校本课程

在校本课程中融入科学家、教育家的励志故事，激发学生的探索欲。在基于高阶思维培养的高中科学课程教学中，引导学生从关注知识点的学习转向关注思维能力的提升。设计具有启发性的课程问题，深入推进学生微课题研究，让学生在实践中培养发现问题、解决问题的能力。

2. 学科渗透

各学科深入挖掘学科史、方法论中蕴含的发现教育元素与教育家智慧，实现校园文化与学科教学的融合。例如，数学学科“高中生数学建模能力的培养与评价研究”，在引导学生学习数学思想的同时，激发学生的探索精神；物理学科“验证性实验在中学物理教学中的适用性研究”，引导学生感知“一核五维六系列”课程体系中的物理科学精神；等等。

3. 项目驱动

通过“大数据+发现教育”、高校紧密合作国家级信息化教学实验区、5G 支撑下混合教学课程基地建设、苏州市中小学课程基地与文化建设等项目，推动教育数字化、智能化发展，促使实现校园科技文化新突破。开展“以教育家为榜样，大力弘扬教育家精神”系列主题活动，从理想信念、道德情操等多个方面剖析教育家精神，鼓励教师讲述自身教育故事。学校计划在年度内借助教育家精神的引领，稳步提升优秀骨干和青年教师的综合能力，并出版1~2本教育类专著。

4. 教学指向

从教和学两个维度深化发现教育的课堂教学研究，全面革新教与学的组织实施形式。教师积极探索创新教学方法，拓展学生科学实践研究的路径与场域，学生主动参与课堂互动和项目式学习，二者相互作用，实现课堂的高效实施生成，创设课堂文化。

（二）教师转型：培育教育家型教师团队

发现教育不仅是知识与规律的洞悉和探寻，更是灵魂的唤醒与塑造，向教育家型教师转型，不仅是教师个人职业生涯的追求，更是时代赋予教师的使命和内驱力。

1. 专业成长

组织教师学习，深入学习教育家的成长历程，如孔子、苏霍姆林斯基、于漪等的教育实践，反思自身教学实践，总结经验教训，促进教师提升在发现教育方面的实践能力。重视教育科研，全面厘清教师专业发展层次，全模块优化教师专业发展路径，形成“定制式”教师专业梯队发展方案，发现青年教师的成长路径和发展突破点。加强数字化支撑，实施“一科一基地、一生一特长”行动，建设科创中心、探究中心，打造学生学习“资源库”和教师授课“工具箱”。

2. 师德铸魂

立足发现教育，通过聚焦发现教育与教育家精神的耦合来构建教师文化、锻造高素质教师队伍；通过学习教育家精神内涵，启智润心、因材施教，探索中国式育人新路径；通过优化教师专业发展路径，发现和培育优师，提升市、区级骨干教师与姑苏教育人才等名师评选的成功率，实现名师荟萃、梯队合理和教育人才学科全覆盖；通过名师工作坊、骨干教师共同体等活动，提升教师在江苏省、苏州市、苏州工业园区的专业知名度和影响力。

（三）文化浸润：形成特色文化符号系统

深耕以发现为本、以教育家精神为魂的校园文化，需要全体教师心怀教育家型教师的理想、坚定教育家精神信念并持之以恒地努力下去，不断探索创造滋养人文情怀的育人环境，优化硬件载体布局、优化课程体系、细化人才培养路径、深化教师发展举措，打造发现教育课程，提升育人、实践文化引领力，开创校园文化新局面。

1. 心有大我

在校园景观设计中融入发现教育元素，设立“探索之路”景观带，展示学生发现成果；在教学楼、图书馆等场馆布置教育家名言展示区，营造文化氛围；为学生提供数学、科学、工程等领域的学习环境，培养学生创新精神。

2. 行为世范

以教师和学生双维度的发现教育为基础，形成数据驱动下具有鲜明信息化特征和核心素养养成的高质量教育发展新模式，秉承教育家精神，通过讲好“身边教育故事”、举办“身边的好老师”演讲比赛、创办“星”闻周报，促进“星晖耀海”“四有”好老师队伍建设。

3. 润心启智

开展“发现好书、三方共读”、发现好课等活动，并通过微信公众号及时发布活动成果，形成视频库和案例集。推出数据驱动下一图、一册、一课、一院的“四个一”创新行动，打造以学习者为中心的“1+1+X”学习模型。

4. 探索先行

从发现教育出发，与高校合作开展生命健康课程、拔尖人才培养工程、数字化实验室共建等，建立数据驱动与高质量发展、学生自我发展之间的逻辑联系。

5. 创新活动

举办发现教育系列活动，开展以“心向阳”为主题的心理节活动；举办“教育大家谈”活动，邀请院士专家与师生交流；举办师生科技、艺术创新成果展，展示师生在课题研究、发明创造等方面的成果。

6. 载体建设

建设科学与人文兼容的校园文化场馆，建设濡染科学场室（STEM、天地融合、生命科学、人工智能等）与浸润人文场室（“行思润志”“教育家精神”“星海·星成长”等），在科学场室配备先进实验设备，为学生提供探索科学的硬件条件；在人文场室展示教育家事迹、图文视频等，为学生提供全面发展的空间，营造浓厚的人文氛围。

以发现教育为载体、以教育家精神为灵魂的校园文化建构，通过重构教育空间、革新育人模式、重塑价值信仰，融入每一位教育家型教师具体的教育行为、育人行动之中，沉浸于每一次课程改革深入而勇敢的尝试中，让校园的每一个角落都成为启迪智慧、滋养精神的发现教育的生态场域。

参考文献

[1] 成尚荣. 第一动力·第一品质·第一专业 [J]. 人民教育，2015 (3)：22-24.

[2] 许振明. 陶行知生活教育理论闪耀着和谐教育思想的光辉 [J]. 生活教育，2008 (7)：33-35.

[3] 韩彦，李双龙. 习近平关于教育家精神论述的理论来源、逻辑内涵及实践路径 [J]. 教育探索，2025 (2)：6-11.

教育者的时间长河

吴　坷①

时间，对教育者来说意味着什么？

100 年，一代代教育者为改革者们点亮过知识的明灯。

30 年，一名教育人给憧憬者们写过数不清的毕业寄语。

4 年，一名师范生在正式走进课堂前在空教室里无数次摩挲过黑板的纹理。

那星海人的时间之河呢？常听老教师们说，星海的 24 年从蹒跚初创到如今的“一校两区双核”发展格局，溪流汇聚成大河，流入江海，时间在流逝，唯一不变的是星海人代代相传的执拗。

---

① 吴坷，华东师范大学硕士。曾参与编写中国专业学位教学案例。从教 3 年，曾获苏州市中小学教师专业素养竞赛学科素养赛三等奖，并曾开设区级公开课，获得区级高考学科命题比赛特等奖、中小学青年教师演讲比赛二等奖，多次获区级基本功大赛奖项，指导多名学生在各类语文竞赛中获奖。

一、三次家访，不遗余力

2022 年秋天，我做了高二（5）班的见习班主任，很开心和“何妈”搭班。“何妈”是高二（5）班学生对班主任何文娟的昵称。由来倒不是何老师的年龄，而是她事事操心，温柔又耐心，总是为学生着想。每周的“小方桌”时间，隔三岔五总能看到她找学生谈话的身影。

班上有个学生心思细腻敏感，对自我要求又高，从高二开始，给自己的压力过大，成绩不顺心时就会请假在家，且请假时间越来越长，已经开始影响正常的学习进度。俗话说“事不过三”，在给足学生自我调节的时间与空间后，何妈决定“出击”，带着我这个见习班主任开启第一次家访之行。

到了学生家里，三个多小时的家访，让我们进一步了解了他的情况。起初，这个学生得知我们的来意，不愿意和我们谈话，于是我们先展开了将近半小时的隔房门“喊话”，我们刻意避开直接谈学校，而是和他聊他在家里干了些什么，学了些什么新东西，这也让他暂时放下了戒备，走出房门和我们交流。在聊天中，我们得知这个学生成长在一个二孩之家，和弟弟有较大年龄差距，这让爸爸妈妈会更多关注弟弟，于是他总是渴望得到家长的关注。知道他敏感，何妈会认真倾听他的心声——他怕自己表现不好，既然没有达到自己的预期，索性不学，这样就不会失望了——这是高中学生普遍会存在的一种避免失败的心理，只不过心思敏感的他表现得尤为明显。于是，在接下来的两个多小时里，他畅所欲言，不复一开始的拘谨。时间在愉快的谈话中过得特别快，一直到他谈到自己最近在看心理学的书时，我们意识到他其实也在努力克服自己的消极想法，于是劝说的机会就来了。于是，接下来的对话看似在讨论心理学的各种观点，实际上我们是在心理学不同观点的甄别中让这个学生认识到自己创造价值的意义。谈到最后，他终于答应回学校继续学习。

在校学习期间，为了让这个学生重新融入班级，也为了重建他的自信心，任课老师们时刻关注他的状况。上课时，我也会挑着问题让他回答，从简单的问题开始，多多让他回答开放性的问题，渐渐地，他也开始出现在答疑小方桌旁。

时钟转到高三最后的冲刺阶段，高考的压力渐进。第二次模拟考试没有表现好，打击之下他又选择回家，并在之后决定不参加高考，家长也打电话告诉何妈，他们同意孩子的决定。事情到了这一步，作为班主任大可以放手，但是任其自流的事并没有发生。这一次，在周晓阳书记“尽量让他回来高考”的再三叮嘱下，何妈带着物理学科的徐富峰老师和我再次登门家访。这个学生一开始又躲在房间里不肯出来，针对这种情况，徐富峰老师选择走进去和他谈话。这个学生的沉默让我们焦心，但并没有浇灭我们的希望，隔天下班之后何妈和徐老师继续家访。

终于在漫长的等待后，高考前一天，这个学生回复会参加高考！当天晚上各科教师还是和他一起准备迎接即将到来的考试——不是临时抱佛脚，而是给予他面对人生困难与内心恐惧的自信，帮助他顺利通过考试。6 月 9 日，学生家长给何妈发来感谢信息，特录如下：

> 何老师，晚上好！今天高考三日终于结束，我们孩子也在大家的担心和期许中走完了高中阶段，其间有太多不易，也有太多遗憾，所幸结果是好的！多亏何老师和几位尽职的任课老师一次次的家访，还有学校领导们的不放弃，让孩子能有所感悟，最终做出利好的决定。作为家长，我们有太多太多的感谢无法言表！也请把我们的感谢转达给徐老师、吴老师、蒋主任和周书记，真的是非常非常感谢。

最终这个学生被西交利物浦大学录取！很多时候，我们也会问自己：为什么不放弃？为什么选择一而再、再而三上门劝说？答案或许早就在大家一句句真诚的劝说中：如果不高考，孩子以后怎么办？一时的意气冲动不可取！本来就是心气高的孩子，成绩也不差，他真的愿意接受自己的处境吗？星海的老师们始终单纯而执拗，老师们眼里只有学生的得失与未来。

二、4 个月，与时间赛跑

4 个月，对教育者来说可以意味着什么呢？第一次听到这个与时间赛跑的故事是在高三教师会上蒋菲雯老师的娓娓道来中。

有这样一个学生，离高考只有 4 个月的时间，手里拿着 6 门课 400 分的模拟成绩，下定决心要考清华大学的设计专业。

作为教师，我们很清楚，这是一件多么铤而走险的事。4 个月的时间里，焦虑、痛苦、压力、怀疑会漫过这个学生的心头，迷茫、彷徨、懊恼是人之常态。如果是不相关的人，这时大可以默默地看她从挣扎到放弃；好心的过来人，也大可语重心长地告诉她要给自己留个后手。可是作为教育者呢？这个学生的老师们选择这样做：在明确了学生和家长的意愿后，班主任蒋斐雯老师做的第一件事就是召集这个学生所有相关任课老师，数学学科的黄志诚老师、语文学科的刘丽老师、英语学科的陈曦老师二话不说，跟着蒋老师来开会，当天一张量身订制的个人课表就诞生了，满满当当，分包到每一个任课老师。于是，每天的阳光体育、午间限时，周日整整一下午，静谧的晚自习时，这个学生身边再也没缺少过伴读。物理老师病倒了，马云秀校长就带着物理组一起上，大家自发轮流给她当老师。从最基础的背诵开始，在一次次公式的推导演算中，老师们从未认为自己种下的是一颗永不会发芽的种子。就这样，用鼓励的微风轻拂她，用知识的清泉浇灌她，虽然压力与焦虑如期而至，但这颗种子反而在泥沼里生长出了一种信念，她坚信她一定能超越自己。终于，她在高考中获得了585分的好成绩。40天，从400分到585分，这是一场追赶时间的爱与责任的接力，这是一次时间的奇迹，但对于星海教育者来说，这或许只是又一个老故事。

每当听到这些老故事，重新演绎这些经典故事，我总会想起战火纷飞年代的那一封信：

> ……一个多月来，我不能和诸位同在炮火中奋斗，心中委实不安……我这个月的主要工作，就是为本校立一较为稳固的经济基础，此刻十成已经做到六七成，其余的要在上海进行。这个不能十分满足的好消息，谅想是诸位愿听的。现在觉得，非多设免费或贷学金学额不足使同学安心求学，所以还要留沪几天……敬祝平安康健！

这是陶行知先生在风雨飘摇的年代里为每一个孩子都能上学而作的奔走，战火之中四处奔走呼告，农民、儿童、妇孺都是他不倦教诲的对象，在“晓庄”“育才”之名下，星火燎起了平民教育之火。100年过去了，这段奔走已镶嵌在了历史长河里，但穿越百年，那一份愿意为了每一个学生，不遗余力地奔走与支持的力量仍在熠熠闪光。

今天，当教育培养什么样的人、怎样培养、为谁培养的问题再次重重叩击每个教育人的灵魂时，我们或许心意相通，星海教育者心中都有一个心照不宣的秘密，我们清楚地知道我们手中小心翼翼托起的不是别人家的孩子，而是这个国家未来的希望，他们会在日常庸碌中创造价值，在风霜严逼里挣脱困境，他们应该是能扎根大地的草，是能舒展枝叶的树。

而我们用心演绎的永远是老故事，40 分钟，4 个月，40 年，抑或是薪火再相传的百年——不遗余力地托举，让那灵魂击掌而歌！孕育奇迹！

以爱育心，以德育人

孔　璐①

在苏州这座古典与现代交织的城市一隅，苏州工业园区星海实验高级中学犹如一颗璀璨的星辰，照亮了无数学子求知若渴的心灵之路。在这里，我，孔璐，一名普通的语文教师，以立德树人为己任，用文字编织梦想，以心灵触碰心灵，探寻并弘扬教育家精神，让每一堂课都成为一次灵魂的洗礼，让每一次交流都成为心灵成长的契机。

一、初识星海，梦想启航

初入星海，正值金秋，校园内丹桂飘香，书声琅琅。作为一名新入职的语文教师，我怀着对教育事业的无限热爱与憧憬，踏上了这片充满希望的土地。那时的我，心中既有激动也有忐忑。我深知自己肩负的不仅是传授知识的重任，更是引导学生树立正确人生观、价值观的使命。我告诉自己，要成为一名有温度、有深度、有情怀的教师，用爱心和智慧点亮学生的未来。

故事要从那个风和日丽的春日说起。那天，我像往常一样走进教室，却发现班上的张浩同学眼圈红肿，显然是哭泣过。课后，我将他叫到办公室，轻声询问原因。原来，他的父母因为工作忙碌，经常忽略对他的关

---

① 孔璐，硕士毕业于复旦大学，中小学一级教师，在苏州市中小学教师专业素养竞赛中荣获一、二等奖，在苏州市第二届中小学微课制作比赛中荣获一等奖，在苏州工业园区高中教师解题能力竞赛中荣获特等奖，在省、市级期刊上发表论文多篇，多次开设示范课，获得同组教师一致好评。

心，让他感到孤独无助。我心中一紧，决定要为张浩做点什么。我开始关注他的学习和生活，鼓励他参与课外活动，给予他更多的关心和帮助。慢慢地，张浩变得开朗起来，成绩也有了显著的提升。

有一天，张浩找到我，眼中闪烁着坚定的光芒："李老师，我想参加学校的辩论赛，但我害怕失败。"我微笑着拍了拍他的肩膀："勇敢尝试，就是成功的一半。"在我的鼓励下，张浩不仅参加了比赛，还取得了优异的成绩。

时光如白驹过隙，转眼间，张浩已经站在毕业的门槛上。那一天，他送给我一张卡片，上面写着："谢谢您，孔老师，是您用爱心和智慧点亮了我的未来。"我的眼眶湿润了，心中充满了满满的成就感。

年复一年，我在教育的道路上不断前行。我用温度去温暖每一个学生的心房，用深度去挖掘每一个学生的潜能，用情怀去感染每一个学生的灵魂。我相信，只要我们用心去做，就能点亮更多学生的未来。在一次家长会上，我与家长们分享了自己的教育理念。我说："每一个孩子都是一颗独特的种子，需要我们用爱心去浇灌，用智慧去培育。只有这样，他们才能在未来绽放出最耀眼的光芒。"家长们纷纷表示赞同，愿意与我携手合作，共同为孩子们的成长努力。

二、以爱育心，润物无声

教育，首先是爱的传递。它是连接教师与学生之间的桥梁，是激发学习热情的火花，也是培养学生健全人格的基石。每个学生都是独一无二的个体，他们有着不同的性格、兴趣和学习节奏。教师的爱应该是包容的，能够接纳每个学生的不同，给予他们适合的教育。这种关怀不仅体现在对学生学业的指导，更体现在对学生情感状态的关注，对学生未来发展的关心。教师的每一次鼓励、每一次理解、每一次耐心解答，都是爱的传递。

在苏州工业园区星海实验高级中学的每一天，我都努力将这份爱融入教学的点点滴滴中。记得班上有一位名叫小杰的学生，他性格内向，成绩平平，总是躲在教室的角落里，鲜少与人交流。一次偶然的机会，我发现他对古典诗词有着浓厚的兴趣，尽管他的表达能力有限，但每当谈及诗词，他的眼中总会闪烁着异样的光芒。于是，我特意为他订制了一套学习计划，鼓励他参与班级的诗词朗诵会，并指导他如何更好地理解和表达诗词中的意境。渐渐地，小杰变得自信起来，他的笑容越来越多，成绩也有了显著提升。更重要的是，他学会了用诗词来表达自己的情感，找到了与世界对话的方式。

这个小故事让我深刻体会到，每个学生都是独一无二的，他们需要的不仅是知识的灌输，更是情感的关怀和心灵的慰藉。作为教师，我们应当用心去倾听每一个学生的声音，用爱去温暖每一颗年轻的心灵，让教育成为一场心灵的旅行，让学生在旅途中发现自我，健康成长。

三、以德育人，树立榜样

立德树人，是教育的根本任务。在苏州工业园区星海实验高级中学，我始终秉持着“身教重于言传”的教育理念，努力成为学生心中的道德楷模。我深知，教师的言行举止对学生有着深远的影响，因此，我时刻注意自己的言行，力求做到言行一致、表里如一。

在课堂上，我注重培养学生的批判性思维和人文素养，鼓励他们勇于质疑、敢于创新；在课外，我积极参加学校的各项志愿服务活动，带领学生走进社区、走进自然，用实际行动践行社会主义核心价值观。通过这些活动，学生不仅增长了见识、锻炼了能力，更重要的是，他们学会了关爱他人、服务社会，形成了正确的道德观念和价值取向。

记得那是一个春意盎然的早晨，阳光透过窗户洒在教室的每一个角落，我正带领同学们探讨《论语》中的经典篇章，试图引导他们理解古人的智慧和道德观念。突然，一个平日里沉默寡言的学生举手发言，他的声音有些颤抖：“老师，孔子说‘己所不欲，勿施于人’，但为什么总有人做不到呢？”

这个问题像一颗石子投入平静的湖面，激起了层层涟漪。我意识到，这是教育的一个关键时刻，也是我作为教育者的责任所在。我没有直接回答他的问题，而是微笑着说：“让我们一起来探讨这个问题吧！”

接下来的课堂上，我们围绕这个主题展开了热烈的讨论。同学们纷纷发表自己的看法，有的引用历史典故，有的结合现实生活，还有的从心理学角度进行分析。我认真倾听每一个学生的发言，不时地点头、微笑、提问，引导他们深入思考。我和学生一同总结出了几个原因。一是个人道德修养的差异。每个人的成长环境、教育背景、性格特点等不尽相同，这导致了个人道德修养水平的差异，有些人可能从小就受到良好的道德教育，能够自觉地遵循“己所不欲，勿施于人”的原则；有些人则可能缺乏这样的教育或受到不良环境的影响，难以形成这样的道德观念。二是精致利己的心态。在现实生活中，有些人可能过于关注自己的利益和需求，而忽视了对他人的尊重和关心。他们可能认为，只要自己的行为不违反法律或社会规范，就可以不顾及他人的感受。这种自私自利的心态使得他们难以做到“己所不欲，勿施于人”。三是缺乏同理心。同理心是指能够设身处地地理解他人的感受和需求。有些人无法真正感受到他人的痛苦和困扰，因此，在面对他人的请求或行为时，他们可能无法从对方的角度去考虑问题，从而做出伤害他人的言行。

随着讨论的深入，我巧妙地将话题引向了如何在现实生活中践行“己所不欲，勿施于人”的原则。我分享了自己在工作中遇到的真实案例，讲述了我在处理学生纠纷时如何坚持公正、公平的原则，以及如何引导学生学会换位思考、尊重他人的感受。讨论结束后，我对同学们说：“‘己所不欲，勿施于人’是孔子提出的道德准则，它告诉我们要尊重他人、关爱他人。然而，现实中确实有一些人做不到这一点。但这并不意味着这个准则是错误的，而是提醒我们要更加努力地践行它。”

四、教育家精神的探寻与弘扬

在教育的道路上，我始终怀着对教育家精神的敬仰与追求。我深知，教育家精神是教育事业的灵魂所在，它蕴含着教师对教育事业的无限忠诚、对学生的深切关爱、对教育创新的执着追求。在苏州工业园区星海实验高级中学这片沃土上，我有幸接触到了许多优秀的教师前辈和年轻同行，他们用自己的行动诠释了教育家精神的真谛。

我学习他们对教育事业的无私奉献和不懈追求；我借鉴他们独特的教学方法和教育理念；我更在他们的激励下，不断反思自我、完善自我、超越自我。我深知，成为一名真正的教育家并非一朝一夕之功，但我会将这份追求化作前行的动力，不断在教育的田野上耕耘、播种、收获。

在苏州工业园区星海实验高级中学的这些年里，我见证了太多太多这样的教育小故事：有学生在失败中重新站起来的坚韧不拔，有学生在成功时仍保持谦逊的难能可贵；有学生在困境中相互扶持的温暖人心……这些故事如同一粒粒珍珠，串联起我教育生涯中最宝贵的记忆。它们不仅让我感受到了教育的魅力所在，更让我深刻认识到，教育的真正价值在于唤醒学生的内在潜能、激发学生的生命活力、促进学生的全面发展。

回望来时路，我深感荣幸——能够成为苏州工业园区星海实验高级中学这个大家庭的一员。在这里，我与学生共同成长、共同进步；在这里，我见证了教育的力量，感受了教育的温暖。未来，我将继续秉持立德树人的教育理念，以更加饱满的热情、更加坚定的步伐，行走在教育的道路上，用心书写属于我和学生的精彩篇章。我相信，只要我们心怀梦想、脚踏实地、勇于探索、不懈追求，就一定能够培养出更多德智体美劳全面发展的社会主义建设者和接班人，为实现中华民族伟大复兴的中国梦贡献自己的力量。

行行重行行

——高考结束后的那些故事

肖　璐[①]

到星海工作的这十三年来，我先后带过六届毕业班。铁打的校园，流水的青春。那些热情洋溢的面孔、纯净明媚的笑颜，写在大大小小纸条上或欢喜或忧郁的心声，随着日子流去都斑驳成剪影。老师和同学们大约都会记得每一届最意气风发的那些孩子，多年以后，他们的名字和事迹还会常常被提起。

始终记得的还有：6 月 6 日上午，孩子们前往各自考场了，留下一室寂静，风扇兀自旋转着，窗外金丝桃盛开，蝉声初起，世界明亮鲜活，一切都充满希望；6 月 24 日晚间，当班级微信群被接二连三的喜讯刷屏时，总有些人的成绩迟迟未能揭晓，令人牵肠挂肚。每个班级里总有些就此几乎消失踪迹的孩子，或许除写下这篇小文之外，便再无机会记述他们后来的故事。

---

① 肖璐，硕士毕业于南京大学中文系。自 2012 年起任教于苏州工业园区星海实验高级中学，2016 年至今担任该校高中语文教研组组长。2023 年获评苏州市优秀教师。

但是，我仍热切地期待他们也愿意与当年的伙伴一起回到校园里，让我看看他们后来都长成了什么模样。

一、独自穿越

我动念写下他们的故事，是因为那一年 Z 同学突然联系我。高考以后，她独自去了远方山城一所素未听闻的学校，无论是和同学还是和老师都罕有与她联络。

从前，她总是穿一身黑，宽宽大大的，有时候还会穿上爸爸或者哥哥的衣服，自己把头发剪短——造型难免一言难尽，可她的心思细腻得惊人——如果我给其他同学的随笔写了一长段评语，她就要暗自较劲。如果某天上课她趴在桌上，我没有问她是不是不舒服，她也会默默地伤心很久。化学实验课上，她危险地用酒精灯弄伤了自己。走过篮球场时，她不幸被男生的球砸到了头，晕晕乎乎地坐在教室里发呆整日。如此种种，几乎每隔几日她就会遇到些波折。

但 Z 同学在写作上很有天赋，虽然并不是考场作文那个路数的。我至今还记得某篇随笔开头，她描写夏日暴雨之前的气氛，万物的声音、色泽、形态、味道，常人不会留意的种种，写来都如临其境。

青春期情绪上的内耗，即使能分析出来由，也往往难以改变孩子们具体的处境。无论家庭环境、朋友圈或者学习能力，都已成定局，如果不是自身有强大的毅力和动力，改变的可能并不大，大多数时候，老师能做的也不过是安慰与认同。

有一阵子，课上留意她的神色，课后接听她妈妈长长的诉苦电话，几乎成了我的习惯。当年的我并无多少经验，凭直觉做得到的，也不过是放学前有时给她一点零食，走过她桌旁时摸摸那个乱糟糟的脑袋。高考完之后，她的成绩果然不够理想，我与她也数年未再见面。

她联系我说要来学校时，我很欢喜。她在办公室落座时，我看见她穿了蛮鲜艳的衣服，当即表扬——其实这些年过去她的品位并没有变多少，那天她原本就是特意穿来给我看看。大学毕业以后走上社会参加工作，这些年过去，她的确成长了许多，不再一副和全世界闹别扭的样子，笑起来也很开朗了。最令人欢喜的是，她自如地讲述了自己这些年的成长，哪怕回顾时有一点遗憾，她也能理解师长们当年的用心良苦了。

二、两颗葡萄

那一年放学后常常到我办公室借故绕一圈才离开的还有 S 同学。

他有非常好的文字敏感度，在一众刚刚从初中升上来的学生中，他的文笔显得格外老练。尤其难得的是，他绝不走华丽炫目那一路，用的反而是冲淡平和的文字，不像是出自 16 岁男生之手。

后来渐渐看出来，表面的冲淡平和背后，其实是非常激烈的内心冲突。曾经轻而易举就遥遥领先于同侪的孩子，在新的学习群体里发现自己原来天赋有限，能够咬牙坚持下来的自然有，他们一边不断质疑自己，一边努力相信自己，最终通常都能到达应有的高度。当然也有一些孩子，自己不肯接受，父母亦不能面对，一次次考试下来，双方都越绷越紧。如今回想起来，那些岌岌可危的时刻也还隐约有印象。

但记得最真切的是，傍晚放学之后，他总不急着回家，或者来问个课上没留意的细节，或者拈张纸条抄了一句名言问问是什么含义，甚至硬把作业留到这时候才交来，我因此在抽屉里常备几块糖果、两包饼干。有一次，我带了一串葡萄去，洗干净了拿给他，他只肯要两颗，捡了最饱满的，笑眯眯地推门离开了。

文学能给人的慰藉，往往要在经历过挫败、反省过自我、认清了现实之后。之所以说那不过是安慰，因为山仍是山，水仍是水，横亘的阻碍没有消减半点。但那安慰仍然是真实人生中为数不多的可以仰仗的东西。朱自清、废名、张爱玲、沈从文、契诃夫的作品，他东一榔头西一棒地读，并将心得写在每周的随笔本里和我分享，字里行间都是揽镜自照。要先能见众生，才能回头来见自己，这转折没有人可以轻飘飘掠过。

最后 S 同学去念了计算机系。那样好的文字，经历千百次折返才洗净的平淡，之后再未得见。

三、付出与得到

Y 同学与我在诚品书店找了家咖啡厅见面。她点了那款双倍浓度的美式咖啡，说是高中已经习惯了这样的苦味，甚至咂摸出了些门道。其时离高考出分已经好几日了，情绪最激烈的时刻已经过去，她才终于肯找人聊聊对今后的想法。

若是要在班里找出最勤勉、最愿意听从老师教导的孩子，Y 同学必定是其中之一。也因此，面对她比预期低那么多的成绩，大家都很难接受。高校招生会那天，在体育馆旁的操场上，她妈妈拉着我的手，泣不成声地表示要去查分，坚决不能接受女儿三年的辛苦付出得到了这样的结果。

虽然一生中难免遇到许多不顺，可是班里那个乖巧懂事的姑娘偏偏遇到这样大的挫败，大家都觉得不甘。但谁可以向时间讨要公正呢？毕竟日日夜夜地付出与企盼过，要不要将就着去念一个与她真实能力相去甚远的大学呢？

我吃惊的是这孩子的心性远比预料的强悍。她条分缕析地告诉我：如果选择出国这条路，还需要做哪些准备，同龄的已经先一步申请的同学都去了哪里，凭借的是何种申请资质；如果去读中外合办大学，哪所学校有更适合她的专业；如果先进一所普通大学，那就要想办法在考研时争取转换轨道……她向我询问往届的学长学姐有哪些心得与经验。

或许我小看了这瘦弱身躯里的能量。一场一场枯燥的考试中，一页一页翻过的习题上，一日一日的晨起与晚归时，她练就了某种理性面对挫败的静定——虽然还这样年轻，却可以安然地坐在我面前，其实她需要的不过是一场倾听。

那日分别后，我在诚品书店里枯坐了片刻收拾心情。世事诚然不能尽如人意，而人力所能及之处，不过是用好这份心力，不去斤斤计较得与失怎样平衡。

四、于无声处

男生在体察世故人情方面早慧的不多，L 同学是其中之一。好处是加上他的聪明才智，不怎么费力地就成了班级中的领袖人物，坏处是格外对他人的动机苛求，因此，隐隐与老师们对抗起来。

挑剔这个老师讲题偶尔出了错，那个老师因为他考得好就对他喜笑颜开、考得不好就不理不睬，再有哪个老师其实一点也不擅长教书，看似侃侃而谈无所不知，其实不过是夸夸其谈。高三毕业照例要去登一次穹窿山，结果他在山顶的抄手游廊里找了个角落，对着我一通抱怨。平日里看他也不作声，居然累积了这么些心得。

于是，我笑着说：“那你对我有什么不满意也直接说吧，别憋在心里。”他沉思片刻说：“那倒没有，因为您给班里任何一位同学辅导，从来没有厚此薄彼。”一个孩子会要求公正到这个地步，是我没有料到的。

我常常想起他当时严肃的神情。

高考成绩公布，填报志愿咨询那天，见到他和几个朋友沉默地坐在篮球架下面。世事未必尽如人意，这年轻的坚持和天真也自有可贵之处。后来，他有没有学会体谅与理解他人的言行呢？

五、微信朋友圈的喜讯

我平时忙碌起来，微信朋友圈会许久顾不上细看，而到考研放榜季时，却总记得要留意一番。这一年，W 同学从普通二本考上了南京大学的硕士研究生，其微信朋友圈的评论栏中出现了同学们的一溜祝贺，我也跟着点了赞。她很快发来信息说，高考出成绩以后，她和母亲一同与我交流的那一回，她至今仍记得。

每一届班里总是有那样几个孩子，不声不响地坐在座位上，遇到提问就低下头去，一副“老师可千万别叫到我”的抗拒。她的成绩不是很突出，人际交往也淡淡的，在走廊上碰见老师，问好声必定含在嗓子眼里，只看到嘴唇动了动。

W 同学性情腼腆，齐耳短发总是规规整整地梳好，甚至难得见到一个花哨些的发夹。她写了偏题作文以后，我给她单独讲审题要点也好，梳理分析写作思路也罢，似乎总是徒劳无功，她认真地听完，茫然地点点头，下回还是不得要领。长久下来，彼此都有点灰心，但我总还是想着再试试看，说不定渐渐地就悟到了呢。这样磨了一回又一回，从寒风凛冽的深冬到蝉声漫天的盛夏，好容易有了些起色，偏偏遇到那年高考题出得格外灵活。

W 同学的母亲也一样朴素得很，挎着一个大包，提前挺久带着女儿到了约定的地方。她也很尊重孩子意愿，可惜孩子受分数所限，能够选择的余地总归很小。我们一起把招生专刊又翻了一遍，再把班主任给的建议讨论了一番，大家都沉默下来。窗外骄阳似火，室内的冷气又开得太足了。

W 同学的微信朋友圈和她本人的性情一样，极少炫耀，也从不诉苦，是烟火人间一个平常女生的模样。这一回虽然只有一张录取通知书的截图，却胜过千言万语。

六、夕阳下的婚纱照

期末的忙乱中，在食堂接到电话，说 D 同学和 Z 同学回来看望老师，这会儿正在操场那里。于是，我匆匆忙忙吃完最后几口晚餐，赶在晚自习开始之前去见了他们一面。

夕阳西下，远远地两个穿着纯白礼服的身影牵着手跑过来，这镜头太戏剧化，一时无以言表。

我见过 D 同学从走廊那一头的文科班特意绕到这一头来，只为了从窗户里看一眼 Z 同学，偏偏男生愚顽如木石，半个班级的同学都意识到了在窃窃发笑，他还稀里糊涂懵里懵懂。他俩也曾在辩论社为了一个高蹈的话题互不相让地争执，且都拉住我要求一个公允的评判。又有一次，我在校门外的林荫道上与他俩迎面碰见，他俩正牵着手散步，一发现老师，立即弹了开去，快得我几乎以为自己刚刚是看错了。

Z 同学当年着实是个一根筋的孩子，往往几个老师变着法子把一个道理说上三五遍，他还是犟头犟脑不肯认输。但他为人纯善，心地极好，待老师和同学都一样的热忱。班级里有这样的学生，真是幸事。唯有一次，我跟他旁敲侧击半日，他突然恍然大悟地问我："老师，您其实是不是这个意思啊？那您干吗不直说，非要我自己体会出来呢？"一时真是让人又好气又好笑。

D 同学却是笑起来甜甜的、任谁都会喜欢的女生。因为学校人事的变动，我去代过两个月文科班的课，某天给她们念一段文章时，窗外飞进来一只小鸟，叽叽喳喳，绕梁盘旋，大家都惊喜莫名，D 同学快乐的笑声追着鸟鸣，清脆灵动。

而今他们身着喜服，一步步跑来，笑靥如花，完全是年少模样。待到了近前，才看到妆发与眉眼的不同——二人早已不复青涩。短短数十米，隔着岁月如梭。

让我以这一幕结束这些故事吧——过去的遗憾不能弥补，但我们共同在这校园度过的岁月，以何种音调作结都好，都是无可替代、无比珍贵的。

此去经年，愿你们而今都获得了喜悦和宁静，愿未来纵有风波，也能尊严地经过，仍然对未来满怀期待。

基础教育教学成果奖的培育实践与发展进路

——以“人人成功：数据驱动发现教育的实践探索”为例[①]

陈小军

教学成果奖是国家及地方政府为表彰在教育教学实践中取得优异成效的集体和个人奖项，奖项评审侧重于评议学校或教师在探索教学方法、课程设计、育人模式等方面的创新价值。现以“人人成功：数据驱动发现教育的实践探索”为例，谈谈基础教育教学成果奖的培育实践与发展进路。

“让教育成为发现与创造的艺术”既是学校办学 20 余年一贯的教育理念，也是学校内涵发展的理念标识和实践表征。学校聚焦“高原筑峰”优质发展新行动，加强教育科学研究，赋能学习环境提质，创造性提出并实施“发现育人：办人人成功的高质量创新教育的实践探索”特色办学新路径。该成果基于近 20 年的持续探索与实践，积累了丰富的管理经验和教学案例，形成了可操作、可复制的教育模式。2024 年 12 月该成果荣获苏州市基础教育教学成果奖。

一、问题的提出

问题阐述要清晰且具有针对性，要紧扣时代教育痛点，成果材料开篇须精准指出 21 世纪以来应试教育背景下基础教育存在的关键问题，如忽视人的全面与个性化发展、学生自信及内在动力不足、教师难以驾驭新教学模式等。这些问题与当下的教育发展需求紧密关联，反映出成果聚焦的现实意义与迫切性，为后续阐述解决问题的实践探索奠定了坚实基础，也切合教学成果奖申报中对问题阐述要明确、有价值的要求。

进入 21 世纪，在应试教育的“指挥棒”下，基础教育对高质量创新教育的理论认知、实践手段、重要价值缺乏科学深入的认识，软件硬件条

---

① 本文系江苏省教育科学“十四五”规划立项课题“数据驱动高质量发展的发现教育实践与创新”的成果（项目编号：D/2021/02/209）。

件不足，制约了“人人成功”教育均衡目标的实现。

（1）发展差异化与同质化教学的问题。社会上有一部分人过分强调成绩和应试，忽视人的全面与个性化发展。

（2）成长节律性与自信心不足的问题。学生的自信心受多重因素影响，有的学生缺乏内在动力和抗逆能力，导致自信心不足。

（3）适合教育与微观数据不准的问题。新教学模式如人工智能、大数据线上、线下相结合，有的教师难以驾驭。

二、成果名称的确定

（一）成果名称提炼讲究精华浓缩

成果名称体现目标问题导向、主要解决方案、实践探索领域，应简洁精炼，通俗易懂，避免冗长，避免空洞泛化，避免使用过于晦涩的学术术语，通常控制在 20 字左右，最多不超过 30 字，要便于记忆和传播。成果名称应突出研究的核心内容，准确反映教学成果的核心内容，体现成果的创新点、实践领域或解决的问题；要展现与传统教学模式的不同之处，其中，“实践”是所有教学成果中的核心高频关键词。

（二）成果名称要字斟句酌，精准表达

成果的名称由“发现育人：办人人成功的高质量创新教育的实践探索”精简为“人人成功：数据驱动发现教育的实践探索”，主要是由于原选题表达重复、关键词多。确定的成果名称“人人成功：数据驱动发现教育的实践探索”中的三个关键词逻辑连贯，层层递进，从“人人成功”导向的宏观问题，到学生个体发展的“发现教育”中观问题，再到教师教学能力的“数据驱动”微观问题，全面涵盖教育生态中的关键主体，呈现出清晰的逻辑脉络，有助于评审专家理解成果研究的出发点与整体架构。

（三）成果名称核心概念间要逻辑清晰

“人人成功”“数据驱动”“发现教育”是该成果名称“人人成功：数据驱动发现教育的实践探索”中的三个核心关键词。

1.“人人成功”具有长期性

“人人成功”经过了 20 年的实践研究，坚持“人人成功、人人成星”的教育理想，用“数据驱动发现教育的实践探索”，旨在促进师生全面发展，凸显成长的收获，增强发展的自信。

2. “数据驱动”具有新颖性

“数据驱动”是建立在云计算技术基础之上的数据及可视化分析，在规范数据采集流程和合理共享前提下，可驱动管理科学化、教学精细化、发展个性化和育人信息化的有效数据资源，丰富生活体验。

3. “发现教育”具有独创性

“发现教育”源自苏州工业园区星海实验高级中学原校长沈坚于2012年在《江苏教育》上发表的《让教育成为发现与创造的艺术》一文，所阐释的是以“发现观”尊重学生和生命、以“发展观”重构教育教学行为、以“创造观”赋能学生素养提升，努力探索“发现—发掘—发展”的发现教育的实践模型，以及以“发现—发展—创造”为成长路径的育人实践，它吸纳已有理论，在教智融合背景下以“发现人，唤醒人，发展人”为价值取向，重塑良好的关系，强化学习的促进作用，它的最终目标是培养“阳光自信、身心健康、学业精进、智慧优雅”的星海师生。

三、解决问题的过程与方法

（一）“发现育人”实施依托于“三大创新”

1. 课程创新

“一体两翼多元”的课程创新丰富了“和远毅行”“一五六”育人特色课程图谱（图1、图2）。

图1 “和远毅行”育人特色课程图谱

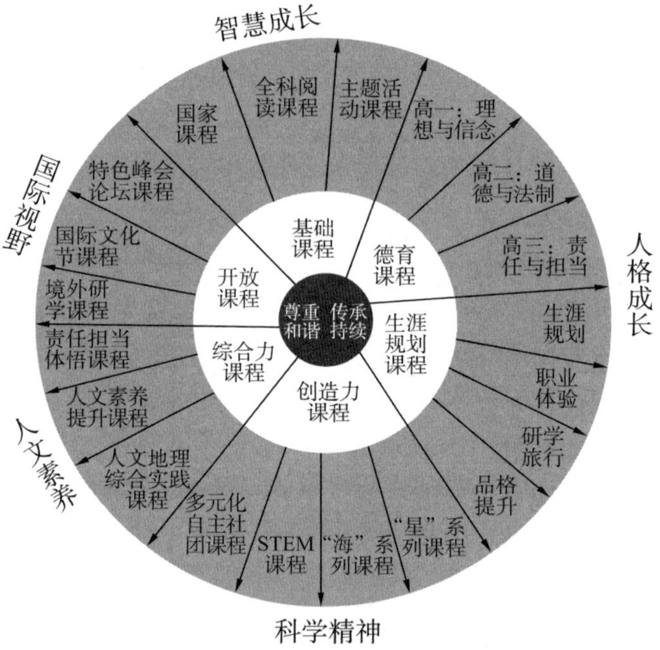

图 2 “一五六”育人特色课程图谱

（1）“和远毅行”育人特色课程图谱，以树的形象呈现系统化的发现教育实践体系。树代表课程体系，树干上的“仁”“信”“雅”“健”是课程核心素养或价值观。树枝上分布着“和”“远”“毅”“行”四个主题，每个主题下有系列活动，如“和”系列活动等，用蓝色星星标识，象征不同的课程内容。树底部的“家”“校”“社”表示课程的实施场景，强调家庭、学校和社会共同参与，通过发现好书、好课、好社团、优生、优师等活动，构建全方位的教育环境。

（2）“一五六”育人特色课程图谱，围绕育人目标构建课程体系。图谱中心的“尊重”“传承”“和谐”“持续”是课程的核心价值理念；课程从内到外分类为德育课程、生涯规划课程、创造力课程、综合力课程、开放课程、基础课程。德育课程含“高一：理想与信念”“高二：道德与法制”“高三：责任与担当”；生涯规划课程含生活规划、职业体验、研学旅行、品格提升；创造力课程含“星”系列课程、“海”系列课程、STEM 课程、多元化自主社团课程；综合力课程含人文地理综合实践课程、人文素养提升课程、责任担当体悟课程；开放课程含境外研学课程、国际文化节课程、特色峰会论坛课程；基础课程含国家课程、全科阅读课程、主题活动课程。图谱的外圈对应“智慧成长”“人格成长”“科学精神”“人文素养”“国际视野”五个育人维度，体现全面且有阶段性的育人体系。

2. 场域创新

升级校内两馆、四大学科实验室等科技文化设施，深化校外科普场馆、科技研究所、高校、高新技术企业等实践基地建设，使其成为支撑科学探索的载体，提升教智融合的贴合度和精准度。

3. 师资创新

组建多元型的教育家精神领军导师团，发现赋能登峰启航，融合教育家精神与发现教育促行知式教师成长，打造师生英才培养高地，激发师生对基础学科研究的好奇心、想象力、探求欲，形成英才发展的体系化和样本化。

（二）“发现育人”实施提质于“数据驱动”

数据驱动体现时代性，强调大数据分析在教育中的应用，通过数据促进教师教学方式转变，优化教育资源和育人实践范式，符合当下教育信息化发展趋势，展现出教学成果对现代教育技术的有效运用，在方法上具有先进性和可推广性，满足成果申报中对教学方法与时俱进的要求。注重把大数据分析作为驱动要素，通过大数据科学分析，促进教师从数据分析中发现教学得失，发现学生的品质，挖掘学生的潜能，主动转变教育教学方式，激发师生主体发展的内生动力，使教育行为更加科学化、方向化、精细化、个性化、高效化。论文《大数据赋能高质量发现教育的研究性学习》发表在《现代中小学教育》上，给读者提供借鉴和示范。

（三）“发现育人”实施彰显于“英才计划”

实践路径要清晰，对每个创新点和实施策略须有详细的描述，如课程创新中提及的各类发现活动，场域创新中对校内外设施建设的阐述，让专家评委能清晰地了解具体实践操作，便于其他教育工作者借鉴学习，符合撰写要求中对实践过程可操作性的强调。在实践路径方面，实施“英才计划”，学校获得上级教育主管部门内涵建设资金支持的课程项目有“生命科学与健康理解教育”（2.0）、“星海+”科创学院、人工智能教育实践、天地融合教育实践等。此外，苏州市“STEM+”课程基地项目在教学视导中被评为优秀，苏州市科技小发明课程基地项目在教学视导中被评为合格。实施“英才计划”变革了教与学的方式，培养了学生的探究能力、发现能力和创新能力，为打造“发现育人”的创新策源地和基础研究先锋后备梯队提供了可借鉴的高中示范样板。

四、成果的主要内容

聚焦问题，构建“人人成功”办学发展范式，积累“发现育人”管理经验，实施“试水—畅游—深潜—发现”课堂教学的有效尝试，打造“星晖耀海”“四有”好老师发展新方式。创新维度多元化，“发现育人”实施依托的“三大创新”——课程创新、场域创新、师资创新，以及“数据驱动”“英才计划”等举措，从不同层面构建了完整的实践体系。课程创新丰富课程图谱、场域创新升级硬件设施与实践基地、师资创新打造导师团等多元创新路径，不仅符合教学成果奖对创新性的要求，还切实针对前文提出的问题，形成全方位的解决策略。

（一）理念创新：从照本宣科到触类旁通

理念创新要具有前瞻性，依据教育理念的示意图，核心主题是“让教育成为发现与创造的艺术”，围绕“人人成功发现育人”展开，育人理念强调“立德树人”，通过“发现赋能”挖掘学生潜力，同时以“教师发展发现驱动”促进教师成长。教育理念示意图呈现了“数据驱动”与“发现教育”之间的逻辑联系，从理念层面实现了从传统教学到创新教育的转变，丰富了“发现式学习”方法论，构建了“人人成功·和远毅行”主题教育生态园，增强了学生自信力，为教育实践提供了新的思考方向，使学生实现从以知识为要到以综合能力素养为要的成功转变，符合教学成果奖对理念创新的要求。

（二）行动创新：从学科教学到融合教学

行动创新落地要有效，立足原校长沈坚主持“十二五”江苏省教育科学规划课题“中学网络课程促进学生畅游式学习研究”，从学科教学到融合教学的转变，通过课堂教学模式探索和各类活动开展，结合教师团队建设和校本教材优化，形成了一系列可操作的教学实践成果，如融合成功课例汇编，体现出成果在教学行动上的创新与实践成效。

（1）课堂教育实践路径涵盖“立德树人”“课程改革”“共享创造”

“融合致远”“五育融合”等（图 3），通过“试水—畅游—深潜—发现”课堂教学，分别从德智体美劳全面发展、学生生涯规划引导、教师教学提升、课程整合及教学聚焦等方面推动课堂教育中的发现与创造。

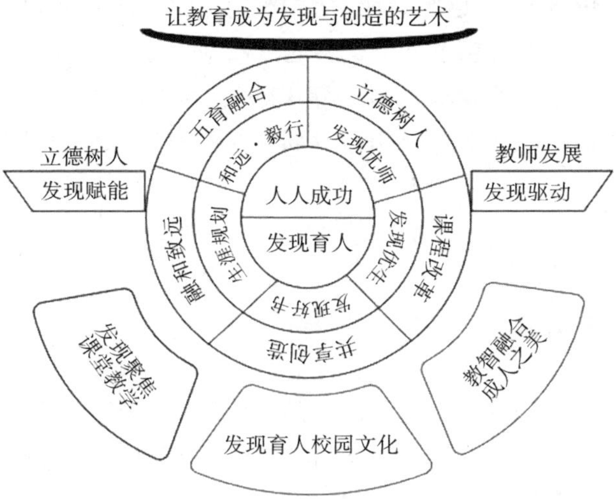

图 3 “人人成功、发现教育”课堂教育实践路径图谱

（2）校园文化突出“发现育人校园文化”，表明学校的整个教育体系都构建在这一特色文化基础之上，旨在营造一个全面促进发现与创造的教育环境。结合生涯规划、五育融合、行思润志、教学评比等项目活动，增长师生跨学科知识，强化综合素质培养，推进“星晖耀海”“四有”好老师团队建设，优化生涯教育校本教材，汇编“行思润志”的融合课例。

（三）技术创新：从线下学习到云端伴学

技术创新贴合实际，依托智慧教育枢纽打造“大数据+教育”立体化互动样态；依托详细的数据支撑，打造“大数据+教育”、“星海+”科创学院等立体化互动样态，提升教智融合贴合度。目前，师生在“易加学院”平台登录 21.5 万余人次，建设教学资源 10585 个，发布线上课程 5796 节，其中共享资源 2518 个，资源被浏览、下载 1.4 万余次，充分展示了技术创新在教学中的实际应用效果，彰显了成果在教育技术运用方面的成功实践，符合申报中对技术应用与教学融合的要求。

（四）评价改革：从模糊评价到数据评价

评价改革要科学合理，在数智引领下进行综合评价，通过集成学、教、测、评、管等五大类数据，实现从结果导向评价向过程导向评价的转变，从模糊综合评价到数据精准评价的转变，从成绩和绩效评价到跟踪过程评价的转变，从单科学习专项评价到“五育融合”督导评价的升级，推动多种教育评价方式的交错互证，从样本到总体、从局部到全覆盖提升数据驱动应用的实效性、精准性，这种通过数据赋能评价创新，符合教学成果奖对评价改革创新的要求。2024 年 12 月，学校“基于发现教育的数智赋能教学评实践”项目被苏州市教育局立为苏州市中小学课程教学深化改革项目。

五、成效与反思

（一）主要成效

学校基于近 20 年的持续探索与实践，坚持“人人成功、人人成星”的教育理想，用“数据驱动发现教育的实践探索”促进师生全面发展，取得了令人瞩目的成效，积累了丰富的管理经验和教学案例，形成了可操作、可复制的教育模式。学校通过项目联动，推动了 15 项区级以上发现教育项目，出版了 2 本发现教育专著，发表了 23 篇相关省级论文，并在多个省、市级项目中获得了优秀评价。

丰富的 20 年实例和对比数据让校园文化发展、校本课程建设、教师团队成长等教学成果呈多维显现，如学生考试通过率、教师获奖数量、媒体报道、论文发表、成果推广学校等，全面且直观地展示了教学成果在不同层面所取得的显著成效，有力地证明了教学成果的价值与辐射影响力，满足申报中对教学成果效益的要求。

1. 文化愿景，助推学校高质量创新发展

20 年来，学校从九年一贯制学校发展到完全中学，打造了“星光灿烂、海纳百川”办学形象，提炼了“重思考的学校、能创新的教师、会学习的学生”的美好愿景。学校从资源、生源、师源等方面着手，积极探索“四新”教育变革，科学践行“发现教育”系列实践研究，如数据驱动的“发现教育”理念体系与文献研究、课程体系研究与实践、“教与学”范式研究与实践、多元案例研究、评价体系研究与实践等。2022 年，学校“数据驱动高质量发展的发现教育实践与创新”项目被苏州市教育局立为苏州市中小学课程基地和学校文化建设项目。2023 年，该项目被苏州市

教育专家视导评为优秀。

2. 关注主体，促进学生全面优质发展

学校确立“关注主体、人人成功”价值观，重视“发现教育”理念下核心素养的涵育实践，掌握了新课程校本资源二次开发与“畅游式”苏式课堂行动研究的实施理念和操作方法，积累了促进校本课程资源开发与教师专业成长的经验。近5年，学校立足易加数据驱动发现教育的实践探索，完善创新教育与素质教育深度融合培养模式，打造高效课堂教学，实现数据采集高效化、数据统计可视化和数据分析精准化，优化“人人成功”教育评价体系，全力推进拔尖创新人才培养。近3年，学校学生学业水平合格性考试通过率为100%，学生体质健康合格率接近100%，中考成绩连续20年名列前茅，高考成绩达特控线率99%。2024年，高三学生体育检测成绩位居大市第一，多名学生被清华大学、北京大学录取，学校成为众多985高校优质生源基地。2023年，学校“发现教育理念下中学生英才计划的创新实践”项目被苏州市教育局立项为普通高中课程基地。2024年，该项目被苏州市教育专家视导评为优秀。

3. 星晖耀海，擦亮团队“勇毅笃行”名片

学校老、中、青教师梯队呈正态分布，师资队伍健康发展。“星晖耀海”“四有”好老师团队荣获苏州市“四有”好老师市级重点培育团队，先后有18名教师荣获省基本功比赛、省优质课比赛一等奖。学校专任教师261人，其中正高级教师8人，特级教师1人，江苏省教学名师1人，姑苏教育紧缺人才1人，姑苏教育特聘人才14人，姑苏青年拔尖人才4人，市名教师4人，大市级学科带头人25人，江苏省“333工程”培养对象名师3人，苏州市教坛新苗4人。学校实施的江苏省“十三五”教育科学规划课题教师发展类课题，推进教师发现教育实现三大转变，其中6位骨干教师被聘为区兼职教研员，4位骨干教师是区名师工作坊主持人；易加数据网上区域课程1057节，发布课程4738节，课程引用量1024节，课程被点赞1829次。

4. 发现赋能，推广提升效应成果辐射

项目联动，共推“人人成功”实践探索成果。学校实施“发现赋能，培优拔尖”等15项区级以上发现教育项目，省级课程基地“天地融合”项目获评为合格，苏州市基础教育前瞻性教学改革实验项目“‘发现教

育’理念下中学生生涯规划优化及提升”被视导为精品项目，区级课程基地“生命科学与健康理解教育”获评示范项目，国家级信息化教学试验区项目“‘发现教育’实践与创新”获评优秀等第。省、市传媒报道了学校项目研究成果“发现教育无限赋能，一校两区共靓品牌”（《姑苏晚报》）、“‘发现教育’里的成‘人’之美”（《苏州日报》），“人人成功，人人成星，让每一位学子幸福拔节成长”（《扬子晚报》）。经过20年的实践，学校逐步形成了在“发现育人”引领下的实践新优势和新特色。

学校发表了23篇相关省级论文，其中主旨论文《让教育成为发现与创造的艺术》《“和远·毅行”：时代新人的在场体悟行动》《“三精”管理助推学校高质量发展》《“发现教育”支撑下学校评价改革路径的探索：以苏州工业园区星海实验中学推进“智慧教育”评价改革为例》发表在《江苏教育》《江苏教育研究》等期刊。学校已出版《二十年磨一剑：星海实验中学教师内涵提升实践》《把星海的美好镌刻在发现教育里》等教育专著，即将出版《用教育家精神点亮星海发现之光》《发现教育驱动科学高中建设的创新实践》等教育专著。学校为区域高中共同体牵头学校，每年举办“发现教育”主题教研活动，领衔市内8所重点高中，会同华东重点高中共研高品质发展。成果经验推广学校有宿迁苏州外国语学校、苏州工业园区星浦中学、江西省弋阳县第一中学、新疆阿图什市第一中学等省内外学校。

（二）研究应用反思

多挖掘已有成果，注重挖掘学校原教育教学特色。教育的使命是赋能“人”的自我发展和学校的全面发展，要在课程、制度、活动、课题、培训等方面引领带动区域教育集团、科创教育联盟、区域学校共同体、省内及国内结对学校共生、共赢，将小范围的成功实践转化为能力建设、制度创新的普遍实践，使实践的内涵更宽厚，实践的路径更多元，我们仍须继续努力，聚焦突破。

1. 展望未来发展，发现教育的自信与展望

要仰望星空，立足更“高”育人站位，坚定办学方向，站稳政治立场，对标《中国教育现代化2035》，坚持“为党育人，为国育才”初心使命，对标江苏省高品质高中建设标准，优化内涵建设和办学品位，提升办学目标，突出办学特色。要脚踏实地，优化育人机制，完善育人平台，丰富学生发展路径，对标新时代人民满意的高品质高中，构建活泼的校园样态，提供更优质学习环境。

2. 发现自身短板，坚定后续探索努力方向

（1）发现教育理论挖掘深度不足。

① 发现教育理论支撑薄弱。成果生成与推广要向理论范式聚焦，在阐述教育理念和实践探索过程中，虽提及“发现教育”等理念，但缺乏对相关教育理论的深入剖析与引用。例如，在解释“发现式学习”方法论时，未充分结合布鲁纳等学者的发现学习理论进行阐述，使得成果在理论高度上略显欠缺。

② 理论与实践结合不紧密。苏州工业园区星海实验高级中学创办时间短，2022 年年初，发现教育才刚刚立项，实践缺乏充裕时间的检验，在描述实践过程与方法时，未能清晰呈现将教育理论转化为具体实践操作的逻辑过程。如在课程创新中，未详细说明如何用所依据的课程理论指导“一体两翼三层多元”课程图谱的构建，导致理论与实践存在一定程度的脱节，影响了成果的说服力。

（2）实践与研究方法阐述不够系统。

① 方法体现单一。材料主要围绕实践探索进行阐述，虽能展示成果的实践过程，但缺乏对研究方法的系统介绍。未明确阐述采用何种研究方法（如行动研究法、案例分析法等）来开展整个教学成果的实践研究，难以让评审人员全面了解成果形成的科学性与严谨性，不符合教学成果奖申报中研究方法多样性和科学性的要求。

② 方法运用说明缺失。虽然在实践过程中可能运用了多种研究方法，但未在材料中加以说明。例如，在课程创新和场域创新实践中，对于如何通过观察、调查等方法收集数据以验证实践效果，缺乏相关阐述，研究过程的科学性难以得到充分体现。

（3）成果推广的可行性阐述不足。

成果推广要重视跨区域整合各方资源，打破壁垒，申报书里虽然提及成果已辐射到多个省、市，有众多学校借鉴经验，如取得了一定的教育教学成效，产生了一定的辐射影响，教学研究成果在苏州工业园区、贵州松桃、新疆克州等地区 5 年多的研究与实践，带动了这些地区教育教学方式

的转变、教师团体的共同成长，但未详细说明成果推广所需的条件。例如，对于其他学校在借鉴“数据驱动发现教育”模式时需要具备怎样的硬件设施（如信息技术设备）、师资力量（教师的信息技术能力要求）和政策支持等，缺乏详细说明，不利于成果在更广泛范围内的有效示范与推广。

发现教育理念下中学生英才计划的创新实践

金　烨　宋建州　徐继宽

“发现教育”“三元六维”的理论体系，是苏州工业园区星海实验高级中学办学20余年来结合党中央对教育的要求、区域的社会特征、自身办学经验、师生具体情况积淀形成的最新理论成果。该理论体系在价值取向方面，致力于发现人、唤醒人、发展人，以“发展观”重构教育教学行为；在育人路径方面，倡导尊重、发现、成全学生，以“发现观”尊重学生、尊重生命；在发展方向方面，强调自我发现、自我赋能、创造成就，以“创造观”赋能学生素养提升。

学校以深入践行发现教育、打造高品质特色科学高中为重要载体与切入点，紧紧围绕“全方位谋划基础学科人才培养”这一关键目标，深度推进“中学生英才计划”“强基计划”“基础学科拔尖学生培养计划”“卓越计划”。在此过程中，学校进一步升华时代英才培养理念，持续优化基础学科教育体系，有力地促进了普通高中与高校的协同合作和衔接创新，在多元拔尖后备人才特质研究及系统培育方面开展了具有创新性与突破性的实践探索，为教育改革与人才培养贡献自己的力量和智慧。

一、中学生英才计划创新实践的目标方向

（一）意识强化——进阶制，赓续薪火，挖掘科学潜质

用“发现”这一核心主张粘合教与学，以“尊重—发现—成功”为育人的三步进阶路径，明确发现教育对深化教育教学改革促进英才成长的能动作用，将课程建设与场室建设作为打开新时代教育教学改革新局面的引擎，引导教师团队树立以发现教育为主线精准施教的意识、优秀学生规

划自我发展的意识，努力打造以学习者为中心的“1+1+X”学习模型，成就幸福人生。

（二）整体建构——导师制，“学思蕴乐”，体悟科研特征

研发英才课程，实施精准辅导，凝练形成“精准辅导‘放大镜’——个性化数据分析”“精准辅导‘不离线’——一对一‘空中课堂’”“精准辅导‘零距离’——‘小方桌故事’”三大策略；英才场域文化建设项目，致力于与众多高校协作建设生命健康课程、拔尖人才培养工程，还有数字化实验室、未来教室、网络新空间、液晶触屏互动区、绿色科技产品展示区、科创空间STEM展区等的一体化建设。

（三）能力培养——共长制，深度学习，激发发现品质

教师层面，提升教师参与教学改革的能力、信息技术与教学融合运用的能力、精准指导英才的能力等；学生层面，通过学习基础研究、前沿研究等科技领域涌现的先进典型和事迹，引导学生树立自主学习、自主赋能的意识，习智共长，增强自己适应社会发展的意识和深入探究的能力等。

（四）范式重塑——贯通制，“两中两高”，赋能终身发展

构建有利于学生全面发展与个性特长培养相得益彰的初中、高中、高校联动创新人才培养模式，基于国家课程设计标准打造校内与校外联动，覆盖初中及高中学段的科创课程体系。激活社会资源，完善校（高中）企（及研究机构）、校（高中）校（高校）合作的新模式，真正将社会和高校的优质科技人才、研发创新资源转化为本校优质教育资源，拓宽学生的视野，激发学生养成在学中思、在思中悟、在悟中行的科研品质。

二、中学生英才计划创新实践的推进策略

（一）以项目推进为基础

学校统筹谋划科学高中整体布局，多点发力，用项目建设引领中学生英才计划创新实践。学校“数据驱动高质量发展的‘发现教育’实践与研究”项目被苏州工业园区教育局评为优秀。《发现育人：办人人成功的高质量创新教育的实践探索》获评苏州市教学成果奖二等奖。内涵建设项目“繁星瀚海：时代新人‘和远·毅行’的在场体悟行动”获评苏州市品格提升工程优秀项目。完成“发现教育理念下中学生英才计划的创新实践”课程基地苏州市教育局视导汇报工作，完成《基于“发现教育”的

数智赋能教学评实践》申报工作，《人人成功：数据驱动发现教育的实践探索》获苏州市教学成果二等奖。

（二）以机制建设为导引

实施“英才计划”聚焦三大方面机制建设重点突破。教师成长机制：以教育家精神为指引，努力形成“在星海一起努力成为教育家”的氛围，全面提升“星晖曜海”“四有”好老师团队水平；课程发展机制：立足于课程体系建设，深化国家课程实施，打造特色化科学学科校本课程，推进学生微课题研究，形成以学生需求为支点的课程体系；学生成长机制：创新“五育融合”的机制与载体，拓宽学生科学实践研究的视野、路径与场域，培养会理解、富创意、有教养、能负责、善领导的创新型学生。

（三）以载体拓展为保证

大力建设科技校园，培养科技英才，设计并开发科学探究实验室，与国内知名高校、科研机构等共建实验基地，实现科教资源贯通式布局和科技人才贯通式培养机制；建立“大社会”协同机制，引进科研院所、高新企业顶尖人才作为学生兼职导师，实施“一科一基地、一生一特长”行动，形成家、校、社一体化科学教育机制；加强数字化支撑，打造学生学习资源库和教师授课“工具箱”，创新教学方式，通过数字模型、3D 技术、远程实验等拓展师生学习半径。

三、中学生英才计划创新实践的达成路径

（一）硬件资源营建——统筹兼顾，升级改造

1. 项目型资源

有序推进基于发现教育的科学与人文兼容的校园文化建设，完成用于“开展发现教育理念下中学生英才计划创新实践”项目的校内科学素养场室建设（学术沙龙厅、STEM 教育、天地融合、生命科学、创造发明、力学光学、有机化学、数学建模、人工智能、5G 支撑下混合教学课程基地）与科学精神长廊建设（“行思润志”“科学精神”“和远 · 毅行”“红色研学”“星海 · 星成长”“国际理解与空中课堂”“星海社团文化”）。

2. 提升型资源

根据英才学生对科技领域的兴趣取向，联建挂牌与学校未来科学家培养“薪火计划”相衔接的具有高新技术产业特色的校外科研实验基地、高

校导师引领的高新技术项目实验基地、新兴交叉学科研发项目实验基地，以及区域产业重点研究所建设的高端科技场域的实验研究基地，通过校外基地建设与相关资源，激发学生养成学中思、思中悟、悟中行的科研品质。

（二）课程体系建设——架构图谱，统筹全面

1. 德育课程建设

（1）家国情怀：时代新人在场体悟树人行动。培养英才学子深怀爱党爱国之心、砥砺报国之志。“浸染家国情怀，开拓科创视野”德育实践课程，积极探索具有星海特色的为党育人、为国育才德育实践课程，提炼确立以“和远·毅行”为主线的全方位德育育人体系。

（2）生涯规划：中学生行思润志优化及提升。采取全程理想信念教育和链条式个性化生涯规划相结合模式，全面优化家长导师精英大讲堂，做强学长、家长、企业家、高校专家等各系列生涯规划导师课程。精心组织生涯规划教育，将生涯规划教育全程化、课程化、实践化、特色化，将课程向纵深及广度推进，落实、做细课程研究，做好、做优生涯规划课程特色。

2. 学科课程建设

（1）全科发现教育：“高原筑峰”，“一生一案”，因材施教。一是打造重点班级，高一年级重点打造生科班、领军班，高二年级重点打造生科班、博雅班，高三年级重点打造领军班、博雅班，让优秀学生形成集聚效应，形成年级头雁效应，引领全体学生发展。二是邀请省、市、区教研员来校指导，走近老师，帮助分析新高考动态；走近学生，帮助分析高分形成的路径；走进课堂，指导学科教学如何在一线促进素养落地生成；走近新高考，指导研究考试的命题思路、方向、重点，为高三年级的复习备考和教育教学质量提升提供助力。三是认真组织各年级阶段学情调研，以三色图精准分析，细化、优化课堂教学，研究如何调整课堂教学内容、调控课堂教学节奏，促进课堂教学高效、有效。四是为学生量身订制个性化作业和精准辅导，根据学生考试成绩的三色图分析，做好“一生一案”，为学生量身订制个性化辅导菜单。五是开好小微精型、定向质量分析会，对重点班级或“高原筑峰”重点学生进行有针对性的研究分析，全力托举高峰涌现。

（2）数学发现教育：高中生数学建模能力的养成。将建模知识融入高中数学教学，通过长期的建模训练帮助学生养成良好的习惯，让学生形成良好的建模意识。学校的“高中生数学建模能力的培养与评价研究”系江苏省“十三五”教育科学重点资助课题。

（3）物理发现教育：高中物理高阶思维教学的优化。以概念课、规律课、实验课、习题课等不同课型为研究对象，并对这些课的情境创设、问题与实验“双轮驱动”的教学设计、学生活动组织等方面进行观察、思考、总结，探索高阶思维能力培养的教学策略，提升学生的高阶思维能力。该高阶思维物理教学优化研究系江苏省中小学教学研究2020年课题成果。

（4）化学发现教育：高中化学教材实验教学的优化。结合苏教版和人教版教材的实验内容，拓展和丰富教材中化学实验的内涵，探讨高中教材中化学实验的探究和创新策略，使化学实验生活化、趣味化、探究化、微型化、绿色化，并将化学实验与现代多媒体技术相结合，充分发挥化学实验的教育功能，激发英才学生学习的兴趣。

（5）生物发现教育：建物致知生命探索与健康理解。基于建物致知的理念，遵循学生成长规律，设计开发基础型、探索型、应用型和拔尖型四个类型的模块课程，从感知生命科学的奥秘到揭示生命科学的本质，再发展为构建模型、创造体系、理解生命。

3. 特色课程建设

（1）天地融合课。立足“天地融合”教育实践，创设线上、线下相结合的学校与区域天地教育课程序列；建设远程天文台、远程天文教室、仿真地理教室，开展火星探测、载人登月、太阳活动研究、流星雨观测、超新星观测等专题探究活动；定期举行“家园·星空”论坛、“天地融合”百家讲坛、天文观测亲子培训、天地知识竞赛、天文摄影比赛等，营造真实深切的学习情境，培养学生的核心素养和关键能力。“瀚海星辰：时代新人‘天地融合’的教育实践”获评2020年江苏省中小学课程基地与学校文化建设项目。

（2）“STEM+”课程。筹划建设“STEM+”研究性学习的网络支持平台，优化“STEM+”实践活动专题网站，设计开发基于网络环境下的学习支持平台。建成数学实验室，物理、化学、生物奥赛中心人机互动软件实验平台，激发学生主动学习、互动学习、合作学习的内生动力。经苏州市教育局考核，“STEM+”课程被评为优秀课程。

（3）艺术课程。学校层面，持续举办并创新升级“校园科技艺术周”，强化沉浸式的艺术体验，开展艺术展演活动，扩大学校艺术特色实践教育的辐射面。社团层面，创建众多艺术社团，通过丰富多样的艺术社团活动，丰富学校生活的开放式发展空间。学生科研层面，推动学生艺术类微课题研究，通过“中学生英语水平提高幅度与英文歌曲听唱之间的关系调查”“探讨中西方流行音乐的差异”“中西方电影的现状和差异”等课题促进学生艺术素养不断提升。课程层面，将学科艺术教育与学生升学发展相结合，助力学生提升学业成绩。

（4）混合式学习课程。依托苏州工业园区易加学院平台，学习人工智能 PYTHON 核心编程、全栈开发、网络爬虫、人工智能等方面知识，引导学生观摩学习机器人控制、群体智能与自主系统、无人驾驶技术与系统实现、仿真机器人演示、机器人视觉与自然语言、医学图像处理与分析等技术。

（5）融和式学习课程。注重国际理解教育，努力将其构筑成国际基础研究合作平台，选取共同关注的科学课题，实施深化中外联合科研研讨活动，如“创造中的共享未来——对文化遗产与未来生活的畅想”“城市的保护与建设、继承与创新”，开展线上“空中课堂·科技创新展未来”主题对话活动，互动分享手工制作、发明创造、苏州园林、社会实践、科普宣传、世界遗产等研究性学习实践活动。

燃烧激情，筑梦星辰大海的体育之旅

车　恒

苏州工业园区星海实验高级中学，矗立于金鸡湖之畔。这所年轻的学府，自诞生之日起就承载着卓越与期望，虽建校时间不长，却凭借其先进的教育理念、雄厚的师资力量和一流的教学设施，迅速在教育界崭露头角。学校不仅注重知识的传授，还致力于培养学生的综合素质，打造全面发展的未来之星。苏州工业园区星海实验高级中学，正以其独特的魅力和无限的潜力，书写着教育的新篇章，成为众多学子向往的求学圣地。

在这里，有一个特别的团队——高中体育组。这是一个教学团队，更是一个充满热血与拼搏精神的大家庭。组里的每一位老师都怀揣着对体育的热爱，用他们的专业知识和热情，影响着每一位星海学子。

潘璇老师

潘璇老师，步伐矫健，一头短发显得精神抖擞。每当他出现在操场上，他一发声总能吸引众多学生的目光。作为体育组的资深老师，潘老师拥有丰富的教学经验和深厚的专业知识。他不仅能熟练地掌握各项体育教学技能，还能根据学生的实际情况，制订个性化的教学方案。在体育教学中，他注重培养学生的运动技能和身体素质，同时也关注学生的心理健康和团队协作能力。他的课堂生动有趣，深受学生的喜爱。

潘璇老师热爱教育事业，不仅关注学生的成长，也致力于培养新一代的教育工作者。他有许多徒弟，他关心徒弟的成长和发展，经常与他们交流心得和经验，帮助他们解决工作和生活中遇到的问题。在徒弟们眼中，潘璇老师不仅是一位严谨认真的师傅，更是一位和蔼可亲的长者。

潘璇老师对教学的热爱不仅体现在他的课堂上，更体现在他对教学方法的不断探索和创新上。他深知传统的教学方法已经无法满足现代学生的需求，因此他不断探索新的教学方法和手段，以激发学生的学习兴趣和提升教学效果。他的课堂充满了活力和创意，让学生在轻松愉快的氛围中掌握知识和技能。

除体育教学之外，潘璇老师还担任学校的安保处主任。他深知校园安全的重要性，因此时刻保持着高度的警惕性和责任感。他定期组织安保人员进行培训，增强他们的安全防范意识和应急处理能力。同时，他还积极参与学校各项安全制度的制订和执行，确保校园的安全稳定。

无论是体育教学还是安保工作，潘璇老师都保持着严谨认真的工作态度。他注重细节和规范化操作，确保每一项工作都能得到有效的落实和执行。他的这种工作态度不仅赢得了学校领导的信任和支持，也为学生树立了一个良好的榜样。

冯久龙老师

有这样一位老师，他不仅是学生敬爱的体育老师，更是我心中无比崇敬的师傅——他就是冯久龙老师。

他不仅是我们高中体育组的骨干教师，还是学校总务处的副主任，肩负着繁重的管理任务。即便如此，他依然坚持在教学第一线，用他的专业和热情影响着一代又一代的学生。

作为体育老师，冯老师擅长打羽毛球和排球。他的教学风格既严谨又生动，总能在轻松愉快的氛围中让学生掌握运动技能。我记得他曾对学生说过：“体育不仅仅是锻炼身体，更是一种生活态度。在运动中，我们学会了坚持，学会了合作，也学会了面对挫折。”这些话深深影响了学生，使学生在体育锻炼中不仅强健了体魄，还磨炼了意志。

暑期是冯老师最忙碌的时候，因为他要带领学校的女子排球队进行集中训练。炎炎夏日，汗水浸透了他的运动服，但他从不言苦。他耐心地指导学生，从基础技巧到战术配合，每一个动作都亲自示范，一一讲解。在冯老师的带领下，我们的女子排球队成绩斐然，多次在比赛中获奖。

除了体育教学，冯老师还担任学校总务处主任。他深知这一岗位对学校运行的重要性，因此总是兢兢业业、事无巨细地处理着各项事务。从校园设施的维护到后勤保障，从物资采购到安全管理，每一项工作都凝聚着他的心血。他常说：“总务工作虽然烦琐，但它是学校运转的基础。只有做好了这些，才能让老师与学生更加安心地学习和工作。”

冯老师不仅在工作上是我的楷模，在生活中也是我的良师益友。每当我遇到困惑或挑战，他总是耐心倾听，给予我宝贵的建议。他教会我如何面对困难，如何坚持不懈地追求目标。他的言传身教，让我深刻理解了什么是责任、什么是担当。

在星海的校园里，冯久龙老师就像一座灯塔，照亮了学生前行的道路。他的专业素养、敬业精神和人格魅力，都让我深感敬佩。能够成为他的徒弟，是我一生的荣幸。我相信，在冯老师的影响下，我们这一代年轻人一定能成长为有担当、有责任感的社会栋梁。

唐忠才老师

唐忠才老师，是苏州工业园区星海实验高级中学体育组的一位优秀教师，同时也是学校安保处的副主任。他专业背景深厚，主修武术，不仅精通中国传统的武术技艺，还将其融入日常教学，为同学们带来了独特的体育课堂体验。

在教学领域，唐老师以扎实的专业素养和富有激情的教学风格而广受好评。他特别擅长羽毛球教学，不仅技术娴熟，更能将运动的乐趣与竞技的精神传递给学生。在唐老师的指导下，同学们不仅提升了羽毛球技能，更在体育活动中培养了团队协作精神和竞争意识。

除教学之外，唐老师在学校的安保工作中也表现出色。作为安保处副主任，他深知学校安全的重要性，时刻将师生的安全放在首位。在日常工作中，他严谨细致，确保学校的安保措施得到有效执行，为师生创造了一个安全、和谐的学习环境。

唐老师对教学的热爱和专业能力的提升从未停止。他不断学习和研究新的教学方法，力求为同学们提供更高质量的教育。他的课堂总是充满活力，同学们在他的引导下，不仅锻炼了身体，还在心灵上得到了成长。

总的来说，唐忠才老师是一位全面而专业的教育工作者。他在教学与安保工作中展现出了极高的专业素养和责任心。他的努力和付出，不仅赢得了同学们的喜爱和尊敬，也为学校的教育事业做出了积极的贡献。

张鑫老师

张鑫老师，主修足球。他不仅是一位深受学生喜爱和尊敬的师长，还是一位优秀的足球教练。

在暑期足球训练中，张鑫老师以其专业的足球知识和丰富的教练经验，带领学生进行了系统的训练。他不仅注重学生的体能和技术训练，还注重培养学生的团队协作精神，帮助学生制订比赛策略。在张鑫老师的悉心指导下，同学们在足球场上展现出了出色的风采，最终荣获苏州市“姑苏晚报杯”足球比赛冠军，这一成绩充分证明了张鑫老师的教练实力。

除体育教学之外，张鑫老师还曾担任过高一年级的班主任，这是学校对他的极大认可。他以严谨的治学态度和深厚的教育情怀，赢得了学生和家长的广泛赞誉。他深知每一个学生都是独一无二的，因此始终关注学生的个性化发展，努力为他们创造积极、健康、和谐的学习环境。

如今，张鑫老师担任年级组长，他的领导能力和团队协作精神再次得到了充分的展现。他善于协调各方资源，为年级的发展出谋划策，推动教育教学质量不断提升。同时，他也非常注重与同事之间的沟通交流，积极营造和谐的工作氛围。

张鑫老师以其专业的教学水平、严谨的工作态度、出色的领导能力和对学生深厚的爱，成为苏州工业园区星海实验高级中学不可或缺的一分子。他的事迹不仅激励着同学们在足球场上奋力拼搏，更在日常生活中传递着积极向上的正能量。无论是作为体育老师、班主任还是作为年级组长，张鑫老师都以其出色的工作表现，赢得了师生的一致好评。

夏正宏老师

夏正宏老师，苏州工业园区星海实验高级中学的体育教师，以他深厚的专业素养和富有激情的教学方式，深受学生的喜爱与尊敬。他专注于篮球和田径两个运动项目的教学与训练，以专业的技能和严谨的态度，帮助学生提升运动能力，享受体育的乐趣。

在篮球教学上，夏正宏老师不仅教授同学们基本的篮球技巧和战术，更注重培养他们的团队协作精神和竞争意识。他常常通过实战模拟，让同学们在比赛中学习如何与队友配合，如何面对挑战，从而使同学们在享受篮球运动的同时锻炼意志品质和心理素质。

在田径教学方面，夏老师则以其深厚的专业知识和丰富的训练经验，指导同学们进行科学的训练，提升他们的速度和耐力。他注重个体差异，根据每个学生的特点和能力，制订个性化的训练计划，帮助他们突破自我，实现更好的运动表现。

夏正宏老师的教学方式既严谨又富有创新精神。他不断尝试新的教学方法和手段，以激发学生的学习兴趣，让他们在轻松愉快的氛围中掌握运动技能，提升身体素质。同时，他也非常注重学生的心理健康，经常与他们沟通交流，了解他们的需求与困惑，并给予及时的指导和帮助。

齐淑慧老师

齐淑慧老师，苏州工业园区星海实验高级中学的体育教师，以其精湛的专业技能，在校园内外赢得了广泛的赞誉。她在健美操方面的专业成绩尤为出色，不仅动作标准、技艺高超，还能将这份技艺传授给学生，激发她们的运动热情。

值得一提的是，齐淑慧老师曾在省级基本功大赛中荣获二等奖，这一荣誉不仅是对她的专业技能的肯定，还是对她多年来努力和付出的认可。她在比赛中展现出的精湛技艺和深厚功底，让在场的所有人都为之赞叹。这一奖项不仅代表了她在健美操领域的专业水准，更是她教学实力的有力证明。

作为一名体育教师，齐淑慧不仅注重提升学生的体育技能，更致力于培养学生的团队合作精神和坚韧不拔的意志品质。她深知，体育教育不仅仅是技能的传授，更是对学生性格和品质的塑造。因此，在她的课堂上，同学们不仅能学到健美操的技巧，更能领悟到团队协作、勇往直前的体育精神。

星海体育组

星海体育组，是一个充满活力、团结进取的团队。在这个集体中，每位体育教师都展现出极高的专业素养和敬业精神，共同为学生提供高质量的体育教学服务。

这个团队的同事之间关系紧密，彼此互帮互助，共同面对教学中的挑战。老师们经常一起探讨教学方法，分享教学经验，不断提升自己的教学水平。这种团结协作的精神，既提升了教学效果，也为学生营造了一个积极向上的学习氛围。

在专业水平方面，苏州工业园区星海实验高级中学的体育教师均具备深厚的体育理论知识和实践经验。他们精通各项体育运动技能，能够针对学生的不同需求和特点，制订个性化的教学方案。无论是田径、篮球、足球，还是健美操、羽毛球等，他们都能提供专业且富有激情的教学。

更为难能可贵的是，这个团队的每位成员都尽职尽责，将学生的身心健康放在首位。老师们不仅关注学生的体育技能提升，更注重培养学生的体育精神，让学生在运动中享受快乐，在挑战中超越自我。无论是在课堂上还是在课堂外，老师们都愿意花费时间和精力，为学生提供必要的指导和帮助。

星海体育组是一个专业、团结、尽职尽责的团队。老师们用专业知识和热情，为学生提供了丰富多彩的体育课程和活动，燃烧激情助力学生在体育领域全面发展，实现身心健康。他们的付出和努力，赢得了学生和家长的一致好评，也为学校的体育教育事业做出了积极的贡献。

讲述星海“创星”故事

——国际交流中心融合课程的实践

张一哲

一、学术板块

星海融合课程中心遵循高品质、高标准的国际化办学要求，通过课程与教学法的融合，提升学生对知识的迁移应用力，推进学生日常的知行融合，以增进他们未来与世界的融合。星海融合课程中心的普高课程由苏州工业园区星海实验高级中学优秀教师教授，国际课程则由毕业于英国、美国、澳大利亚、加拿大等国及我国香港名校（帝国理工学院、多伦多大学、加州大学圣地亚哥分校、莫纳什大学等）的优秀教师教授，师生比为1∶5，硕士研究生、博士研究生学历全覆盖。

在学术板块，教学团队秉持“以精为本”的办学思路，全力打造国际多元化的学习生态，通过以下方法实现多学科、多场域、多学段、多层次的共融共通，培养国家战略所需的复合型人才。

1. 每周教研，促进大概念教学的落地、案例分享与优化改进

有效调动学生的学习兴趣、培养学生的整体性思维是教研的最大目的。在日常教学中，教学团队对学生进行有针对性的训练和多角度训练，以此来建构大概念体系，对学生的应用能力进行汇报和反馈，让学生真正学有所获，培养学生解决真实问题的能力。

2. 数、理、英、心全面开花，获得全球前9%、全国前10%等大批竞赛奖项

竞赛获奖是学校硬实力的一种展现，星海融合课程中心始终坚持为学生创造优良的教育环境，鼓励学生积极参加各类学科竞赛，在增强个人学术能力的同时为未来的升学添砖加瓦。在星海普高教师、星海融合课程中心学术团队与学生的共同努力下，星海学子在NAQT（National Academic

Quiz Tournaments）“2023 学术超级碗”、美国数学竞赛（American Mathematics Competition，AMC）、英国数学测评（高级）（United Kingdom Mathematics Trust-Senior Mathematical Challenge，UKMT-SMC）、澳大利亚数学竞赛（Australian Mathematics Competition，AMC）、英国数学测评（United Kingdom Mathematics Trust-Junior Mathematical Challenge，UKMT-JMC）、英国心理学奥林匹克竞赛（British Psychology Olympiad，BPO）、英国物理奥林匹克竞赛（British Physics Olympiad，BPhO）、加拿大滑铁卢数学竞赛（Euclid Mathematics Contest）、“物理杯”美国高中物理测评（Physics Bowl）、英国化学奥林匹克竞赛（United Kingdom Chemistry Olympiad，UKCHO）、加拿大化学测评（Canadian Chemistry Contest，CCC）、英国生物奥林匹克竞赛（British Biology Olympiad，BBO）等竞赛中取得了 149 个全球奖项。

3. 一生一方案，为每个学生量身定制高质量的成长路径

在素养课程和 CAE（Computer Aided Engineering）课程中，星海融合课程中心教学团队通过开设丰富多彩的活动课、社团课、竞赛活动，满足学生的个性化需求，实现各美其美。随后，通过因材施教、分层教学的形式，教学团队按照不同课程、不同方向、不同步骤进行个性化教学，针对学生的学习起点、理解表现和专业方向，设置一对二、一对少的走班课堂，以及更为灵活的办公室微课堂，让每一位学生都能根据自己的实际情况，第一时间得到老师的指导。

4. 实施举办 PBL（Project Based Learning）项目，促进学生全面发展

星海融合课程中心教学团队通过模拟招投标串联学生所学的数、理、化、经、英各门学科知识并加以运用，全面培养学生的知识迁移与知识应用能力，促进学生全面发展，匹配国际顶尖大学申请要求。实践项目包含了数学中的三角函数、普数力学、高数力学、统计、线性规划、三视图画法，物理中的力学、材料、典型桥梁承重分析、受拉压抗弯构件、形变计算、连接方式优劣分析，化学中的 Bonding 与 IMF、Practical 部分典型实验操作讲解，经济学中的标书模板、招投标流程、SWOT 分析、可研报告、预算等跨学科知识。

5. 将所学知识迁移到现实生活中教学

例如，在物理学中，学生通过情境实践，可以很容易地学习和掌握热

量在自发的情况下只能从高温物体传向低温物体的概念。星海融合课程中心教学团队通过跨学科教学，引导学生发现在经济学中货币也是沿着某一个方向流动的，如果把货币想象成粒子，在货币流动频繁的情况下市场会更活跃，由货币的流动和商品价格的变动又可以跨回物理学中与“弹性”相关的知识点、数学中统计学的应用、生物学中获取能量的运转，以及语文中关于能源和经济的辩论、小组汇报或议论文。

6. 时刻注重自我反问

一问，作为教师是否能精准把握学情，这是以学定教、持续推进大概念教学的前提和基础。二问，教育的每一门课程、每一个环节是否具有生活价值。只有时刻注重自我反问，才能在学校教育与现实世界、现在与未来之间搭建牢固的桥梁。

二、升学板块

提供多元化的升学途径咨询、专业化的升学规划建议，构建完善的留学路径，帮助学生探寻专业方向、实现自我价值，是星海融合课程中心提供升学指导服务的初衷与目标。星海融合课程中心一如既往地为学生实现自己的目标提供支持和帮助，全方位助力每一位学生如愿升学。

1. 海外名校集结，第一届星光国际教育论坛圆满举办

2023 年 9 月，世界各地知名大学的招生官相聚在美丽的沈浒路，共话升学与将来。这些知名大学的招生官分别来自美国、英国、加拿大、澳大利亚、瑞士、马来西亚、爱尔兰、日本。27 所世界知名大学的招生官来到现场，与在场的数百位学生、家长进行面对面交流，分享最新的升学资讯，探讨新形势下的国际升学趋势，共同畅想充满机遇与挑战的未来。讲座分享结束后，同学们参考升学老师提供的问题，来到展位与这些招生官进行一对一交流，收集信息。下一学年，中心将邀请更多的知名大学招生官来星海，促进交流。

2. “一家一方案”，落实升学指导，助力学生留学规划

升学团队与每个家庭多次进行一对一的面谈，沟通学生近期的成长与进步、所遇到的困难、需要持续提高的地方，以及家庭的培养目标。因为每一位学生的目标和家庭情况是不同的，所以他们的生涯规划和要参加的学科竞赛项目也各不相同。“一家一方案”不仅能够让学生在高一入学后

就有方向性地确立目标，进行竞赛强化培训，迅速成长并获奖，还能够最大化地避免学生与家长升学目标的不一致。

3. 研学、科创、科研、实习、志愿者、竞赛准备多方向规划

海外院校尤其顶尖院校，对学生的考察并不局限于分数，还会考察学生申请文书中实习经历、项目研究、学术竞赛等背景提升活动与所申请专业的关联性。星海融合课程中心的学生提前在校内与升学团队沟通，结合自身未来职业规划，参与各类科研项目、夏校、志愿活动，如远赴新加坡国立大学参加物理挑战营、参加哈佛中学生领导力峰会、做科研项目自制“灭火小车”、参与 EPQ（Extended Project Qualification）项目的先导实验部分、参与星海足球校队拿到高中组冠军、成为公益志愿者给数十名小朋友教课等。

4. New Biz 商赛圆满举办，增强职业体验

星海的学生共同参与了 New Biz 商业模拟挑战赛。12 组参赛选手将经济学课程理论付诸实践，开展了一场精彩绝伦的挑战赛，获得冠军的 T007 小组以 1000 万元的本金取得了 1 亿多元的利润。这不仅是一场激烈的商赛，更是检验我们商业素养和综合能力的舞台——通过成立模拟公司、扮演企业中的高层管理者，在拟真环境中运营自己的模拟公司，学习完整的商业运营流程实践知识体系、增强职业体验。

三、对外交流

苏州工业园区星海实验高级中学的教育理想是“人人成功、人人成星”，在这一理念指导下，学校高度重视与海内外院校的交流和合作，培养与新时代共同前进的一代新人。

本学年，学校与英国朴茨茅斯文法学校，新加坡教育部学校司督导、德明政府中学，芬兰教育专家团队深入交流，以交流为契机，在未来进一步开展各种教育合作项目，构建多层次、多渠道的国际交流平台，相互学习和了解，使对外交流活动长效化、机制化，共同努力促进整体发展。

同时，星海融合课程中心还多次邀请海外大学招生官访校，与学子们做面对面的沟通和交流。本学年，华威大学、格拉斯哥大学、多伦多大学、巴斯大学、康涅狄格大学等大学的招生官来访，东安格利亚大学经济学院长埃米利亚（Emiliya）到访星海给同学们授课。星海融合课程中心

始终保持与众多国外知名大学的密切沟通，随时为学生创设与国外知名大学招生官直接面对面交流的机会，锻炼其与大学招生官的交流沟通能力，提前适应国外知名大学的申请氛围、体验大学生活。

作为教师的那个“我”

毛玉琳[①]

董卿曾在《朗读者》中这样说道：“世间一切，都是遇见。就像冷遇见暖，就有了雨；春遇到冬，有了岁月；天遇见地，有了永恒；人遇见了人，有了生命。”我觉得，最美好的遇见，莫过于遇见那一群可爱的学生，遇见那个真实的自我。教育不是单方面的付出，而是双向的成长，在遇见中师生互相成就。

——题记

正式执教一年，我少了曾经的那份豪情满志，教师身份的自我质疑也随之而来，恰如一头困兽，急需寻找一个出口。在我徘徊、迷茫、绝望之际，我与那群学生不期而遇，从此开启了不一样的教育生活。

一、初见：窥探自我

我特别喜欢美国诗人谢尔·希尔弗斯坦的小诗《总得有人去擦星星》，总得有人去擦星星，他们看起来灰蒙蒙。是啊，我就曾遇见一群灰蒙蒙的星星。

曾记得 2019 年，班级的那一群艺术生面对高考时的迷茫和痛苦，她们可以接受画室的魔鬼式集训，她们可以每天早上 6 点钟起床，她们可以晚上借着台灯微弱的光刷题，她们对一本院校的渴望超过了一切。可是，现实总是那么残酷，她们中有很多人最终未能如愿进入理想院校。

这样的她们打破了我对艺术生的刻板印象，面对她们的迷茫和痛苦，我在本科课堂上学到的一切知识仿佛都无能为力，我翻遍所有笔记，最后

---

① 毛玉琳，硕士研究生，入选北京师范大学“四有”好老师启航计划。

还是束手无策，我无法成为那个擦星星的人。我对自己产生了深深的怀疑：虽然我在教师这个岗位上，但我是否真的是一名教师呢？仅仅因为我从事这份职业就代表我是一名教师吗？真正的教师需要具备哪些知识？经过那一段日子的反复思考，我决定去解开心中的疑惑。

那一年，我选择了教师教育，从教师社会学到教师教育思想，我精心准备了3年，我无数次在心中描摹自己重新走上讲台的样子，努力向心中的教师形象靠近，我以为我已经做好了准备，已经有信心、有能力成为一名合格的教师，毕业后我满怀期待地走向了新的职业阶段。

二、再见：质疑自我

在教育的殿堂里，每一位学生都是独一无二的瑰宝，值得我们尊重和关爱。我始终坚信，教育的真正价值不仅在于知识的传授，更在于对学生个体成长的悉心呵护。我尊重每一位学生的个性和差异，鼓励他们勇敢地表达自己的观点和想法；我倾听他们的声音，理解他们的需求，努力为他们创造安全、和谐、积极向上的学习环境；我鼓励学生勇敢追梦，不畏困难，不怕失败；我告诉他们，每一次的尝试和努力都是一次宝贵的经历，都是他们成长道路上不可或缺的一部分。尊重和关爱学生，是我作为教育工作者的初心和使命。

然而现实总是充满变数，当我带着这样的初心和使命再次踏上讲台时，面对个性差异大的班级，我无法做出有效的教学应对，总会无意识地用一个标准评价所有学生。随着时间的推移，自我教师身份的怀疑、家长的质疑和学生的不信任接踵而至。此时的我面临新手教师的生存困境，总是在课堂上不自觉地想到这个问题。那一段时间我非常害怕踏入教室，在课堂上也不敢去直视同学们的眼睛。

这样一个问题始终困扰着我，教育初心未改，但自我行动滞后，仿佛试了很多方法也没有用，也不知道是否有用。行动的滞后让我陷入了深度的自我怀疑。

三、走近：坚定自我

在教育的世界里，师生关系常常因为距离和隔阂而显得陌生。然而，真正的教育并不只是知识的传递，更是心灵的交流和碰撞，这种交流和理解是师生成长的动力源泉。

仍记得那个晚自习，我正在批改作业，忽然感觉头晕脑涨，一股不知名的冷意从后背慢慢地窜起，身上也越来越冷，我返回办公室拿上午睡毯，倒了一大杯热水，回到教室把自己裹得严严实实的，试图让自己暖和起来。

同学们看着我的情况，课间纷纷询问我是否需要休息或者去看医生。

我笑着摇摇头，表示自己只是有点感冒，不用太担心。

这时，一个同学拿出了口罩，另一个同学递来了她的厚外套。大家想尽办法帮助我，希望能够尽快让我恢复健康。

其中一位同学拿出了自己的暖宝宝，小心翼翼地放在我的手中。看着这些热心的学生，我深切感受到了温暖和感动。

最终，我收下了同学们的关心和暖宝宝，坚持将自己工作做完后才回家，因为我知道，作为一名教师，教育不仅仅是传授知识，更重要的是与学生建立起互相关心和支持的情谊，这种情谊比任何知识都重要。

一次小小的感冒，让我感受到了同学们对我的支持和信任，我对自己教师身份的质疑也随之消散，那一个晚自习让我知道了我的选择是正确的。

四、打开：走向自我

教育的本质不仅在于知识的传授，更在于心灵的交流和思想的碰撞。然而，在实际的教学过程中，由于种种原因，师生之间的交流往往显得不足。如何打破这一壁垒，实现师生之间的深入交流，成为每一位教育工作者都需要思考的问题。当我借助那个晚自习感受到同学们的信任与真诚后，我行动了起来，继续向着心中那个教师的形象前进。

在教育的道路上，我们时常会遭遇质疑与不理解。这些质疑可能源于教育理念的不同，也可能是出于对教育方法和效果的疑虑。然而，面对这些挑战，我们必须坚定自我，保持对教育事业的热爱和信念，勇敢地走向自我。

小懿是一位性格内向、不善言辞的学生，她很努力，课间基本上也在座位上学习，然而努力后取得的成果与她的努力十分不匹配，不经意间，我瞥见了她眼眸间的那一份失望与无奈。看到这些后，我帮她分析了语文的答题情况，并提出让她带领同学们学习选择题的建议。在接下来的试卷讲授中，我尝试将课堂还给学生，让她带领大家分析试卷。没有想到的是，她的母亲为此专门发来了一条感谢短信，我的一个小小的举动赢得了学生和家长的信任。

那一件事后，我知道了，作为一名教师，打开自己，充分接纳自己，真诚与学生交流是非常重要的。我们只有敢于展现自己的真实感受和思想，才能真正赢得学生的信任和尊重。

教师要有勇气展示自己的脆弱和不完美，因为这样才能让学生看到人性的真实和可贵。教师只有打开心扉，真诚地与学生交流，师生之间才能建立起互相尊重、互相理解的关系，才能真正实现有效的教育。通过真诚的交流，教师和学生之间的距离将缩小，信任将建立，学习将变得更加有意义。所以，作为教师，除了传授知识，更重要的是要打开心扉，与学生建立起真诚而深刻的关系，师生共同成长，共同前行。

五、未来：坚守自我

站在时代的交汇点上，我深感未来教育之路的漫长与曲折。这是一条充满无限可能，却也布满荆棘的道路。我时常被各种教育理念和技术的革新所震撼，它们如同繁星般璀璨，照亮了我前行的方向，但有时也让我感到一丝迷茫。当然，迷茫只是暂时的。在探索未来教育的过程中，我逐渐明白，无论外界如何变化，教育的本质始终未变，那就是点燃学生内心的火焰，引导他们发现自我，追求真理，成就未来。这份初心不仅是我坚守的信仰，也是我前行的动力。

坚守初心，意味着我要始终保持对教育事业的热爱和敬畏。教育不只是一份工作，更是一种责任和使命。我深知，每一位学生都是一颗独特的种子，需要我用心去浇灌、去呵护。我要用我的知识、智慧和爱心，去点亮他们的人生之路，帮助他们成为有思想、有情感、有责任感的人。坚守初心，也意味着我要勇于面对挑战和困难。未来教育的道路不会一帆风顺，我们会遇到各种各样的困难和挑战。但是，正是这些困难和挑战锻炼了我们的意志，提升了我们的能力。

我相信，只要我们坚守初心，始终保持对教育事业的热爱和执着，我们就一定能够克服困难，走向成功的彼岸。未来教育之路还很遥远，但我坚信，只要我们坚守初心，不断追求进步和创新，我们就一定能够开辟出一条属于自己的教育之路。这条路上，或许会有风雨，或许会有泥泞，但只要我们心怀信念、勇往直前，就一定能够迎来属于自己的那片晴空。

"创星"岁月，四季如歌

汤晴瑜

四季轮回，又到夏日。过去的一年，学校创建江苏省"四星"高中，教师发展中心很荣幸参与了这项工作，为谱写学校发展新篇章贡献了自己的绵薄之力。那是一段挑战与压力并存的日子，那又是一段团结协作共奋进的日子，那更是一段自我超越与成长的日子……

夏

2023 年的 7 月，阳光如火，盛夏如约到来，每一缕空气中都跳跃着炙热的音符。苏茜路校区的六楼，一个个忙碌的身影，开始了这个夏天的特殊旅程——创建江苏省"四星"高中。

动员会议上，校领导明确了分工安排和时间节点，教师发展中心负责队伍建设中第七、第八、第九 3 个条目。乍一看，这三个条目的"评估指标"，我们感觉没几行字就能把情况概述完毕。然而，细读这些条目的"评价细则"，我们却发现其所提及内容均需要有精准确凿的数据支撑。确切地说，学校师资结构、职工、校外兼职、教师荣誉、名特优、教研组、教师专业发展、校际交流、赴校外挂职锻炼、出国进修等数据全部要进行最新的、完全的统计。没有数据，就没有自评依据。所有的条目，都需要佐证材料。没有佐证，就无法证明达到了评估指标。

炎热的天气、繁杂的头绪，让人有些焦躁，我们有些无从下手，但创建"四星"高中这项工作对于学校、师生乃至整个区域而言，都具有重大意义。这项工作不仅是对学校办学水平的全方位"体检"，更是促进学校教育理念、教学方法、核心文化等多方面革新与飞跃的重要手段。我们静下心来，反复研读评价指标和细则，讨论工作思路，最终确立了自评概述的文本框架，列出了涉及这三个条目的30多条佐证清单，分工着手收集梳理材料，撰写具体内容。7月底，我们完成了第一稿。

休整了10多天，我们又开始继续第二阶段的“旅程”。由于新入职教师的加入、教师岗位的变动、职称和荣誉情况的变化，学校各个条线（校办、教务、德育、教研组等）数据的不断补充，我们一直在修改自评文本，进行数据更新，整理并完善佐证材料。我们还有幸得到了陈汉清老师的支持，陈汉清老师作为教师发展中心的资深老前辈，指导我们优化材料。开学前，第二稿终于出炉。这一稿，文本清晰、数据翔实。紧张了两个月的我们，稍稍松了口气。

秋

转眼就到了9月，校园里又热闹起来，教室里书声琅琅，操场上学生挥汗如雨。新学年新气象，校园内充满希冀与奋斗。创建“四星”高中的工作依旧在继续，但有了前期的基础，工作思路明确有章法，我们都非常有信心能顺利完成任务。没有想到的是，在创建“四星”高中材料提交截止前，关于师资队伍的材料又有调整。那几日，我们每天加班加点核对数据，就怕哪个地方出错；我们每天都在修正文字，就怕一个错别字毁了所有的努力。最后一稿完成时，真是如释重负。

国庆后，我们迎来了令人振奋的好消息：材料初评通过，11月底专家组将进驻学校进行现场验收。同时，我们也承受着巨大的工作压力：自评报告要再精修，佐证材料要再核实并完善。现场验收的关于教师发展的材料品种多、量大繁杂，比如学历学位证书、职称证书、荣誉证书、聘用证书、四室人员、兼职人员、名师工作室、骨干教师共同体、公开课和讲座等基础材料。其间，我们得到了教研组长们的大力支持，大家尽心尽力地辅助我们填写表格，收取材料；同时，在潘乐天、欧佳咪、袁昕彤、曾润湘等多位老师持续不断的帮助下，我们顺利地完成了材料电子档和纸质稿对应归类整理的任务。我们部门的老师都是主课老师，各自承担两个班的教学工作量，白天以教学工作为主，晚上就在办公室挑灯夜战。看着办公室空桌上那十几个分类纸盒慢慢被装满，我们的心也被成就感慢慢填满。

冬

创建“四星”高中现场验收非常顺利，专家组对学校的工作与成绩给予了高度的评价，对学校教师发展的工作也给予了肯定。苏州的冬天常常是湿冷的，但这个冬天似乎格外特别，寒意中透着暖——心暖。几个月的工作，着实辛苦烦琐，但只要我们需要相关材料，老师们立马就会提供；那几个月的企业微信，我一周处理的工作对话最多达到了 888 次，但每一次都得到了老师们的热情回复。这一年度，学校的教育人才指数测评工作开展得尤其顺利，因为在创建“四星”高中的过程中，我们全方位地完善了学校人才的数据库；这一年度，老师们对个人职业发展都有了新的认识，因为在创建“四星”高中的过程中，他们看到了自己的优势，也发现了自己的不足，树立了新的成长目标，制订了新的成长规划。

期末的行政会，校领导安排大家谈一谈“四星”高中创建工作对部门工作的启示。的确，在对学校教师队伍近些年的发展情况进行盘点时，我们发现了以往工作的不足。通过这次创建之旅，我们对教师发展的框架与内涵有了更为清晰的认识和理解。我们深切地感受到这项工作不仅打开了我们的思路，也照亮了学校发展的未来。

春

“碧玉妆成一树高，万条垂下绿丝绦。”经过了严冬的洗礼，万物复苏的春天悄然来到。学校收到了江苏省教育评估院对学校“四星”高中创建工作的评估报告书，我们的工作进入了创建之旅的最后一程——完成整改报告并提供佐证。现场验收工作非常顺利，同时专家组也发现问题并提出了中肯的建议。我们深知，只有敢于正视问题，才能认真思考问题，深入研究问题，科学解决问题。

我们部门负责队伍建设方面的整改问题，主要涉及如何进一步强化教师队伍建设、优化拔尖创新人才培养机制及提升学校内涵建设和办学品位。我们认真研讨分析了造成问题的原因，并从教师管理优化、青年教师培养、骨干团队打造、管理团队建设、创新人才培育、内涵建设强化等六个方面提出了整改措施。在完成整改报告的同时，我们发现，只有坚持思考、不断总结，认真剖析教师专业持续能力状态，落实发现教育中教师维度的发现工作，研究教师培养机制，以学校名特优教师的先锋力量为推动力，才能实现教师团队的共同发展，实现学校人才高地建设的可持续发展。

2024 年 5 月 11 日，江苏省教育厅正式发文，苏州工业园区星海实验高级中学顺利晋升江苏省四星级高中。经过将近一年的创建工作，我们成功实现了梦想。创建“四星”高中是一次充满挑战和机遇的旅程。它让学校在教育质量、学校文化、师生成长等方面都取得了显著的进步和收获。这些成果不仅是对学校过去努力的肯定，更是对学校未来发展的鼓舞和鞭策。创建“四星”高中，凝聚了全校师生的辛勤付出。这种团结奋进、攻坚克难的精神，是创建工作取得成功的关键所在，更是对教育家精神的一种实践体现和成果展示。这将进一步激发学校的内驱力，推动学校在教育质量、管理水平、科研能力等方面的持续提升，为学校的长远发展奠定坚实的基础。

“创星”的成功，是学校发展史上又一个辉煌的里程碑，是每一个星海人的荣耀。谨以此文纪念那段携手共进的峥嵘岁月，纪念那段创造卓越的如歌时光！

追忆“四星”高中评估：一位亲历者的发现视角

陈小军

星海实验高级中学，作为苏州工业园区基础教育体系中的璀璨明珠，一直在追求教育卓越的道路上坚定前行。“四星”高中申报，对于学校而言，不仅是攀登教育高峰的阶段性目标，更是对学校综合实力的一次全面展示。材料撰写在申报工作中显得尤为重要，它是对学校办学理念、科研水平、教育质量、教学管理等多个方面的综合检验，更是对学校工作的一次深度梳理和总结。

一、难忘夏天，付出与收获共在

岁月如梭，转眼间，我们已走过了 2023 年那段充满挑战与成长的

“四星”高中评估历程。作为一名亲历者，我想与大家分享那段难忘的经历，共同追忆那段美好时光。夏天，是一个充满活力和热情的季节，总是让人充满期待。然而，随着暑假的到来，炎热的天气也来了，整个城市仿佛都被热浪所笼罩。在这样的环境下，整理材料和修改工作变得更加繁重和困难。尽管如此，我和同事宋建州依然保持着积极的态度，校办主任蒋斐雯每日给我们订送可口的午餐。我们每天都在忙碌地整理各种科研资料，仔细地修改每一个课题论文细节。虽然汗水湿透了衣服，但我们从未抱怨过一句。因为我们知道，只有这样，我们才能确保工作的质量和效率。

在这个过程中，分管校长范红梅负责统筹审阅工作，周永华老师住院，教科室人手少、任务重，宋建州老师便成为我最得力的小伙伴之一。他总是能够迅速地理解评估条文的要求，并提出一些非常有价值的建议。我们一起讨论、交流，共同解决问题，整个工作过程因此变得更加顺畅和高效。当然，也有时候我们会遇到一些困难和挑战。但是，我们总是能够相互鼓励、支持，一起克服这些困难。这种默契和合作精神，让我们的工作变得更加有趣和有意义。虽然夏天的炎热让人难以忍受，但是和宋建州老师一起工作的日子让我感到非常愉快和充实。

学校党委书记周晓阳早早建立了“四星”高中评估核心群，通过汇报材料的展示呈现改进之处，通过内部评估和外部反馈验证修改效果。我们深刻认识到修改的必要性，因为初稿往往存在数据不准确、逻辑不严密、语言不精练等问题，只有反复修改和打磨，才能不断提升汇报内容的质量，确保信息的准确性和时效性。“四星”高中汇报材料的修改，不仅仅是对文字的雕琢，更是对学校工作成果的一次全面审视和提升。在这个过程中，我们始终坚持精益求精，力求让每一份汇报材料都能准确、生动地展示学校的办学实力和特色。在修改过程中，我们逐项审查汇报内容，对数据的真实性、准确性反复进行核实，确保每一个数字、每一篇论文、每一个课题都经得起推敲。同时，我们还注重优化语言表达，通过锤炼文字，让汇报材料更加流畅、易懂，更具说服力。

二、难忘考验，紧迫与契机共生

“四星”高中评估，对于我们来说，既是一次严峻的考验，也是一次成长的契机。在那个特殊的时期，我们团队紧密团结，共同努力，为了一个共同的目标——顺利通过“四星”高中评估而努力拼搏。撰写“四星”高中汇报材料是一项艰巨而复杂的工作，需要全体工作人员的共同努力和智慧。我们坚信，通过精心组织和反复修改，我们一定能够撰写出全面、准确、有特色的材料，为学校赢得“四星”高中的荣誉提供有力支持。同时，这一过程也是对学校工作的一次深度梳理和总结，有助于学校进一步提升管理水平和教育质量。教科室负责材料的撰写和佐证材料的收集，明确目标后，确定撰写人员、分工合作、时间安排等，确保撰写工作有序进行。首先是由宋建州老师对照评估细则起草初稿，然后再由我对照文案收集佐证材料。

“四星”高中申报材料的收集很重要，既要全面反映学校的各个方面，包括教学管理、课程设置、师资力量、学生发展等，这就要求在收集材料时必须做到全面、细致、准确；又要体现学校特色，这就要求收集的材料不仅要展示学校的综合实力，更要突出学校的特色和创新点。因此，在材料撰写之初，需要明确撰写的目标和要求，确保所撰写的材料能够全面、准确地反映学校的实际情况和特色。在收集材料时，要特别关注那些能够体现学校特色的内容，如学校的办学理念、课程设置、教学方法等。收集到大量材料后，要对繁杂的信息进行有效整理，使其条理清晰、逻辑严密，这是一项极具挑战性的工作。需要对材料进行深入分析，去粗取精，精细雕琢，提炼出最能反映学校特色的内容。面临时间紧迫的挑战，我们采取高效的工作方法，应对信息变更的问题，建立灵活的信息更新机制，针对意见分歧，组织讨论会达成共识。“四星”高中评估的检查通常时间紧迫，因此，我们必须在有限的时间内完成材料的收集、整理、审核、修改等工作，这对教科室工作人员的综合素质和工作效率提出了极高的要求。初稿完成后，需要进行反复修改和完善，确保材料逻辑严密、内容准确、表达清晰。同时，还要征求学校领导与同事的意见和建议，对材料做进一步的修改和完善。

三、难忘发现，特色与精彩共现

经过无数次的打磨、调整和完善，我们圆满完成了汇报材料的修改工作。这次修改不仅提升了材料的准确性和生动性，更在深度和广度上赋予了它新的内涵。通过内部团队的严格评估和外部专家的宝贵反馈，我们欣喜地看到，这次修改工作取得了显著成效，为学校的对外展示和宣传注入了新的活力。

在这个过程中，我深刻体会到了《发现好书，三方共读》专著的重要性。每一本值得推荐的书籍，都蕴含着作者的心血和智慧，它们既是我们成长的阶梯，也是知识海洋中的航标。我热衷于探寻这些宝藏，分享它们的独特魅力。在介绍这些书籍时，我注重描述它们的内容、作者背景和出版意义，力求展现每一本书的独特价值，同时，也强调书籍在个人成长和知识积累方面的重要作用。我分享了自己在筛选与评估书籍时所遵循的标准和方法，以引导读者更好地选择适合自己的读物。在这个过程中，我特别提到了校本教材在教育和学习中的独特地位，这些教材凝聚了教育专家的智慧和经验，对于提升我们的专业素养、拓宽我们的视野具有不可替代的作用。《发现好书，三方共读》专著的刊印，旨在鼓励每一位读者都积极参与阅读，发现更多好书的魅力。未来，我将继续为大家推荐更多优秀的校本教材，希望能在知识的海洋中与大家共同成长。

四、难忘评估，严谨与整改共存

回首“四星”高中评估的历程，每一个瞬间都历历在目。从筹备阶段开始，我们便深知这次评估对于学校发展的重要性。因此，我们团队齐心协力，深入研究各项评估指标，制订了周密的实施方案。每个人都以高度的责任感和使命感投入这次评估工作。在评估现场，我们团队展现出了极高的专业素养和团队凝聚力。面对评估专家的提问，我们从容不迫、条理清晰地阐述着学校的工作成果与亮点。每一个细节，我们都力求完美，展现出了我们团队的严谨与细致。

在紧张而有序的评估过程中，我们逐项审查汇报内容，确保数据的准确性和时效性。最终，我们成功获得了“四星”高中的荣誉。这份荣誉，是团队无数次挑灯夜战、反复修改和无数心血的结晶。我们深知，这不仅仅是一份荣誉，更是一份责任与使命。在反思中，我们也发现了学校在科研方面存在的不足，如科研氛围不浓厚、科研投入不足、科研成果不突出等。这些问题不仅严重影响了学校的科研特色发展，也是我们在验收中暴露出的短板。因此，我们提出了加强科研氛围营造、增加科研投入、优化科研团队结构，以及加强科研合作与交流等改进措施。如今，当我再次回首那段“四星”高中评估的历程时，心中充满了感慨与自豪。那段经历不仅让我们团队更加成熟与自信，也让我们更加坚定地走向未来。我相信，在未来的日子里，我们将继续发扬“四星”高中创建精神，不断追求卓越，为实现更高的目标而努力奋斗。

作为一名亲历者，能够参与这次“四星”高中评估过程，我深感荣幸。它让我更加明白，只有团结一心、勇往直前，才能战胜一切困难，取得辉煌的成就。让我们一起为“四星”高中评估历程点赞，为我们的团队骄傲，为美好的明天而努力前行！

为师的姿态

高好好①

德国哲学家雅斯贝尔斯有言：“教育就是一棵树摇动另一棵树，一朵云推动另一朵云，一个灵魂唤醒另一个灵魂。”学生如同树，生长需要一定的时间，为师者应当以仁爱之心浇灌他们，培育他们，等待他们，等待日出日落，等待几场风雨，等待他们长成参天之势。学生也如同云，柔软如斯，故而，每一颗心都值得小心翼翼地对待。我以为，为师者不应高高在上地俯视学生，而应以更亲切的姿态唤醒学生。

何为唤醒？我认为，首先要将学生当作独立的人，独立的人就会有不同的灵魂。作为老师，不能做灵魂的修剪者，让每个学生在固定的轨道中生长，而应该小心地唤醒学生的潜力、美感和德行。

所以，为师不易，从教的每一个姿态都应仔细思索，谨慎为之。

我走上讲台刚满三年，三年间，我与星海高中高三（6）班的同学共同学习。在这短暂的三年中，有几件小事记在我的心里，这几件小事让我思考，让我成长。

---

① 高好好，南京大学硕士，曾获区级基本功比赛一等奖、区级命题大赛特等奖等荣誉。努力以真诚的心育人，志在以启发式的课堂教出活泼泼的学生。

一个转身

7 月，高考录取通知下发的一天，我收到了一条微信信息。一位学生的家长向我报喜，理想的大学、理想的专业，一切都是刚刚好。

但我忘不了，一年多以前，我怒气冲冲的那个“转身”。

那天语文早读，所有同学都沉浸在《过秦论》缜密的说理中，只有她，拿着一本生物书旁若无人地背了起来。“这是语文早读。”我提醒她，希望她在学校规定的时间段做合适的事情。“马上小高考了，我生物模拟不及格，语文高考还早着呢!”她头也没抬，言语间满是不服气。

彼时，我走上工作岗位不足两年，和学生交流的经验不足。我在心里觉得，她的安排不无道理，但又觉得自己为师的“权威”受到了挑战。刚从学生完成身份转变的老师，往往会想方设法地“树立威信”，以此作为管理课堂的根本。所以，我当下严厉地斥责她：“我倒要看看你语文考几分!”我没有再管她，而是转身而去。我以为这个转身已经表明了我的态度，不至于让其他同学也有样学样，“轻视”语文。

此后，我们似乎进入了无声的博弈状态。她常常不交作业，我也从未单独找她聊过，我只是以一种冷处理的方式“变相”提醒她要尊重老师。我感觉我们之间的信任和合作似乎不存在了。

转机出现在几个月后，我再次提醒她上课不要睡觉。这一次，她没有像之前一样置若罔闻，而是配合地抬起了头。

从高二到高三，我感受到了她一点点的变化，如果不能按时完成作业，她会主动找我沟通，说明提交作业的期限；上课会集中精力、勤记笔记；下课时也会与我聊聊天。我很纳闷：这些变化从何而来？在与其父母的沟通中，我了解到，她将上课睡觉被提醒的事情一五一十地告诉了父母。原来对她来说，老师的一举一动是值得回家汇报的事情，她并不是一个不在乎老师评价的学生，这让我不禁哑然。

回想我的“转身”和“冷落”，我那样做，究竟是为了学生、为了管理班级的需要，还是为了我自己？

我们之后的交流都非常愉快，我会适时地提醒她、关注她，也欣喜于她在语文学习上的进步，更可贵的是，我眼中的“刺头”学生变得彬彬有礼，行止愈加成熟。

现在想来，教育是一个非常复杂的动态过程，学生是有情绪、想法多变的人，虽然他们是高中生，但他们并没有我想象中那么成熟，他们也渴望老师的关注。如果为师者将自己的权威看得过重，免不了会带着情绪与学生交流，关注学生的行为会重于关注学生本人。如果那天我没有转身而去，而是与她单独进行沟通，好言相劝，与之达成一个关于此后语文学习的小契约，是不是我们的交流会更加顺畅？好在，我没有做一个一直背对着学生的老师，那怒气冲冲转过去的身很快转了回来，以为师应该有的爱心和耐心面对学生，倾听学生的声音。

“百年树木，十年树人”，所言不虚，树人需要的是耐心。短短三年，学生竟然有这样的变化，正说明他们是不稳定的，是迅速变化的，也是充满可能的。如果老师总是以秧苗视之，则会忘了，他们也终有成为参天大树的一天。

席地而坐

距离高考不到 10 天，晚上 7 点的教室外围了一群学生，他们簇成一团，或坐或蹲，好不热闹。我心下奇怪，凑近一看，正中坐着的是班主任张东风，他正慷慨激昂，讲得投入。我将这一刻拍了下来。如果要取名，这张照片定要取名为“求知”。因为传知，为师者不再高高在上，而是席地而坐，坐而传道；因为求知，学生也不拘虚礼，而是手执书本，将老师团团围住。

此后的几天，我常见席地而坐的老师，也常见大胆提问的学生。

这源于星海的传统，我所在的苏州工业园区星海实验高中有高考前“晚陪伴”的传统，考前一个月，老师在教室外陪伴，学生随时询疑。五六月的夜晚，虽然已有些炎热，但老师们都兢兢业业地守在此处，以陪伴纾解学生心中的焦虑。教室外原本有许多张桌子，可预约排队的学生很多，挤挤挨挨，有些老师没有地方下脚，只能席地而坐，故而才有了先前这一幕。

这让我想起了南唐时候的《孔子讲道图》，周文矩的这幅图，背景是松柏山石，宽衣博带的孔子坐于松下，周围有弟子数人，这些弟子或手持书卷，或窃窃议论，或斜倚于地，皆面色和悦，似在论道；弟子周围又围了一群短褐的山野樵夫，不少人还手持利刃，但也规规矩矩地在听。《孔子讲道图》描绘的是先贤授课的遗风，也是后世师者的楷模。最重要的是，这幅画展现的师与生的姿态，令人动容。

为师者，兴之所至，所到之处，皆可教学。师者乐教，学者向学，便是一幅极其和谐的优美画面，也是教育者心中理想之蓝图。因而，看到6月晚上的这一幕，我心下觉得很温暖。

这让我想到了自己读大学时，我们不仅在教室中学，也在明城墙上学，在博物馆中学，在玄武湖畔学；而老师则在行走中教，在风雨中教，在广阔天地中教——教与学突破了原有的空间，这才是为师者最好的姿态。求知不论地点，求知不论形式，正如杜威所说，“教育不是为生活做准备，教育就是生活本身”。

击掌而鸣

高考前，高三（6）班的学生出发去考场，学生纷纷与我们这些老师击掌，“逢考必过”“考的都会”，在一声声祝福和打气声中，我送去了自己的第一届学生。这一刻，我有些感动，仿佛自己培育的树苗长成了，欣慰之情充溢着我的内心。这让我明白，有的时候，老师是那个与生击掌的人，他们要做的不仅是教学，还有陪伴、欣赏和祝福。

在过去的三年，有许多时候，我是那个与学生“击掌”的人，也有很多时候，我见证了班级其他老师的陪伴时刻。穹窿山上，同学们壮志昂扬，我是那个拍照的人；戏剧节时，同学们全情投入，我是那个陪着排练的人；毕业典礼时，同学们且歌且舞，我是那个在台下默默注视的人；许许多多的晚上，当苦闷的学生落泪时，我是那个开导他们、为他们擦泪的人。当然，最后他们都兴冲冲地与我击掌，走向了人生的下一个阶段。这让我明白，我们不能替代学生成长，但我们可以做那个陪伴者，育人原来是静水流深的事情。

从教学上来说，课堂也是一种唤醒，课堂是学生的课堂，学生灵感的每一次闪现，学生创新思维的每一次展现，都值得一次“击掌”，一次“击掌”就是一次认可。

犹记得那天，我们从一期《高校教授做外卖员》的时评谈到了“怜悯”，有同学问，保持表面的尊重是不是可以？一个人真的能做到发自内心的怜悯吗？这个话题似乎打开了同学们的话匣，彼时，我变成了课堂里的主持人，大家纷纷发言，他们从自己的高中生活谈到了西方哲学。有人针锋相对，有人总结陈词。那一刻，我感受到了“唤醒”的力量。而我，作为一名教师，与他们在精神上击掌而歌。这时的我不是那个教授知识的人，而是欣赏学生的人。

教书的三年，我深切体会到，如果仅仅是上课，不能称之为教育，教育便是以一颗最为赤诚的心和学生交流，以一种陪伴的姿态，做学生成长路上的人。纵然是在路边，纵然这只是学生人生中的一小部分，我们的工作也很值得。

一次转身、一次席地而坐、一次击掌而鸣，这些是我从教生涯中的几个瞬间。它们让我明白，教师就应该真心、乐教和陪伴。在此后的教学中，我也希望继续探索，以合适的姿态走上讲台、面对学生。

教育之路：初上讲台

马素蕊①

高考后，一位学生来问我专业报考的问题：“老师，假如您不当老师的话，您会去干什么？”几个答案绕来绕去都离不开“当老师”。“您为什么对当老师有执念？”

回答她，我只用了三言两语。

家里的教师们

小学教师——太爷爷

最初对教师的印象是红纸一张张，爷爷伏案为村里人写下春联；是9月的报纸一份份，小孩子拿去包新书。更朦胧的印象则是太爷爷拎着公文包从集上回来，我和小姑姑跑过去看包里有没有好吃的。

而我则从小被叫作“校长家的孙女”，被说成“成绩很好”，夸着夸着，这些就成了下不来的高台。仍记得二年级的我写错了一道题，临时代

① 马素蕊，北京师范大学中文硕士，曾在C刊集刊发表论文，长期从事公益支教项目；任高三文理双班教师；曾获区级教师解题能力大赛一等奖，区级新课标、新教材研究竞赛一等奖，并被评为“学校管理标兵”“优秀见习班主任”。

课的六十多岁的老师把我叫到讲台上，当着全班学生的面批评我："你知不知道我是谁？我是你太爷爷的学生，你怎么能做错这道题？"虽然至今我没搞懂这几句话之间的逻辑，但是出生在教育世家，既是莫大的荣誉，也是巨大的压力。高考失利后，我失声痛哭了好几天，直到爷爷千里迢迢坐着大巴来看我。

太爷爷是乡里小学的校长，温文尔雅，身板笔直。他年轻时就开始教书，不会做地里的活；而太奶奶目不识丁，强势泼辣，这个矮小的老妇人包揽了田里、家里的活计。太奶奶去世的时候，太爷爷、爷爷、三爷爷、小叔任教学校的老师和部分学生都来了，花圈绕着墙摆了一圈又一圈，白的、黄的，在苍凉的日光下凄凉又温柔。红色的鞭炮碎屑在蜿蜒的土路上堆叠了一层又一层，是热烈、是荣耀，永远地留在了我的记忆里。而那时我已经是中文师范专业的一名学生。

初中教师——爷爷

奶奶同样也是一个目不识丁的妇人，却非常开明通达，又心思柔软善良。20世纪的农村，不少地方吃饭都是大问题，因此很多学生上着上着就因付不起学费想辍学，虽然教师工资微薄，但是爷爷仍尽己所能地给学生免学费或者自己给学生垫学费，至今村里有个人仍时不时喊爷爷奶奶"爹""娘"，就是因为那时候爷爷给他出了学费。爷爷还经常带很多经济困难的学生回家，管吃、给补课，爷爷甚至要收养一个家庭非常困难的学生。"你爷爷就是自己饿着，也不会让他的学生饿着。"奶奶如此说。我问起过爷爷的教育方法，他只总结了四个字——"爱生如子"。大年初二是女儿回娘家的日子，自我记事起，我家每年都有一对特殊的姑姑、姑父来，起初我们以为是家里的远房亲戚，后面才知道是爷爷以前的学生。一年一年，从未中断，爷爷的亲儿子、亲女儿都自愧不如。我们曾问爷爷奶奶："为啥这个姑姑和我们这么亲？"爷爷笑笑说："她喜欢吃你奶奶叠的馍。"一年一天，风尘仆仆、大包小包地过来，只为跟老两口吃吃饭、聊聊天。这个姑姑年轻时外出打工，现在在老家做农活，教育并没有太多地改变她的命运，20世纪七八十年代，我们那种穷乡僻壤也鲜有读上大学的人，但我在姑姑这个最普通的人身上看到了最纯粹的情感。

我出生于20世纪90年代，那时城市、农村变革巨大，很多外出打工的人挣得盆满钵满，而我家连一把雨伞都买不起。村里很多人对教师充满敬意，但也有部分心思不正者表面上“老师”“老师”地叫着，背地里却“穷教书的”讽刺着。但我从未听到爷爷对他这份工作有过一丝抱怨，哪怕是叛逆期的男学生对他扬起砖头砸过来。从来都是奶奶担心地说着，爷爷在旁边打断着。家里的条案上长期放着毛主席的雕像，前几年突然多了个红本本，是教育部颁发的“乡村教育工作满三十年”的荣誉证书，爷爷不言不语，从未提及，但又骄傲地将它摆在最重要的地方。我就读的小学离爷爷任教的初中不远，爷爷常骑车载着我去。记得有天下雨，我在日记本上记下了土路的泥泞和爷爷刚长出的白发，如今一晃二十年过去了，爷爷早已满头白发。村里人对爷爷的称呼已变成了“老校长”，七十多岁的爷爷却仍不顾疲倦地为村里调解家长里短，操持白事红事。在县城里教书的小叔担心爷爷的身体，也常在寒暑假回来帮他做“大总”①。我问过奶奶，做这些是不是有钱拿，奶奶说：“没有，人家给点礼品，你爷爷都不收。他做校长也是，从来不拿公家一分一毫。”奶奶表面上是吐槽的语气，脸上却满是自豪。

我的高中教师三年

小时候，我玩“过家家”游戏就常扮演教师，用小黑板、小板凳摆成教室的布局，招来弟弟妹妹和邻居家的小孩做学生，还装模作样地拿红笔给他们批改作业。后来读中文师范，走上讲台，小时候反复预演的变成了现实，做老师对我而言仿佛是一条命定之路。从业三年，我对这份职业充满了热爱与敬意。

那些温馨与感动

记得高考送考那天上午，我坐在窗边看学生复习，陆嘉琳在我旁边背书，听到一段段课文从她口中发出，我就莫名想哭。开考前，我先去四楼看六班的学生，又匆忙上五楼看二班的学生。他们大多奔赴考场，看到我回来，陆嘉琳远远地跑回来，紧紧地抱住了我。学生都进考场后，我和班主任进教室检查他们有没有带准考证，走进空荡荡教室的那一刻，《真心

① 在一些农村社区，“大总”是指那些专门负责红白喜事等重要活动的人，他们掌控整个活动的流程和安排，确保一切顺利进行。担当这类角色的人需要具备过硬的心理素质、良好的口才、一定的威望，以及对当地传统文化的了解。

英雄》响了起来，那一刻我一下泪流满面。

同样难忘的拥抱是三年前刚带高一时，晚自习课间，屠语涵过来："老师，我想抱抱您，这次我作文终于写完了！"她之前做题节奏不对，导致文笔可以的她作文常不能完篇，后来我给她讲了如何把控做题节奏，那次她分数提高了很多，高三时她甚至能写出50多分的高分作文。跟她拥抱后，她还是很开心地站在原地，胳膊呈海豹状，然后我们又拥抱了两次。再往前追忆，如此可爱的场景发生于我大二在小学支教时，一个二年级的小女孩拉着我衣角："老师老师，您蹲低一点。"我刚俯身，她的小嘴就凑上来亲了我一下，然后跑开了。提笔至此，我又去看了下九年前我带的支教社团的最新动态，现在这个社团已成为学校十佳社团，当时我创建的微信公众号仍在使用，而且仍用着我找了很久的头像，我一下子就感知到原来如此渺小的我也可以是蝴蝶的翅膀，如今更是。

在学校，有阳光的白天，走廊里老师与学生的影子被拉得长长的，日子安安静静，感觉重复几十年仍旧会感到美好。坐在窗前看教室里，汗湿的刘海、撸起的袖子，一个个稚嫩的脸庞低头，一双双稚嫩的小手挥笔，仿佛一直是如此，定格了每一代人的青春时期。而我虽然只是他们青春时期的一个过客，但晚自习时，我坐在前面学习，看着他们埋头做作业，也会体会到踏踏实实一起奋斗的感觉。前几天录取结果刚出来，有些孩子第一时间就来找我分享喜悦，那一瞬间作为老师的幸福感爆棚。而这种幸福感，是为孩子的开心而开心，也是为他们对我的信任而满足。

我该如何言说尽这三年中的点滴幸福？当孩子们晚自习来跟我倾诉青春期的秘密、烦恼；当她在我不开心时递来几颗开心果，他每次小心翼翼地端来班里最大块的蛋糕；当同样是调停者人格的她送我一片珍藏的秋天的银杏叶；当他在我背后高高地举着花，跟我到办公室；当他们在舞台上发光，而我记录着他们幕后的辛苦……

那些"相爱相杀"

我高中语文老师的自我介绍是"我一半是天使，一半是魔鬼"，而学生对我的评价是"有时候像春天，有时候像冬天"。

与高中生相处少不了"兵刃相接"，我曾在课上批评某个学生不记笔记，像个看客，第二天我就在他作业本上看到了"不做看客"四个大字；我曾"骂"过一个未记好笔记、课上闹脾气的学生，第二天在走廊里遇见他，他一边挠头，一边羞涩又骄傲地跟我打招呼。还有个学生上课经常讲话但又很爱面子，有一次我让讲话的他站起来听课，几分钟后就让他坐下了。没过几天，他还是不认真听讲，我让他站起来几分钟然后又让他坐下去，他说："老师我犯困，我还是站着听吧！"我大为感动，在全班面前表扬他。课后，他的同桌问我："马老师，您没看出来他在跟您怄气吗？他跟我说'马老师不是喜欢让我站起来吗？那她让我坐下，我就要一直站着！'"真是让人哭笑不得！

教师的工作中不乏温馨感动的时刻，我经常感叹高中生竟也如此纯真可爱，但我也有许多烦恼，更有无力、无奈之时。有一个我从高一就开始带的学生，他很喜欢并且擅长理科，但学习不够踏实，对语文、英语更是"嗤之以鼻"。高一时，我课上、课下多次和他斗智斗勇，但他仍不好好学习，认为自己的语文成绩无论如何都不会太差，学习语文就是浪费时间。我也曾多次与他的家长沟通，与家长协力开导他，但均无果。到了高二学期末，他的文理科成绩都一落千丈。有一次，他语文只考了 70 多分，他破天荒地主动找我分析试卷，这时的他还是想当然地认为语文用一些套路就可以速成。我反复与他沟通、分析后，他每天答疑课都主动来找我，不到一个月语文成绩就有了些起色，最后高考语文考了 114 分。

有个学生读了很多书，但无法有效运用到作文中，写作也经常偏题。他始终觉得原因在于考场作文的命题有问题，认为考场作文无法写深刻，还吐槽范文是"粪作"。这个学生的自尊心很强，我生怕打击他读书的积极性，因此刚开始采取的是"怀柔"政策，眼见这一招作用不大，我便委婉地跟他讲了写不深刻的原因是功力还不够，并且鼓励他再多发力，思考如何将所读进行转化，终于他的作文也成功入选年级范文。被选上范文后，他又多次找我交流，吐槽自己的这篇范文有多不好，并反复修改。几天后，他的家长发来消息，说孩子很开心地跟他们分享了自己的范文，学习语文的兴趣更浓了！

可怜天下父母心

我虽不是班主任，但也与部分家长有过深度沟通和交流，高二文理分科后，一名女生曾几次考试排名很靠前，自我要求很高的她生怕成绩下滑，因此经常焦虑、失眠。她妈妈知道这个孩子很喜欢也很信任我，便通过企业微信联系我，让我平时开导一下她。

现将这位妈妈的部分文字引述如下："但是我想让您告诉她，成绩不是最重要的，关键是要吸取这个过程中的文化知识、韧劲。""我跟她私下聊天，曾很多次跟她说，女孩子像马老师一样精神世界丰富、无惧未来就非常好，她也很多次表达过对您的钦佩，所以我觉得您的话或许效果更好……我希望她知道人生长着呢，但是她没到我这个年龄，是没法理解这个道理的。她肯定满脑子都是成绩排名，只是需要她自己把这个压力抗过去。""另外恳请一下您，我求助于您的事儿麻烦保密，您找她聊天沟通时不要把我找您的事儿透露出去。"

后来，我找这名女生聊过几次，分享了自己求学经历中与她相似的焦虑、迷惘，她情况有所好转。高三分班她不在我班上，我无意间看到她在QQ空间里写非常舍不得我。高考毕业典礼后，她又跑到我办公室，和我合影留念。

在这位妈妈身上，我看到了很多家长的影子，其实大部分家长并不是唯分数论，他们所希望的只是自己的孩子能健康快乐地成长。一如星海所提倡的"人人成功、人人成星"，成功的评价角度是多元的，人人都是耀眼的星辰。

那些思想的碰撞

我在备课时常有幸福感，工作接触的东西是自己喜欢的语言、文字、文学、哲学，我常常觉得自己不像在工作。课堂上讲得好了，看到那么多目光注视着我，听着我说的话，也是一种幸福。读书报告时，学生辩论、演讲、朗诵、表演时，我看到他们的自信博学、热烈勇敢，又是一种幸福。而课堂上师生之间、生生之间思维不断碰撞，对文章的理解也在互相启发后不断走向更深处，那是无法言说的美妙。

高考前，我深知不少学生压力会很大，因此最后一课给他们写了这样一段话："奋斗、拼搏、热烈、勇敢、浪漫、成功、激情……这是青春的样子。颓丧、迷惘、胆怯、焦虑……这些也是青春的姿态。接受一切如其所是，接受你自己的一切；每一步都是你走向自我的过程。我想祝你成功、祝你金榜题名、祝你落笔生花、圆梦今夏！但我更想你将它看作一个重要而又普通的日子，它之所以重要是因为它会带给我们独特的人生体验，而不是必须带来多大的成功。所以，你只管生长，生长在此刻；之后，生命自然会有回答。"

在文科班慢慢展示、说出这些话，不少孩子都红了眼圈，有的孩子拿出相机拍了下来。到了理科班，我同样展示、说出这些话，他们表面仍嘻嘻哈哈，我便调侃：“上午我在六班，他们都哭了，你们咋不哭？”全班瞬间集体呜呜呜假哭，有的孩子还握着拳头去抹眼泪！虽然我也还是青年，但与这群孩子在一起，看到他们是那么生动、活泼的一群，我也更加青春、快乐了！

这天的晚自习，一名女生来问作文，我讲完后她非常认真地看着我：“老师，您今天上课讲的那些话，包括以前课上讲的话，我都非常有共鸣，我觉得我们的灵魂非常契合！”那次我非常具象地感受到了什么是一棵树摇动一棵树，一个灵魂触动另一个灵魂。

“老师，您为什么对当老师有执念？”

“因为能和你们在一起。”

“老师，您好爱我们！”

梦想照进星河，赴一程“四星”之约

谢　佳

徜徉于书架间，淡淡书香满盈，而我的思绪总飘向那如火如荼的9月。2023的9月，酷夏的威力尚存，创建“四星”高中的战鼓已然擂响，百日汗水挥洒，只为让星海的天空再现一颗闪耀的星辰。

一弦初心

在创建“四星”高中过程中，图书馆工作相对于学校的重点工作而言，可谓细枝末节，但是我们愿以初心做那弓上弦，为“四星”高中的目标而拉满弦。因为我一直记得，新校建立伊始，站在空空如也的图书馆里，周晓阳书记曾说：“让我们一起努力，通过我们的双手把它变成知识的殿堂、文化的摇篮，让它能配得上我们星海的规格。”这句话给了我们莫大的动力。此次面对“四星”高中评估的细则，库室设置、功能区域划分、硬件设施采购、图书采选、文化氛围打造、汇报材料的整理与汇总、汇报的呈现方式与细节……所有这一切都需要全盘布局，先行谋划，不断调整，于是每一个环节、每一道步骤都不断地出现每天的记事本上，又在记事本上被用红线画出。100多个日子，弦声烈烈，在各级领导的指导与引领下，一个个困难被攻克，一项项任务被完成，星海图书馆终于以努力后的最佳姿态迎检！

一线传承

“四星”高中评估的战鼓敲响时，图书馆也迎来了冯老师这位新星海人。她一入星海，就面临一场前所未有的大战，我真的担心瘦弱的她会打退堂鼓。可是在9月的酷热里，虚心的她，细心地求教着图书馆专业知识和业务技能，慢慢知道了中国图书分类法、著者号、种次号、编目、图书物理加工、码洋、实洋等专业名词，掌握了图书采编、流通、报刊管理、电子资源使用等业务技能。而在最痛苦的近7万册图书的下架排序与上架，近8000册图书的选择、编目、贴标与上架工作中，那一摞一摞的图书沉重无比，真是让人累得腰酸手软。宁静而坚定的她，简单包扎了被图书锋利的纸张划出的伤口又搬着图书上架去了。汗水湿透衣衫，头昏脑涨，那种滋味真是难以形容啊！可望着整齐的书架、摆放有序的图书，她却笑着对我说：“这个速成班上得最有性价比！”

一绳聚力

在“四星”高中的评估中，图书馆赢得了专家的一致好评，但是我知道这背后是无数星海人用情怀拧成了一股绳。回首往事，我们记得：学校一发出捐赠图书的倡议，新华书店、香港中文大学（深圳校区）、山东大学苏州研究院，他们精心挑选的新书带着诚意、带着期许奔赴而来，为校企合作、高校与我校的联合揭开了新的篇章。还有那位最让我们感动的胡伟立老人，他是星海高一新生曾天钧的外公，酷热中他乘公交车来学校捐出了自己的著作和精心挑选的书籍，他的情怀感召着我们迎难而上。在“四星”高中的评估中，教导处王文杰主任，总务处苏建东主任、冯久龙主任一次次在现场奔走指导，让我们再次体会了什么叫“星海无小事”“星海事大家事”。还有总务夏师傅和老何师傅，他们用肩膀扛起了沉重的书架，在相和的号子声中完成了图书馆的硬件布局；保洁师傅和保安师傅们一次次汗流浃背，楼上楼下，完成了图书的再整理和排放；星海的学生志愿者则亲手敲下了图章、贴好了标签。每次细数这些点滴，都会让我们重温那时的情愫。当我们向专家展示星海图书馆的时候，我们知道，我们呈现的不仅是所有星海人的精气神，也是所有星海人写入心中的“星海精神”。

择一隅，闻书香，细微处，做教育。参与“四星”高中的评估于我们来说是人生之幸事。拼搏“四星”高中的辛苦虽然沧桑了我们的容颜，却也润泽了我们的心灵，丰厚了我们的梦想。真幸运，曾经让梦想如此照进星河，赴了这一场“四星”高中评估之约，让我们得以在星海的发展中写下淡淡的一笔，为赢得那点耀眼星辉尽一份力。

躬亲共守

——星海人教育印记之我见

金爱春

教育事业的灵魂是教育家精神，苏州工业园区教育的蓬勃发展离不开与时俱进的教学智慧与以身作则的道德示范，苏州工业园区星海实验高级中学基层教师以平凡的行动诠释着这一精神内核。星海人用爱与责任浇灌未来的花朵，以智慧和坚守点亮无数小星小海生命的希望。以下是发生在我和我身边几位教师身上的几个故事。

一、细心呵护，探索个体成长

不忘初心，方得始终。个体既是预成的，也是生成的。教师的使命是在教育教学中与学生共鸣真知灼见，与学生成为学习的共同体、命运的共同体。

2019 年，因陈小军老师援疆，我中途接替了他的高一（10）班主任工作，班级里面学习生活迷茫的同学较多，张瑜同学就是其中之一。她在课堂上经常打盹，课余时间都是独来独往，甚至每次吃饭都是一个人，即使老师关心她，找她谈心，她也只是用“嗯啊”搪塞，更不要谈学科诊断带来的影响。后来经过多次和家长沟通，我才得知孩子是因看手机而晚睡，而且从初中以来一直如此，甚至求助医院都无济于事。找到症结后，经过长时间多方疏导和沟通，终于有所起色，逐渐地，她的课堂打盹有所减少，学科诊断效果提升后她似乎找到了自信，尤其是课堂上终于能看到她抬起头认真听课了。转眼高二分班后，徐飞云老师接手张瑜，对她呵护备至，一幅美丽的场景时刻萦绕在我脑海里——某个早晨 7:00 前或者晚上 8:00 后，徐飞云老师教导张瑜时，他女儿（一年级）陪着坐在班级后面的座位上看书。呵护最终赢得了令人满意的回报，张瑜同学顺利考上了心仪的大学。

二、耐心陪伴，守望“星海”发现

教育不是疾风骤雨的改造，而是春风化雨的浸润；不是立竿见影的灌输，而是细水长流的滋养。在快节奏的现代社会，“耐心陪伴”愈发成为教育者最珍贵的品质之一。星海人以十四年如一日的坚守，始终以学生为中心，构建尊重差异、激发潜能的育人生态，从“发现教育”到“适合教育”，最终实现“人人成功，人人成星”。我们深知，每个孩子都是一颗独特的星辰，有的璀璨耀眼，有的暂时蒙尘，唯有以耐心为舟、以陪伴为桨，方能见证星辰大海的壮美。

2011 年，小沈同学沉迷电子产品，不仅导致学习难以继续，甚至都不愿意来学校，在校领导和班主任的耐心陪伴下，在家校的多次共同努力作用下，孩子后来租住在师惠坊，班主任大清早去叫他起床，鼓励他学习，最终他完成了学业，不仅进入了理想高校，而且还创作了低碳歌《聆听自然的声音》，这首歌在联合国可持续发展大会开幕式上亮相，向全世界倡导从身边小事做起，践行“低碳、绿色、责任、行动”的环保理念。正是无数星海老师的默默陪伴，守望着众多小星小海，才成就了苏州工业园区的星海，在平凡中书写了不凡。

快节奏高焦虑的时代，更需要“慢下来”的勇气。培养耐心是家庭与我们学校共同的修行，唯有学会陪伴，共同守望，共同学习、共同生活、共同成长，才能实现星海教育的真正“发现”。

三、热心呼唤，促成共同感恩

教师肩负着培育新一代、传承文明、引导未来的重要使命。教育不仅是传授知识的过程，更是塑造人格、启迪智慧、培养能力的过程，注重学生的全面发展。学生不仅要学会应对考试，更要培养综合素质和人文精神，培养社会责任感和环保意识，力求成为未来的领军人才。在新的时代背景下，星海人牢记教育的使命，不忘初心、砥砺前行，努力做成就未来的引航人、奠基者。

“中国芯片之母”——桂林籍女科学家黄令仪的故事，一直是我教育学生的素材，尤其是她曾经说过的话——“我最大的心愿是匍匐在地，擦干祖国身上的耻辱”。黄令仪教授的一生，践行了她对祖国深沉的爱，对科学不懈的追求，对教育无私的奉献。她的精神将永远激励着我们每一个中国人，尤其是今天的小星小海，将成就明天的星辰大海。这才是星海学子的追求目标，对国家的忠诚，就是最大的感恩。

“教育是一场幸福的遇见，亦是一场爱与被爱的修行。”苏州工业园区星海实验高级中学教师的故事，无一不印证着教育家精神的平凡与伟大。我们或许没有惊天动地的壮举，但我们在日复一日的坚守中，用爱点亮心灯，用责任铺就前路，用智慧点燃希望，为苏州工业园区的教育和发展添砖加瓦，为国家快速发展输送更多有用之才。

润喉糖里的教育密码

马玉兰

9月的阳光斜照在教室的玻璃窗上，我握着花名册站在高一（5）班门口，耳畔是此起彼伏的桌椅碰撞声。这是我从教第十二年接手的第十个班级，但前所未有的挑战正悄然降临——在新冠疫情防控时期，这个由38名乡镇学生组成的集体，竟找不出一位主动报名的班干部。

“老师，让小林试试吧?”后排男生突然的提议让所有人的目光聚焦在了第三排。穿浅蓝校服的女孩慌忙摆手，马尾辫随着摇头的动作左右摆动。我捕捉到她眼中转瞬即逝的亮光，那是在其他学生麻木的表情中显得格外醒目的星火。在3天后的班委选举会上，这个各科教师口中“性格内向但责任心强”的姑娘，在全班稀稀拉拉的掌声中接过了班长“徽章”。

10 月末的深夜，手机屏幕在黑暗中突然亮起。小林的微信消息像失控的雨点一般砸来："每天要收 40 份体温表，总有五六个同学硬要拖到午休才交，今天自习课纪律扣分，纪律委员说这事该班长负责，数学周测我只考了 78 分……"最后一条语音带着浓重的鼻音："老师，我真的撑不住了！"

我盯着桌上批改到一半的作业本，红笔在纸面洇出暗红的斑点。教师休息室的挂钟指向深夜 1 点，窗外的梧桐树在秋风中沙沙作响。这个曾让我引以为傲的"慧眼识人"，此刻却像一面讽刺的镜子映出我的盲目——原来在过去 20 天里，晨检数据汇总、线上会议记录、心理疏导日志这些本应团队协作的工作，全都压在了这个 15 岁少女的肩头。

某天清晨，我的办公桌上静静地躺着一个浅紫色的信封。小林的字迹工整得令人心疼："您说看重我的能力，可这份看重像不断注水的气球。上周三我躲在洗手间哭，因为收作业时听到有人说'班长就会打小报告'；昨天妈妈打电话问为什么月考退步了 20 名，我对着月亮看到凌晨 3 点……"

信纸末尾的泪痕让我想起教育心理学课堂上的警告：当教师将学生工具化时，教育便异化为精致的暴力。那个瞬间，维果茨基的发展区理论突然在我的脑海中具象化——我误将小林踮脚能够到的高度当作她的舒适区，却忘记当时的班级管理早已变成需要团队协作的攀登任务。

我把辞职信折好放进抽屉最深处，在操场梧桐树下找到正在背单词的小林。梧桐树飘落的黄叶铺成金色地毯，她攥着英语书的手指关节发白。"还记得开学时你说想考外国语大学吗？"我指着远处正在训练的校辩论队说道："真正的领导者不是独行者，而是能让每个人发光的人。"

那天我们达成了一个秘密约定：小林保留班长头衔但组建一个六人管理小组。宣传委员负责防疫日报，学习委员接管作业督导，甚至那位总迟到的体育委员也领到了课间操巡查的任务。当小林把重新设计的职责表贴在公告栏时，我看见她第一次在教室里露出了酒窝。

11 月的寒风中，鲜红的班旗在田径场上猎猎作响。当女子 4×100 米接力赛进行到最后一棒时，原本沉寂的看台区突然爆发出整齐的呐喊："五班腾飞，永不言败！"小林举着班牌的手在颤抖，泪水在她的眼眶里打转——这是班级第一次在没有教师指挥的情况下自发组织的助威。

在颁奖仪式上，当广播宣布高一（5）班获得精神文明奖时，38 个少年突然转身面向我，用运动会口号改编的欢呼响彻云霄：“小兰姐姐，我们爱你！”小林站在人群中央，把原本准备遮阳的班旗披在我的肩上，旗面残留的阳光温度烫热了我的眼眶。

次年教师节的早晨，那个曾装满辞职信的信封以新的形态回到我的手中。淡蓝色的贺卡上画着戴眼镜的卡通班主任形象，旁边工整地写着：“谢谢您教会我，真正的强大不是独自承担，而是相信同伴。”盒子里薄荷味的润喉糖底下，压着小林的高二成绩单：年级排名从第 198 位攀升至第 45 位。

在班主任工作手册的最后一页，我补上了迟到的理论笔记：① 分布式领导——将班级管理视为动态网络，在每个“节点”都能成为临时领导者。② 安全基地——教师应成为学生探索时的避风港而非驱策者。③ 具身认知——运动会的欢呼、润喉糖礼物等身体经验比说教更具教育力。当教育者的良好初衷遭遇代际认知差异时，可能演变为发展性危机，其解决之道在于：一是建立动态评估机制，实时监控学生心理负荷；二是践行分布式领导，构建弹性管理体系；三是发展情感智慧，创新代际沟通方式；四是坚守教育伦理，平衡集体与个体需求。

班主任最终实现的不是简单的冲突平息，而是教育范式的转型升级。这个充满张力的成长故事证明，教育场域中的危机往往蕴藏着专业突破的珍贵契机。唯有保持理论自觉与实践智慧的双重敏感，方能在变动不居的教育情境中培育出真正可持续发展的师生关系。

3 年后的毕业典礼上，已担任学生会主席的小林作为学生代表发言。当她说到“感谢那个允许我们脆弱着成长的夜晚”时，台下不少教师转头看向我。散场时，新入职的实习班主任小张追到走廊问我：“师傅，怎么培养出这么优秀的班干部？”

我把珍藏的润喉糖盒子放到她手里，玻璃糖纸在阳光下折射出彩虹：“先记住，每个学生都是会呼吸的理论书——当你读懂了他们的眼泪，自然就掌握了教育的密码。”远处传来毕业生们的欢笑，小林正带着学弟学妹们布置校友墙，她分发任务时的模样，恍若当年那个在梧桐树下背单词的姑娘。

这个故事没有传统意义上的完美结局。去年冬天小林回校探望时说，她在大学竞选班长再度失败，但她成功组建了一支校园防疫志愿队。看着她手机里团队成员的笑脸，我突然理解了教育的真谛：我们播下的从来不是某个具体职位的能力，而是面对压力时的韧性、遭遇困境时的智慧，以及相信他人时的勇气。

教育的力量，在于能够照亮每个学生内心的角落，帮助他们找到前行的方向。正如布鲁纳所说，“教育的最终目的是培养能够独立思考、自主学习的个体”。而作为教师，我们的使命就是在这个过程中成为学生的引路人和支持者。那盒未吃完的润喉糖至今仍摆在我的办公桌上，每当新教师询问班级管理秘诀时，薄荷的清凉总在提醒：所有的教育理论都需要经过眼泪的浸泡，才能在现实的土壤里开出花来。而班主任最重要的专业能力，或许就是读懂那些未说出口的求助，在崩断的琴弦落地前，为年轻的心灵谱写出新的和弦。

那间教室

毛玉琳

阳光透过斑驳的玻璃窗洒进来，在满是灰尘的讲台上投下细碎的光斑。我站在教室门口，望着眼前这个嘈杂的、混乱的的教室，喉咙发紧……

教室里弥漫着汗臭味，地板上散落着大大小小的纸团，黑板上还留着上节课的字迹。最让我心惊的是那张讲台被堆放得乱七八糟，桌面上是大片的粉笔灰、无人认领的各科作业、脏兮兮的抹布和黑板擦。我攥紧了手中的课本，掌心沁出细密的汗。

可是，最让我无力的不是脏乱的教室，而是死气沉沉的课堂。曾记得，班级里有一位上课睡觉的同学说：“下一节课是物理课，因此要在语文课上养精蓄锐。”这位同学的话仿佛是一根刺，深深刺痛着我的内心。我要怎么办？那一段时间，我十分焦虑，找不到教育的契机，逐渐迷茫，不知道自己为何踏入教师行业，不知道下一步的方向，更不能理解“高大上”的教育家精神，曾经对教育的热情也逐渐消亡。

无数次，真的有无数次我想逃离那间教室，逃离那间开启我教育生涯的教室。

接下来的很长一段时间，内心的恐惧裹挟着我，我轻易不敢踏入那间教室，只有在课前深呼吸时才能走进那间教室。上课时，我也会频繁地去看讲台上的那个时钟，40 分钟的课堂让我无比煎熬，我只想快速结束每一节语文课。踏出教室的那一刻，我会感觉如释重负。

我不会选择在这个班上公开课，不会在班级里停留太久，不会主动找这个班的同学谈话。那一段时间，我认为自己只要完成教学任务，就对得起自己的教师身份。我忽视了那间教室中的学生，看不见繁芜丛杂下掩埋的学生心灵。

“有谁想在下周一升旗仪式上做国旗下的讲话？”我问道。

“居然会问我们！”台下的同学小声地交流着。

“有谁想在下周一升旗仪式上做国旗下的讲话？”我再次问道。

台下是同学们久久的沉默。

“老师，我想试试！”我清楚地听到了来自后排的声音，这个声音瞬间引起了全班同学的大笑。他也不好意思地站了起来，目光坚定，手指紧紧攥着衣角，十分郑重地告诉我：“老师，我真的想试试！”

我的心里一怔：没有想到这个班里真的有人想在国旗下讲话。起初，我仅仅是象征性地在班级里问问，没有想得到答案，我更没有想到会是他报名。

“那就勇敢地试试，我给你把名字报上去，下午就会有结果了。”我说。

课间，我听见了后排传来的哄笑声，我看见很多同学围在他的书桌旁。

“你要做国旗下的讲话？别逗了！”

“他说话都不顺溜，还想演讲？”

“就你还去演讲？”

…………

他双耳通红地坐在那里，没有回答同学们的问题。

回到办公室，我忐忑不安，也许是因为课上的那随口一问和没有预料到的结果。我想可能有其他班的孩子报名参加国旗下的讲话，他可能选不上，因此对这件事也就没有太过放在心上，就去上下一个班的课了。

“你们班有没有学生报名下周一国旗下的讲话？”孔老师在办公室里问道。

“我们班没有。”

“我们班也没有。”

“我们班有一个，不过他平时表现一般，我也没有想到他会报名，这一次能不能给他一个机会？”我回答道。

“好，看最后的报名情况。还是需要他朗诵一下，看看他的情况。”孔老师说。

“我记得你班里那个谁特别擅长朗诵，他报名了吗？”孔老师再次问道。

“我专门问了他，他不愿意。”郭老师回答道。

基于对那间教室的固有认识，我们不看好他，而是希望有其他班的同学站出来完成这项任务，这样对他也有一个交代。我忽视了他那一刻到底是要鼓起多大的勇气说出“我想试试”，也忽视了他对我的那份信任。

改完几份作业，我抬起头看了看外面，突然瞟到他站在楼梯口不安地往这边看着。我迅速收回目光，不知道该如何回答他。

“其他班没有同学报名，就让你们班的同学试试吧！”孔老师说道。

“好，就让他试试，毕竟他有那份勇气。”我回答道。

转眼间来到了周一，语文课前，我看着他满眼兴奋地望着我，嘴角止不住地上扬。这一刻，我意识到了也许推举他参加一次国旗下的讲话微不足道，但是对于他来说则是一个十分难得的机会。

当他走向主席台时，我看见他的手在发抖，但他深吸一口气，开始了演讲：“尊敬的老师、亲爱的同学们……”

他的声音通过话筒传遍整个操场，清晰而有力。我看见同学们露出了赞许的目光。演讲结束时，台下掌声雷动。他朝台下鞠躬，我看见他的眼角有泪光闪动。

回到办公室，孔老师第一个开口：“没想到他讲得还不错。”

“是啊！”我感慨道，“看来我以前对他了解得太少了。”

我站在教室外面，看着教室里止不住笑意的他和同学们。阳光洒在他们身上，每个人的脸上都洋溢着笑容。这一次，我积极地踏入了那间教室，我看到的不再是脏乱的讲台，不再是课上打瞌睡的学生，而是那些认真听讲的学生，是坐在最后一排也积极参与课堂学习的他。

从那以后，我很喜欢去那间教室上课。在那间教室，我总是忍不住地欢喜。真的，当我和那间教室的同学们共同发现课本里可以探索的未知领域时，我们总是无比欢喜。

这次演讲，不仅改变了他，也改变了我对他们的认识。它让我明白，教育不是简单地给学生贴标签，可能不理想的课堂里也藏着许许多多渴望被看见的他们。正如帕尔默教授所说，“不要害怕”，可以有恐惧，但“不必置身心于恐惧之中，可以在好奇、希望、同感或诚实这些与我心的恐惧一样真实的感受中教学”。我们与学生是“共舞舞伴”，我们应该“亲切地款待”学生，让学生想发出他们自己的声音，想让他人听见自己的声音，真实而又自信地说话。

我想这可能就是我对教育家精神的初步理解：保持教育勇气，不被教育恐惧裹挟，发现那些看似恐惧事物背后的教育可能性，发现学生行为背后的教育渴望，努力成为一名更好的老师！

心怀感恩，温暖前行

徐申叶

来到星海，顺利送走了五届高三毕业生。还记得自己刚调到苏州工业园区星海实验高级中学的时候，感觉压力很大：学生非常优秀，家长及社会期望很高，和自己以往的教育理念、教学风格似乎有点偏差，曾经一度对自己产生了困惑与怀疑。幸好，在领导的关心和身边优秀同事的支持与激励之下，我逐渐适应并很好地融入了星海大家庭。回望来时的路，我发现要在新的教学环境中站稳、站好讲台，以下几点很重要。

首先，教师自己要对教育事业有矢志不渝的热爱。“教师”这一概念不只是一个简单的职业范畴，更应该是我们追求和为之奉献的事业。在近30年的工作中，我几乎从未因私事请过假，即便是身体有小恙，也总是选择默默承受，以确保学生的学业不受丝毫影响。特别是在2023年春，高三复习备考的关键时期，面对突如其来的眼底疾病，我和医生协商，将每月一次、要连续做三次的眼底手术全部安排在周末进行，确保我周一能准时出现在讲台，没有让课程因我而暂停，用实际行动诠释了责任与奉献的内涵。

其次，教师要从内心深处真正做到关爱每一个学生。教师不仅是知识的传递者，还是学生心灵的引路人。在2022年高考前两个月的高三封闭教学期间，我与高三（2）班的学生在校园里同吃同住，无论是课堂上的答疑解惑，还是闲暇时的促膝长谈，都让学生感受到了亦师亦友的温暖。我用实际行动证明了，教育不仅仅是传授知识，更是情感的交流与心灵的触碰。年复一年，小方桌旁耐心倾听学生的困惑，用智慧与爱心为他们点亮前行的道路，激发了学生内在的潜能与动力。这种润物细无声的教育方式，让教学的力量得以最大化发挥，也让学生在成长的道路上更加坚定与自信。

最后，教师要坚持不懈地提升专业素养和教学品质。教育是一场永无止境的探索与提升之旅。教师要给予学生丰富的知识，自身就必须拥有更为深广的学识与源源不断的活力。因此，在繁忙的教学之余，我坚持订阅专业期刊，紧跟时代步伐，不断提升自己的专业素养；同时，虚心向身边优秀的同事学习，弥补教学上的不足，力求在每一次授课中都能给学生以新的启发与收获。正是凭借对教育的这份执着与热爱，我所带班级的英语成绩均能名列前茅，尤其是在2022年与2023年的高考中，我所带班级的高分段学生人数与平均分均实现了显著突破，为学生的梦想插上了坚实的翅膀。

星海的教学理念是“人人成功、人人成星”。说实话，一开始我对此表示怀疑，怎么可能人人都能成功呢？后来我才明白是自己对“成功”的概念理解错了，对学生来说，成功并不是以一个统一的分数标准来衡量的，所谓成功，就是在原有的基础上有所提高。孩子的成功是多方面的，每个人成功的时间先后也会不同，但是他们所取得的任何进步都是值得表扬的。有一句话在我心中印象深刻，每次读起来我都很感动：每个孩子都是一颗花的种子，只不过花期各不相同，我们要耐心等待。丽塔·皮尔斯，一位有着40年教龄的优秀教师，做了一个精彩的TED演讲视频。她在视频中表示，在她眼中，每个学生都有闪光的一面，相信每个学生都会成为冠军。她的观点同样令人动容！

在未来的日子里，我将继续怀着对星海教育事业的热爱与敬畏之心，培养好爱党爱国、阳光自信、身心健康、学业精进、智慧优雅的星海学子。

以生命唤醒生命

张东风

一、引言

陶行知先生曾说过："生活即教育。"生活中有很多富有教育意义的事件，我们应该注意发现和把握教育契机。所谓教育契机，是指在教育过程中事物发展或某事物转化为其他事物的关键、枢纽，或决定性的环节。具体而言，教育契机是指对学生进行教育或解决学生某个问题时的最佳时机。德国哲学家雅斯贝尔斯说："教育就是一棵树摇动另一棵树，一朵云推动另一朵云，一个灵魂唤醒另一个灵魂。"全国优秀教师华林飞曾说："关爱学生，要做到三分教育、七分期待。学生的转化需要时间和空间，不要把学生逼到死角，穷追猛打和喋喋不休只会把事情弄得更糟。"结合自己的教育实践，我认为：只要我们在具体工作中对"问题生"施以爱心，期以耐心，持之以恒，了解并重视"问题生"，唤回他们的自信，审时度势，抓住契机，因势利导，综合运用各种方法，就能让"问题生"转变为好学生。

二、教育现场：三次拥抱的生命对话

数年前，我遇到了一位因"学科危机"而出现的"坠落优生"，经过团队合作教研，我适时地给予这名学生鼓励和信任的拥抱，抓住教育契机，成功地将这名"问题生"转变为好学生。在故事的结尾，学生一次感恩的拥抱，让我切实体会到了教师职业的幸福感。

（一）第一次拥抱：在学业困境中播撒希望

高一新生小安同学①入学首月数学摸底考试得分率仅在50%左右，在

① 文中学生姓名为化名。

班级的排名骤降至第四十一名。面对这名中考成绩在班级排名第八的“坠落优生”，我并未简单地将之归咎于学习态度，而是启动了教育诊断，具体如下。

第一，多维溯源：走访其初中教师和本校优秀的老班主任，发现其“慢热型”学习特质。

第二，学情分析：对比各科成绩，锁定其数学思维转型困难的问题。

第三，家校共育：通过家访观察到其书桌贴满“我一定能行”的便签，发现其焦虑与不甘。

在深度调研的基础上，我请有经验的同事研究应对方案，共同设计“分层对话”策略，具体如下。

第一，建立信心：你的语文作文《追光者》被选为年级范文，英语口语也备受外教称赞，美术作品很有艺术范，这说明你的学习潜能远超现在展现出的水平。

第二，分解目标：数学就像爬山，刚开始觉得陡，找到路径就会越走越轻松。我们约定每天共同研究两道典型题，如何？

当看到他紧攥试卷的手指在微微颤抖时，我张开双臂道：“这个拥抱不是安慰，是对勇士出征的祝福！”

（二）第二次拥抱：用专业智慧守护成长

经过月余的努力，小安同学的数学作业正确率提升至80%，但期中考试得分率仅在60%左右，仍居班级末游。面对残酷的数据，我们工作团队在科学教研后启动了教育危机干预，具体如下。

1. 试卷封存

将数学试卷装入定制礼盒，附上手写卡片：“这里封存着勇士的铠甲，待你凯旋时亲自开启。”

2. 认知重构

在班级“偶然”展示其绘画作品《向阳花》，引导同学们发现其“多元智能”的优势，拥抱小安。

3. 动机转化

推荐小安同学担任班级学科互助组协调组长，通过教学相长帮助其重建学科自信。

（三）第三次拥抱：教育生命的双向奔赴

当年12月份年级集会，班级有少量学生纪律松懈，也因此事班集体被年级组提醒和批评。集会结束，当我强忍委屈返回教室时，小安同学突然冲上讲台紧紧拥抱我："老师，我们会成为您的骄傲！"随后，他自发组织班会，带领同学制定《班级自律公约》。这个拥抱成为班级蝶变的转折点，期末考试，班级重夺年级同类型第一名，小安同学数学考试得分率达到85%。颁发"学科进步奖"时，我轻拥着他的肩头说："真正的成长不在分数，而在永不放弃的眼神里。"

这种延迟评价策略，也许就是最近发展区理论的生动实践。3年后，小安同学考入一所211名牌高校，教师节来信道："您封存的不只是试卷，更保护了一个学生脆弱的尊严。那个拥抱让我相信：世界上总有人愿意为你的成长按下保护键。"

"好雨知时节""润物细无声"。契机教育是教育的本质，有效的教育都是契机教育。每一个契机都是一个新的开端，每一个教育契机都充满着美丽的教育智慧。一份耕耘，可能零分收获；两分耕耘，可能零分收获；三分耕耘，可能零分收获……十分耕耘，可能就是百分收获。在教育中，只要我们善发现、勤动脑，抓住时机，勇于担当，给予机会，我们就一定能收获学生美好的明天。

三、教育家精神的实践反思解码

苏州工业园区30年沧桑巨变，一张蓝图绘到底。现代化、国际化、特色化、均衡化引领园区教育高位发展、特色发展，也必然对教师队伍提出更高的要求。当年的我非常年轻，又遭遇了一件看似很小也不容易被关注的教育事件，但是非常幸运，在同行和团队的帮助下，我比较成功地化解了这次教育危机。尽管事情已经过去数年，但我仍感觉有分享的价值，现整理出来，并结合当下的教育环境和教育家精神做一些反思。

（一）仁爱之心：看见"人"而非"分"的教育自觉

1. 全人视角：从"分数囚徒"到"完整生命"的觉醒

教育家精神的核心在于突破"唯分数论"的桎梏。面对类似小安同学所遭遇的数学困境，我们教育工作者应避免陷入"补课刷题"的窠臼。比如可以从其擅长的绘画作品中发现隐喻，结合"以画读心"的观察，进行加德纳多元智能理论实践；也可以通过组织班级画展、推荐参加比赛，将其美术特长转化为自信的源泉，这印证了苏霍姆林斯基“让每个学生抬起头来走路”的教育哲学。

2. 情感教育：非言语沟通的疗愈力量

当类似小安同学的学生因努力无果而濒临崩溃时，我们教师可以选择用拥抱替代训导。其实这一举动也暗含深层教育心理学机制：罗杰斯人本主义理论强调“无条件积极关注”，神经科学研究表明拥抱能刺激催产素分泌，缓解焦虑。现在想来，其更深远的意义在于，打破了传统师生关系的权力结构，构建了马丁·布伯所说的“我与你”的平等对话。

3. 成长留白：教育等待的艺术

（1）物理留白：定制木盒上的格言“未到终点皆是过程”和“这里封存着勇士的铠甲，待你凯旋时亲自开启”形成持续心理暗示。

（2）时间留白：设置“三月之约”，给予认知重构的时间。

（3）评价留白：用多元评价替代分数排名，重塑评价维度。

这种留白不是放任，而是如中国画“计白当黑”般的教育艺术，目的是让学生在自我反思中完成觉醒。结合当下快节奏的教育环境，我们是否也可以在教育教学中多进行智慧留白，给予学生成长的时空和真诚的期待？

（二）教育信仰：静待花开的生命境界

1. 时间观：对抗速效主义的勇气

在“立竿见影”的绩效文化中，教师应展现出教育家型教师的战略定力，拒绝采用题海战术的“速成方案”。一个有效的方法是，为学生制订三年成长阶梯计划，并将之分为“自信重建”“方法优化”“自主发展”三个阶段。这种坚守的本质是用慢艺术培育生命自觉，正与叶圣陶先生“教育是农业”的科学论断相吻合。

2. 价值观：重塑教育幸福的认知

数年后再想来，当时学生拥抱安慰受挫教师这一事件具有象征意义，具体体现在以下方面。

（1）关系反转：由传统“师助生”模式升级为“师生共生”。

（2）意义重构：从“成就学生”转向“彼此成就”。

（3）幸福溯源：教育的终极回报是见证生命影响生命的奇迹。

3. 使命观：从个体觉醒到群体唤醒的辐射

类似小安同学的转变引发了以下链式反应。

（1）班级层面：由其发起的“不完美者联盟”吸纳多名后进潜力生互助成长。

（2）学校层面：推动建立“教育缓冲期”制度，惠及多个班集体。

这种“点燃一盏灯，照亮一片海”的效应，生动诠释了怀特海教育的目的在于塑造既有文化修养又在某个特殊方面具有专业知识的人才的深刻内涵。

新时代呼唤更多教育家型教师的出现，我们教育人的使命是什么？我们只有不断学习，才能担当起为党育人、为国育才的初心使命。

（三）范式升级：教育家精神的时代应答

在人工智能时代，前述三次拥抱的教育叙事给予我们以下启示。

（1）温度与算法平衡：当教育大数据盛行时，拥抱代表的“具身认知”不可替代。

（2）等待与效率共生：在“即时反馈”文化中，试卷封存策略彰显人文坚守。

这是不是也提示当代教育者，真正的教育家精神是在教育浪潮中坚守育人初心，在技术崇拜时代坚持人文温度，在绩效主义盛行下保持战略定力呢？

四、结语：教育是生命的彼此成全

三次拥抱构成完整的育人闭环：第一次用温暖融化冰封的自信，第二次以智慧架设攀登的阶梯，第三次因信仰收获生命的回响。这印证了顾明远先生的所言：“教育家精神的核心，是把学生的心灵成长视为最高荣誉。”当教育者以生命润泽生命，最平凡的教育现场终将绽放最动人的精神之光。

参考文献

［1］刘艳军. 浅谈教育契机［J］. 教育实践与研究（A），2013（10-A）：11-13.

［2］张东风. 一份没有发出的试卷［J］. 希望月报（上半月），2007（7）：136-137.

“四星”高中创建让教科研走得更稳、更远

陈小军

自2023年7月起，在学校党委书记周晓阳关键方向把关、分管校长范红梅具体条目要求的指导下，教科室成员陈小军、周永华、宋建州和张莹四位老师经过挂图作战、通力合作，日复一日，以时不我待的压力和毅力一直坚持到“四星”高中验收前一天晚上。按照校办分工，各成员对第10条“管理水平”3-1、第20条“素质教育”4-5、第23条“办学绩效”5-2三大条目，进行文本档案的追根溯源、整理数据的查漏补缺、佐证材料的搜索查询，并积极与其他相关部门联络，互通有无、资源共享。在大项目分工上，宋建州老师撰写了特色报告综述、周永华老师撰写了自评报告综述、陈小军老师撰写了校领导现场汇报初稿，周永华老师构思了发现教育论坛，周永华、宋建州、张莹三位老师组织两校区研究性学习活动展示，张莹老师还对教科室的文本进行核对与甄别。

一、第10条“管理水平”3-1

在学校教育指导思想方面，要查找中共中央、国务院权威文件，遵循国家教育方针和教育规律，与高中育人方式转变相衔接；同时也要融合学校特色，展现新时代育人方式的变革。理解学校“十三五”“十四五”规划的延续性、发展性、可操作性；佐证经教职工广泛研讨、专家组充分论证、政府或教育主管部门的认定材料；做到学校规划与年度计划的衔接，汇总有配套的重点项目行动方案并融入年度工作计划；巧借苏州工业园区教育局督导材料A等佐证建立常态监智、中期检查、终期绩效评价机制；列举苏州工业园区学科共同体、工作坊、实验基地等校内外各方面力量，促进学校“十四五”规划有序、有力、有效地实施。

二、第20条“素质教育”4-5

集思广益，做到教师人人有研究专题，教科研、教改实验成果覆盖面

较广（学校门户网站内容得到及时更新，可供查阅检验），利用江苏省教师培训中心的资源，在省级以上刊物发表一定数量的高水平论文或参加校外学术交流、教学成果交流，圆满超过人均发表交流文章比例要求；收集整理学校近5年独立或参与承担设区、市级及以上教育科学研究立项课题；与教导处合力，注重围绕学科建设，结合教育教学实践开展研究，聚焦个体，呈现教师专业成长路径，促进教师发展，提升教师业绩（教师教科研能力）；“四有”好老师团队建设立足提升教师专业能力与育人业绩，建章立制，有规划、有措施、有保障。

三、第23条“办学绩效”5-2

分门别类，从办学理念先进与办学特色鲜明、德育特色课程着眼品格提升、校本特色课程点亮育人星空、建设精品团队形成培养范式四大板块阐释学校办学绩效。“发现教育”办学理念研究自立项起步至今才两年，虽已有一些实实在在的实践成果，但对照高要求目标和发展规划的新方向，其理论学习与实践研究还有不小的差距，需要跟进和衔接，这也是我们今后3~5年课题和项目研究重要的计划环节，所以关于“发现教育”办学理念的研究和办学特色的内涵界定，我们虽然已经形成具有一定理论依据的想法和共识，但概念的界定还不太成熟，在完整的研究框架之下还需要精准细化的研究条目，因为追求办学特色永远在路上，我们坚信概念会越理越清晰，道路会越走越敞亮。

四、“发现教育”视野下物化教材的编写

苏州大学出版社出版的《把星海的美好镌刻在发现教育里》发现教育专著，共选用41篇优秀教育教学论文。该专著由周晓阳书记主编，分为“发现引领　理念阐释”“发现赋能　立德树人”“发现聚焦　课堂教学”“发现驱动　教师发展”四大板块，质量和反响不错。校本教材《发现好书，三方共读》“教师篇”选用24篇文章、“学生篇”选用18篇文章、“家长篇”选用6篇文章。

五、“四星”高中创建后的反思与启示

（1）研究方案要汇总佐证。结合“十四五”规划，需要汇总建立具

有星海特色的校本课程研究性学习研究方案；建立“畅游式”苏式课堂教学立项课题实践研究方案；建立“智慧校园”教育教学及管理特色数字实施方案；建立内驱与外培相结合的“四有”好老师成长机制实施方案。

（2）问题意识要时刻在心。立足发展，以突出目标意识和强化问题为科研导向促进科研提升；立足园区，以数字化教育问题应用研究驱动教与学科研方式变革；立足课堂，以发现教育体系化研究构建发现好课课改目标新模式；立足评价，以构建发现教育框架下的评价体系促进科研久久为功。

（3）内涵建设要深化明晰。如星海发现教育的内涵定位、星海发现教育的实施路径、星海发现教育与立德树人教育方针的全面贯通等。

（4）素材积累要功在平时。如学校内涵特色发现教育辐射力佐证材料；近5年省、市、区立项实践性研究项目材料佐证材料；近5年学校发展规划、教科研规划、教科研工作计划总结、教科研制度、集体荣誉佐证材料；2020—2023年教研组教师发表代表性论文封面、封底、目录佐证材料；学校管理水平发展规划和执行情况佐证材料；等等。

基于模糊性思维发现历史叙事的教学策略

——以“第1课 中华文明的起源与早期国家”为例①

陈小军

模糊和精确是认知历史事件必不可少的两个思维阶段，没有孰优孰劣之分，无论选择哪种思维方式，均要根据课程教学内容和学情素养的需要因势而变。人们对历史事物的察看、分析与叙事表达等思维活动往往力求精准性和明确性，但历史事物的发展是连续性与非连续性、整体主义与个体主义的有机结合，这就导致人们对历史事物的了解、熟知和叙事表达等思维认识活动又具有渐进性和反复性，故历史教学不能一味强调认识与理

① 本文系江苏省“十三五”教育科学规划立项课题“指向审辨思维的高中历史校本课程开发与实施研究”（课题编号：D/2020/02/174）研究成果。

解历史事物的高精度，如果过犹不及，反而会导致对历史过程和历史评论过于简单、偏激，应给历史模糊性思维以推测、争鸣、验证、纠偏与修正的回旋余地。因此，历史教学对事物的认识，有时放一着、退一步，“装模糊些”反而效果更好。本文试以“第 1 课　中华文明的起源与早期国家”为例，运用模糊性思维再现历史叙事的教学策略，立足模糊性思维与历史教学、模糊性思维与叙事解读和教学策略，凸显核心素养三个视域，来研习中国文明早期的教学内容，感知与理解先秦这段时期的历史叙事与历史分析。这节课既是《中外历史纲要（上）》开门见山的第 1 课，也是本册书 29 课中时间跨度最大（前后达 170 万年）、历史概念名词最繁杂（“文化”与“文明”、“旧石器时代”与“新石器时代”、“母系氏族”与“父系氏族”、“原始社会”和“奴隶社会”、“禅让制”与“世袭制”、“分封制”与“宗法制”、“氏族土地公有制”与“井田制”、“邦国方国”与“诸侯国”、“甲骨文”与“青铜铭文”等）的教学内容之一。由于这一时期距今久远，遗存的图文和实物资料匮乏，理论概念和学术观点存有不少争议，故要讲清、学透早期中华文明历史形成“分布广泛、多元一体、中原核心”的时空格局和价值内涵问题，有一定难度。

一、模糊性思维与历史教学

模糊性是英文“Fuzzy”的意译，并非糊涂之意。为了避免概念混淆，《中国大百科全书·哲学卷》不将“Fuzzy”意译为“模糊不清”，而是直接音译为“乏晰”，说明模糊是不确定之意。明确性是相对的，模糊性是绝对的，模糊性体现了人类语言表达的弹性思维特征。模糊性思维是人类认识历史事件起始阶段的思维，要立竿见影地拿出精确的标准答案，是不现实的，也是不符合历史认识规律的；认识历史总是从模糊性思维起步，再借助对历史第一手、第二手资料的解读一步步逼近精确、清晰的真实历史。

为了更好说明模糊性思维与历史教学策略的关联性，特拟历史教学各环节要素认知示意图一张（图 1），以图解历史教学两大维度之间的关系：一是学科性，要探寻文化遗存，了解历史真相；二是人文性，要选取多重视角，反思交流拓展。基于此，历史叙事教学同样需要承认模糊性思维的存在，并充分把握和运用这种存在来进行历史教学，只有这样才能应和历史教学规律与历史教学策略。所以必须理解历史教学的两大基本维度——学科性与人文性，不仅要重视基于历史文献学习与解读的叙事，还要领会历史叙事的思维品质，这些都离不开文本的读取、故事的编成、史料的实证等关键要素的渗透。再说历史叙事教学策略，我们不仅要看历史叙事的表现形式是如何令故事情节跌宕起伏、引人入胜和浅显易懂的，还要重视借助思维方式、分析策略和历史解释等途径，来建立过去与现在的联系，形成自我身份认同，以提升受教育学生的情感体悟和家国情怀。

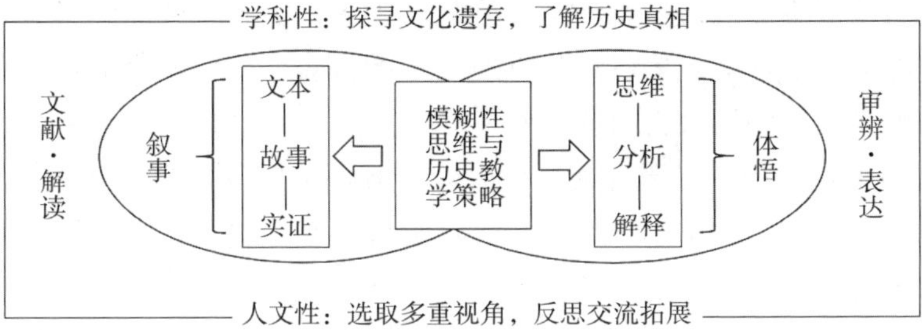

图 1　历史教学各环节要素认知示意图

以“第 1 课　中华文明的起源与早期国家”为例，远古人类处在蒙昧和野蛮时期，生产工具由旧石器时代进入新石器时代再进入青铜时代，早期国家社会由“天下为公”的“大同”社会转变为“天下为家”的“小康”社会，社会组织形态从部落到国家，管理结构体系由重血缘关系到重地域关系，这些历史事物的演进需要长年累月的螺旋或递进，不可能一蹴而就，中间必然存在一段从量变到质变拾级而上的过渡时期——模糊性发展阶段。正如恩格斯指出的，“一切差异都在中间阶段融合，一切对立都经过中间环节而互相过渡”，在从量变到质变的渐进过程中不可能存在一条“绝对分明和固定不变的界限”。

（一）古史文献传说与文明起源论的呼应

研究中国远古历史离不开对当时实物、图像、文献、口述等有价值参考史料的研究，再辅之以中国古史文献中时常夹有的一些神话色彩比较浓厚的传说，透过这些叠加的传世史料可以窥见中国从部落向国家转变的概况。目前，我国已发现的有考古价值的历史遗存文化和遗址实物还比较零碎散乱，往往要借助先人古史传说的叙述来探索早期国家的奥秘，揭开中华文明起源的神秘面纱，体悟出早期中国文明具有的满天星斗、丰富多彩、延续发展、多元一体的显著特征。可见，探讨中国远古文明的起源，我们既要重视考古发掘所提供的最新历史信息和参考国外人类学研究的最新成果，也要重视传世文献中有关原始社会向早期国家过渡的神话传说所隐含的远古历史元素。

（1）关于人类是如何起源诞生的问题，仍是一个未解之谜。[①] 中外历史都有古老的虚实并存、人神共处的传说，解读神话不失为认识和理解过去历史的一个有效路径。虽然作为神话存在的历史叙述有时会偏离历史真实，史料价值不免大打折扣，但拨开那些虚无的梦幻，通过这些神话与传说，也能在一定程度上揭示原始社会发展的概貌。“无情世界的有情”，从传世角度来看，中国太古时代有盘古开天辟地、女娲炼石补天和抟土造人的传说，西方也有上帝创造亚当与夏娃“特创论”的故事。从科学角度来看，古希腊唯物主义哲学家德谟克里特另辟蹊径地提出人是从动物界分化出来的，过着结群流浪的生活；近代达尔文则在《物种起源》一书中阐述了适者生存和生物进化的观点；恩格斯在《劳动在从猿到人的转变过程中的作用》一文中提出了劳动创造人本身的观点……这些形形色色的说法成为了解人类远古历史的基本途径。

（2）关于人类是从何时何地起源的问题，至今考古学家仍有不同的意见和看法。早期文明那些渔猎采集、刀耕火种的情景如大河东流，浪花淘尽，一去不复返，既不能重演，也不可还原，更不能再现。关于人类从何时起源的问题，实际上人们最近已发现，以前大多数史前年代所赖以确定的碳同位素测定法也会有正负几百年的误差。关于人类从何地起源的问题，众说纷纭，有人类起源于非洲说，理由是 20 世纪 20 年代在非洲南部发现了距今 400 万～100 万年的南方古猿，这一时期是人类起源的最初阶段，但后来在南亚地区发现的腊玛古猿化石距今 800 万～1400 万年，随后在欧洲和亚洲也发现了此类化石，特别是中国云南发现的化石最为丰富和重要，被称为“腊马古猿禄丰种”，这些发现足以支持人类多地域起源的观点，也许人们永远不可能找到人类最初的起源地。

（3）关于人类是如何演进发展的问题，数千年来一直存在争论。关于

① 费正清．中国：传统与变迁［M］．张沛，张源，顾思兼，译．长春：吉林出版有限责任公司，2008：4．

人类远古时代的中外古史传世文献似真似假，在某种程度上，人类起源发展史被天地间神秘的烟云所笼罩，关于人类是如何演进发展的问题，是一个有待进一步考证的话题。神话传说虽不能直接作为研究的一手原始史料，但它们的研究价值也不可低估，神话传说大多反映的是后人对从部落到国家演变发展历程的追述。例如，初高中教材讲的我国部落联盟时期有三皇五帝、三雄竞中原、炎黄传说、隶首发明算盘、嫘祖养蚕制丝等传说。再如，司马迁的《史记》也有缺乏足够史料实证的轩辕修德振兵、阪泉之野等战争记载。人类究竟如何演进发展，《中外历史纲要（下）》教材的编撰可谓异曲同工，这本书也记有古代希伯来人和苏美尔人与洪水抗争的相关传说，以及古印度神话中原始巨人普鲁沙用口、双臂、双腿和双脚创造种姓制度等神话。当前考古资料的缺点是零碎和散乱，只有结合传世文献，才能对其进行更加深入和全面的解读。

（二）历史概念“文化”与“文明”比照

人类文明不是一蹴而就的，而是经历了漫长的历史演进过程。从考古学和社会发展视角来看，“人类遗址”“文化遗存”“文明遗存”三个不同内涵的历史概念不能简单地互换通用，“文明”的概念在“文化”概念的基础之上，“文明”还会附着一些高雅的具有阶级性、思想性、艺术性的物品和等级的习惯。早期中国文明直到新石器时代晚期（大约距今5000年）才迈入阶级社会的门槛，可以说之后的“文化遗存”才属于真正的“文明遗存”。如“第1课　中华文明的起源与早期国家”有两幅中国遗址分布图的不同表达，一幅叫“中国旧石器时代重要人类遗址分布图”，另一幅叫“中国新石器时代文化遗址遗存分布图”（七年级历史教材上册第2课“原始农耕生活”又称“我国原始农耕时代遗址”）。在旧石器时代，真正意义上的有文字记载的“文化”还没有诞生，所以第一幅中国遗址分布图以“中国旧石器时代重要人类遗址分布图”为名比较贴合概念内涵。从“人类遗址”到“文化遗存”的具体转化时间，教材没有明确划定时间界限。

（三）遗址出土文物与传世文献相互印证

人是自然界长期发展的产物，华夏文明的过去就如一幅展开的由远及近的画卷。在国家产生以前，人类历史经历了漫长而艰辛的“童年成长期”，如根据元谋人仅存的两颗铲形门齿化石的性质——这两颗牙齿的化石程度较深，呈浅灰色，可推算出元谋人大约出现在距今170万年前。之后，直到夏商周时期出现了文字、宫殿、宗庙、监狱、阶级和国家等文明元素，华夏人类才结束了蒙昧和野蛮时期，开始迈入文明时代。夏商周时期时间跨度大，当时旧址遗留下来有考证价值的直接实物寥若晨星，如城址、宫殿、祭坛、墓地、积石冢、礼器、陶器、玉器、天文观测台等，根据考古学家在河南洛阳二里头遗址的发现，可推算出夏文化遗存有可能存在，至少信而待证。《中外历史纲要（下）》也同样如此，根据阿尔及利亚阿耶洞穴两幅放牧和收割的壁画，尤其是美轮美奂酷似翩翩起舞的妇女采集谷物的场景，可推算出那时的撒哈拉沙漠曾经绿树成荫，在距今五六千年前，北非就已经产生了农业与畜牧业。

（四）同一事各书记载互异与模糊性思维

学习历史就要掌握历史事件发生的时间、地点、人物，认识历史上政治、经济、文化各方面的相互联系、相互制约关系。若了解事物语焉不详，加上客观世界本身的复杂性和人类认知能力的局限性，人类往往呈现出“不明确”“含混”“模棱两可”等思维状态，这时最好用模糊性思维来认识和解释历史。如“学思之窗”中关于启是如何继承王位的问题，古书上有不同的引述记载，有让之之说、有夺之之说，课文中没有偏袒某一种说法，故教师要引导学生阅读“学思之窗”的两则材料——《史记·夏本纪》“益让帝禹之子启”和《战国策·燕策一》“启与支党攻益，而夺之天下”，从中总结出两种不同的继位手段，推测启继位前可能发生过权力之争，甚至可能爆发过激烈的战争，说明世袭制替代禅让制并非理想化的风平浪静。以“学思之窗”中关于启继位的说法不一为例，对同一件事各书记载互异的情况进行审辨性思维，可增加学生对历史记载多样性的认识与理解，提升辩证分析历史问题的能力。

（五）早期国家商周的统治与模糊性思维

王权与神权相结合，弥漫着神权色彩，系中国早期国家统治的主要特点之一。占卜是一种起源非常古老的宗教仪式，甲骨卜辞记录着不少占卜文字，文字叙说祭祀时的龟骨被划上切口，受到灼热烧烤会发出不同的声音，产生形状各异的裂缝，卜人根据裂缝的形状来解读疾病、梦，推测年成、田猎和未来吉凶等。王位继承制也是中国早期国家统治的主要特点之一，商周时期的王位继承方式由兄终弟及和嫡长子继承两种方式并用过渡到嫡长子继承制，到底是什么原因助推了王位继承方式的转变，目前有据可查的史料不多，可凭依模糊性思维做合理性推测，即由对兄终弟及和嫡长子继承制度自身优劣的推论、内外服制度与分封制相关统治效度的推论、君主寿命长短差异变化的推论，得出早期中国的统治从夏氏比较笼统的霸权，到商人方国部落内外服制度，再到周姬封邦建国的网络体系，是个循序渐变的演进过程的结论，制度的更替和彼此的过渡并没有明显的时间节点或分水岭，欲进行精准性历史分析还不具备实证研究的条件。

二、模糊性思维与叙事解读

列宁说："思想和客体的一致是一个过程。"意思是说，历史事件包含两个主要成分，一是在时间上发生的各种客观事件，二是在人们心灵中的主观思想回忆，主观和客观两者要有机结合在一起，必须经过一个磨合和思考的模糊性认识过程。自然界中诸多客体的发展变化一般具有模糊性特质，如昼夜交替、季节更迭、草木荣枯、潮涨潮落等，就像佛里德兰德指出的历史与回忆之间的界限一样，完全没有明确的规定。历史叙事是历史事件客体和思想相结合的表达方式之一，它分为民间叙事和史书叙事。时人或后人在发现了"所发生的事件"的真实故事后，根据自身需要通过叙事方式把它再现出来，它尽可能详细地记述历史事件所发生的时间、地点、行动者、行为和过程，以及所研究事件的性质与影响。但历史事件究竟能否以叙事形式被真实、清晰地再现出来，在当代史学理论中，一直是激烈争论的话题。

（一）叙事解读的模糊性

克罗齐说："没有叙事，就没有历史，不存在叙事的地方就没有历史。"皮特·盖伊写道："没有分析历史的叙述是琐屑的，而没有叙述的历史分析是不全面的。"① 叙事既是一种话语方式，也是一种使用这种话语方式的产物。当以这种话语方式来再现真实事件时，其叙事的功能不是一味模仿和想象，而是尽可能地去建构一种"所发生事件"的真实景观。要知道，任何个人的思维要完全精确地反映客观世界是绝对不可能的，因为

① 海登·怀特．形式的内容：叙事话语与历史再现［M］．董立河，译．北京：文津出版社，2005：8.

事物的不断发展变化决定了认识与叙述事物的不确定性和乏晰性，这种不确定性和乏晰性在人的头脑研判中的反映就叫模糊性思维。解读远古神话传说，需要模糊性思维，因为那些被神话的历史也是历史，神话的过程和结果也值得被解读，神话传说在一定程度上或隐或现地说明了原始人类生活方式发生改变的真实性，可以从中管窥中国文明历史由部落走向国家的一段历程。例如，描述这一历史时期有三皇五帝、炎黄联盟、炎黄大战、炎黄大战蚩尤等传说，说明部落间不断发生掠夺战争。又如，大禹治水、钻木取火、构木为巢等传说反映了社会生产方式或工具的改善与进步。再如，在《早期中国社会和文化史概论》一书中，李峰在解读河南洛阳偃师有可能存在二里头遗址文化时说，近来有人认为该地没有天然铜矿，在夏文化遗址上却发现了青铜礼器和青铜武器，其铸造的铜矿石有可能来自几百公里外的山西中条山，长距离的运输需要高水平的国家组织能力，这不是原始氏族力所能及的，所以有的历史疑惑在追问下越发显得扑朔迷离和模糊不清。

（二）叙事夹议的主观性

在历史叙事时，能否永远把主观性评议排除在外呢？不可能，历史叙事一般受记叙者主观文化价值的影响，倘若没有历史价值，也就引不起任何历史研究者的兴趣，顶多只是一堆没有意义的、许多简单和纯粹的形态所组成的混合物。尼采在《论道德的谱系》中所言极是："在这个地球上，只存在带着视角的观察，只存在带有视角的认知。"说明历史的记忆、认同和讲述，已注入了不少记叙者的个人经验、立场、学术观点和价值观。焦佩峰认为，如果历史叙事没有"人情味"，对历史事实缺乏同情或憎恨式的理解意识与能力，那么这种缺乏人文关怀和道德训示价值的历史故事肯定难以流传。历史叙事反映客观事物和事物内部本质的联系及其规律性，它将记叙者已了解的东西转化成可讲述的东西，做到历史事件发生的开头、中间和结尾的客观性与个人掌握的阅历经验和语言描述能力的主观性的有机统一。人们对历史叙事的思维认同不可能做到众口一词，这也就注定了历史思维的客观性与主观性不可能高度吻合。例如，中国人被称为"龙的传人"，龙究竟起源于何时，至今无人敢断言，从辽宁石块龙、河南蚌壳龙、山西青铜龙纹等有关龙的考古资料来看，夹叙夹议龙的图腾文化既有世俗化的一面，被华夏民众视为辟邪御凶的祥瑞之符，也有权贵威慑力的一面，龙作为专制权力的象征存在逐步被氏族显贵、帝王权力所垄断的趋势，龙的文化价值孰是孰非，记叙者各抒己见，难以定夺。

（三）叙事建构的虚拟性

被称为“史家之绝唱”的《史记》果真就真实吗？《史记·高祖本纪》一开始就讲蛟龙附体刘邦母亲，生出汉高祖刘邦，以彰显开国皇帝是真龙天子，此神话肯定不足为信。历史叙事不容虚构和捏造，求真务实是它不可逾越的底线，但有时历史叙事存在文献资料匮乏的尴尬情况。黑格尔曾说过，人类幸福和安全的时期在历史上都是空白的，一些当政显贵者或后叙者为了填补一手历史材料的空白，往往插入天马行空的虚拟假设，渗透入历史叙事的思维，给故事赋予一种主观意向的幻想效果的价值观。对该空白历史的陈述就不是严格意义上的历史，也影响着历史事件的记述方式。倘若教师在历史叙事前不加以甄别、考证和深度批判，那么这些不符合历史发展规律或缺乏历史根据听凭杜撰的空白历史，往往会使学生在学习中陷入“迷茫”的境地。法国著名历史学家娜塔莉·戴维斯在接受“你会赞成将历史与虚构之间的界限模糊化的理论吗”的采访时说：“历史写作和历史研究包含着想象的成分。历史学家需要有证据来支持他们所做的每一陈述，或者，倘若他们没有清楚证据的话，他们就要使用诸如‘一定会是’或‘也许是’这样的成果说法，不能只凭内心的想法。”

（四）叙事理解的差异性

事物发展的变与不变反映在人的头脑中就出现了模糊和精确两种思维形态。人的认知和思维，对历史概念的理解、对历史叙事形式的选择有一个“自我”内化赋予“讲述自身”的转化过程，即在真实性与虚构性之间寻找“确实的历史叙事”或发现“真实的故事”的过程当中不可避免地具有一定的理解差异性。历史故事需要叙述，因叙事者无法彻底理解真实的历史故事，加之主观意向和描述、概括能力的差异，自然蕴有叙事主体差异性的表象特征。这就注定了用历史叙事解释相关历史事件存在比如行动主体、冲突斗争行为、为什么、何时何地、以何种方式产生及对习俗、理性、法律、性质和影响等不同理解的冲突，很难实现叙述历史事件各类关系情节的主客观统一。难怪贝克特说，历史是按照每个人的情绪上的需要撰写的。百年前曾出现过疑古思潮，认为东周之前无信史。2005年，著名考古学者、英国的科林伦福儒在被问及对中国早期国家形成时间问题的看法时说：在中南美考古学者的眼里，距今约5000年的龙山文化时期就已产生了国家；在埃及或美索不达米亚学者眼里，距今约3500年的殷墟时期方才产生国家。叙事理解的差异也存在达成共识的弥合期，2019年与龙山文化同一时期的长江下游良渚文化遗址申报世界文化遗产成功，说明按照当前国际上关于“文明”的评判标准，良渚三重结构古城遗址符合“文明”评判的主要要求，良渚文化时期中国已经出现早期的区域性国家初始形态，目前在这一点评判上国际社会已达成共识。

三、教学策略凸显核心素养

学生发展的核心素养既是历史核心素养的源头，也是历史教学策略抉择的主要标准。基于模糊性思维再现历史叙事的教学策略，就是从模糊性思维教学策略出发，聚焦学生发展的核心素养，立德树人，正本清源，帮助学生寻求历史学科核心素养的真正内涵。①

（一）模糊性思维与唯物史观

从唯物史观来看，研究工作只有经过一系列模糊性辨别和判断，才能得出一个接近精确性认识的结论。② 模糊性思维是人类理性思维的重要特征之一，正因为自然界充满复杂性和多样性，模糊性思维才有用武之地。我们承认模糊性思维，并不否定精确性思维的存在；我们承认历史思维中有更多的模糊性，并不会导致非理性的历史怀疑论，也并不否定已经确凿无疑或铁证如山的历史事件和人们研究历史的科学成果。对于复杂的历史事件，模糊性思维实际上具有较大的洞察准确度和认知的弹性度，有助于避免观点的绝对化、简单化和唯一化，只有借助模糊性思维才能灵活地认识和把握某些事物之间相互交叉、渗透、复合、转化等复杂关系，多角度、多侧面、多层次地观察和分析历史发展规律问题，比较准确地理解和认识历史事件来龙去脉的概况，在“求同”时也勿忘“求异”。

（二）模糊性思维与时空观念

时空观念就是将史事置于特定时空框架下做出合理解释，这个时空框

---

① 张汉林．从历史学谈历史学科的核心素养［J］．历史教学（下半月刊），2016（5）：14-18.

② 刘文霞，刘义，郭中幽．浅析模糊性思维在思政工作中的运用［J］．政工研究动态，2003（22）：8.

架有时是以模糊性表达方式呈现的，有时虽属同一历史时间术语，但区域不同内涵也不一样。例如，古代中华文明的起源与发展大致经历了蒙昧、野蛮和文明三个发展阶段，这里所讨论的“文明”是文明的起源阶段，那“早期中华文明”何时真正起源，“有文章而光明也”，就是“文明时代”这个概念的模糊评判标准。世界史上迈入“文明时代”的评判标准要求在人类文化遗址上要有城市城墙、定居群众、图腾文化、公共祭祀中心、金属冶炼技术、阶级国家的出现和文字的应用，但这些元素不是所有文明都要面面俱到、缺一不可。比如古埃及文明就没有通常所说的城市，恰塔尔·休于城市遗址的艺术壁画所描绘的居民还过着狩猎生活，玛雅人文明还没发现金属工具，印加文明就是在没有文字的情况下发展起来的。所以在历史教学中要引导学生学习类似“早期文明时代”的时间概念，要去除死记硬背历史概念的陋习，多培养学生学会应用模糊性思维理解历史概念的能力。

（三）模糊性思维与史料实证

柯林伍德等历史实证主义者认为，历史包括两件要事，首先是确定事实，其次是构成规律，如抱住单纯的事实不放，不是科学，要从历史事实中发现合理性的假设与推断。对于人类发展史，由于自然世界的复杂性、人类认知的局限性、阶级利益立场的差异性，以及不少历史记载者个人理解的主观性，模糊性语言特征普遍存在于各类文本中，所以运用模糊性思维教学符合历史教学规律与历史教学适切方式的需要。就培养史料实证素养而言，它有助于调动学生实证求知的潜能和领悟教材内容表述的能力。如“第 1 课　中华文明的起源与早期国家”，说起古人类的北京人自然会联想起一个远古人类完整头盖骨的考古发现；说起北京人已经学会用火，自然离不开北京人居住的地方有 4 层 6 米厚的灰烬层考古发现；说起中国早期居民已经种植水稻与粟，自然会想起炭化稻和炭化粟的挖掘发现；还有姜寨聚落遗址复原图、陶寺遗址墓地的挖掘能佐证人类从聚落走向城市文明曙光的观点；等等。以上涉及早期中华文明的历史现象，考古学者不能精确说明何年怎样出现用火、种水稻与粟、养猪养鸡、形成城市，如适切使用模糊性思维分析、学习、诊断史料恐怕更浅显易懂，更能达到事半功倍之效。

（四）模糊性思维与历史解释

人类对历史事物感知的局限性和释义的模糊性，带来了历史教材编写语言表达的联想性、灵动性和逻辑性。在不同时期，历史事物从内容到表现形式呈现出复杂性和模糊性，学习历史运用模糊性思维对历史事件做归纳比较、推理移情、审慎辨析和价值判断，就可在历史事物间的因果关系解释和看法问题上避免认识概念化、程式化、绝对化和简单化。以“第1课　中华文明的起源与早期国家”为例，学生一定会发现本课教材编撰的内容表述存在大量没有绝对界限的模糊性词语，如“起源”“早期”“有可能”“多处”“基本”“大量”“差别不大”“部分”“很长时间”“许多”“约”“极少”“繁多”“主要”“规模较大”“中上游”“较大”“晚期”“不断”“万邦”等，这些模糊性词语给人以朦朦胧胧的审美意境和思维推测空间，反映出华夏文化语言表达的灵活性特点，也折射出中华民族模糊性思维的习惯。

（五）模糊性思维与家国情怀

中华文明的起源与早期国家是中华民族多元一体发展格局的奠基阶段，从多元的文明起源到以中原地区为同心的早期国家初始形态，此后中原地区文明不断向周边辐射扩散，中原地区因此成为大一统国家的核心凝聚地，发挥着核心稳定的引领作用。文明起源既有多源性也有统一性，这一时期主要是大一统国家观念的形成期：一方面，从商朝的内外服制到西周的宗法分封制，中原对周边地区的统治力不断增强，为大一统国家的疆域奠定了基础；另一方面，西周是大一统国家观念的形成阶段，西周通过分封制、宗法制和礼乐制加强族群融合，亲疏贵贱、尊贵有序，构建了政权、血缘和宗族相结合的有序统治理念。整个先秦时期的中国是一个没有明确周边和界线的“天下”。这使一个来源多样并由不同族群组成的王朝形成了“天下一家”的共同体观念。同时，宗法制与分封制的结合促进了“家国同构”的早期国家观念的形成，影响深远。

上述以“第1课　中华文明的起源与早期国家”为例，选取早期中华文明的重要人类遗址和早期国家文化遗存为研究对象，讲授该课课程采用模糊性思维再现历史叙事的教学策略，可引导学生关注早期中华文明时期同一阶段人们生活的差异性与共性，启发学生多角度、多侧面、多层次、多阶段地观察、思考华夏远古和上古的历史事件，避免对历史问题的理解片面化和主观化，这样更有助于学生比较全面地认识轮廓有致的历史原貌，开发学生认知智能，提升历史学科素养和文化自信。总之，历史是一门思维方式比较严谨的基础学科。教无定法，以学定教，选用适切的历史教学策略，以叙事形式再现历史教材内容的痕迹或故事，可根据教学内容和学情需要因课施策、不拘一格。为此该课在教学策略上另辟蹊径，尝试依凭模糊性思维来轻“小异”、重“大同”，通过文化认同打通脉络关节，① 形成“中华文明的起源与早期国家”的国家认同感、自豪感和正确的国家观，这或许比精确性思维更贴近史实，更容易让学生明白中国远古和上古时期那段朦胧、复杂而又漫长的历史发展历程。

却顾所来径，苍苍横翠微

——2024 年语文学科发展报告

肖　璐

苏州工业园区星海实验高级中学语文教研组现有教师 40 人，其中正高级教师 2 人，高级教师 12 人，苏州市名教师 1 人，苏州市学科带头人 3 人，苏州工业园区学科带头人 6 人，骨干教师占比超过 30%，硕士及以上学历 24 人，占比为 60%。

语文教研组教师团结协作、各展所长，点滴努力聚沙成塔。自苏州工业园区星海实验高级中学建校以来，在历次大市统考中，学校语文学科成绩稳居前列；校本阅读、诗歌朗诵、戏剧表演、文化访谈等特色活动多年传承，丰富而富有个性化的语文活动助力学生自我提升与发展。

语文为何？语文何为？

跳出由来已久的人文性与工具性之争，借用哈佛大学教授王德威先生的观点，我们不妨退后一步，关注“语”和“文”之间的互动关系。“语”是一个声腔、一个对话的场景、一个言说的族群，在流动、沟通、

① 贾海燕．运用结构性思维提升高中统编教材的教学效率：以“中华民族多元一体”主题的教学为例［J］．历史教学，2020（23）：21-26.

发声的现象之余，需要“文”这个字将它落实。在过去数千年的历史中，“文”从自然现象形成的图式演变为各种各样人为的、有意的、精致塑造的图案或者各种各样典章器物的呈现。到了汉魏六朝以后，人们更为自觉地把“文”和“文采”“文质”这些观点附会成一个文化或者审美现象的传授。“文”的传承固然是语文的核心，但如果全然忽视“语”的众声喧哗，必然使学科逐渐丧失与时代的呼应。

第四次工业革命时代，AI（Artificial Intelligence）的突破以日、月计时。2024 年度周一时评阅读关注了以下热点事件和热点人物（表 1、表 2），我们思考的是“语”和“文”各自面对怎样的困境，并寻求可能的应对策略，找到合乎时代需求的立身之地。

表 1　热点事件

热点事件名称	相关事件
“遛娃舱”	AI 魔改
电影《你想活出怎样的人生》	宫崎骏告别之作
英歌舞	中秋节与家国情怀
《收获》杂志网络直播	技术与时间
清明节	北京中轴线
“电子亲人”	城市改造与消失的家园
深度阅读	《我在岛屿读书》系列节目
卧铺车厢座位争议	网红经济
电视剧《我的阿勒泰》	中国文化出海
奔驰车主加塞	饭圈语言
Sora	宫崎骏电影
AI 复活亲人	《阿 Q 正传》现代戏剧版
18 岁成人标准	主题月生活法
巴黎奥运会	套娃式收费
黑神话 · 悟空	走进动物园
屏幕依赖症	人工智能和人的主体性
春节申遗	2025 新年献词

表 2　热点人物

人物姓名
宗庆后
芭贝里
王晓明、鲁迅
莫言、古尔纳
金庸
叶嘉莹
马尔克斯
刘亮程
许知远
李昊冉

本年度高一诗歌朗诵活动因故延后，高二戏剧节正常举办。“遇见青春，遇见戏剧”，秉持全过程以学生为主体的理念，从剧组构建、剧目选择、剧本打磨、反复排练到最后的汇报演出，其间虽波折不断，但老师和同学们克服各种困难，将自己对文学、艺术、历史、时代的理解融入演出，最终呈现了活力四射、有笑有泪的舞台。

自然，学生戏剧是青涩的，而语文教研组的老师们年年如一地托举他们来到舞台上，为的不只是一个传统的延续，更多的是经由整个活动的策划到实现，使学生对文本有更深刻的理解、对家国有更鲜明的认知、对历史与现实有更深入的探索，从而逐步理解自己未来在广大世界中的使命与责任（图 1、图 2）。

高二戏剧节演出剧目（苏茜路）

抽签号	班 级	剧 目
1	高二（4）班	《哈姆雷特》
2	高二（2）班	《八部半》
3	高二（7）班	《威尼斯商人》
4	高二（1）班	《让子弹飞》
5	高二（8）班	《俄狄浦斯王》
6	高二（3）班	《逃出大英博物馆》
7	高二（5）班	《双城记》
8	高二（9）班	《命薄千红万艳悲》
9	高二（6）班	《三体》

本次演出奖项设置：
最佳表演奖3名；最佳风采奖3名；最佳创意奖3名；最佳演员奖若干。

图 1　学生演出节目单

图 2　学生演出剧照一组

叶圣陶杯全国中学生新作文大赛组委会

第 21 届叶圣陶杯全国中学生新作文大赛
高一高二组总决赛获奖通知

苏州工业园区星海实验高级中学：

由教育部批准（教监管厅函〔2022〕13 号）、中国当代文学研究会主办、中国当代文学研究会校园文学委员会和中国少年儿童新闻出版总社《中学生》杂志社承办的第 21 届叶圣陶杯全国中学生新作文大赛，按照大赛方案流程，如期完成了高一高二组总决赛和评审工作。贵校共有 7 名同学获全国总决赛奖，特等奖 0 名，一等奖 3 名，二等奖 3 名，三等奖 1 名。

公示期满后，于 8 月 7 日通过参赛系统学校账号下发电子获奖证书，届时参赛学校及学生可通过参赛账号登录，查询下载。证书由参赛系统生成防伪二维码（一证一码，扫码查证）。

特此通知。

叶圣陶杯全国中学生新作文大赛组委会
2024 年 8 月 6 日

图 3　作文大赛获奖通知

鼓励学生在创作中发现自己是学校语文教研组成立以来的传统，唯有写作才能将一切思考梳理清晰，才能真正体现每一个个体的独特价值。2024 年，学生参加叶圣陶杯全国中学生新作文大赛和全国中学生创新作文大赛获奖人数与奖项级别均创新高，3 人获全国总决赛一等奖，5 人获二等奖，3 人获三等奖，省级奖项获奖人数达到 89 人（图 3、表 3）。

表 3　星海学子参加叶圣陶杯全国中学生新作文大赛总决赛获奖名单

序号	学生	作品名称	奖次	指导老师
1	杨瀚源	韵	二等奖	肖璐
2	古周熠	生死调	二等奖	叶芹
3	荆美琪	铁花散金·余韵流芳	二等奖	张琳
4	刘周涵	“不管死活”	三等奖	沈乔
5	赵陶然	堂吉诃德的剑	一等奖	徐飞云
6	吴闻禹	信言不美、美言不信	一等奖	袁淑文
7	王浩月	窦娥已死　冤情谁知	一等奖	陈元德

对于写作，我们的理念始终如一：

修辞立其诚——诚与真是写作永恒的基石，唯有真诚，文章才能行于所当行；信言与美言并行——若没有深刻的思想，再华丽的外袍不过是一袭轻薄的伪装；上下而求索——与世界对话，追随高尚的理想，方为青年学子的信念与主张。

2024 年，语文教研组教师也在各级比赛、评选中绽放光彩。

徐飞云老师获江苏省高中语文优秀课展评一等奖；陈元德老师获评苏州市周氏德育优秀教育工作者；张莹老师获苏州市优质课评比二等奖；郭丽丽老师获评区学科带头人。张琳老师与陈元德老师的省级课题，范红梅老师、邵丹老师与郭丽丽老师的区级课题，或稳步推进，或新立项。袁淑文老师的论文获省二等奖项；胥小康、张莹、孔璐、王明、庞懿薇 5 名青年教师获区基本功竞赛选拔赛一等奖，龚文豪等 9 人获二等奖。范红梅老师、周永华老师、潘瑾老师、孔璐老师等多人开设市级公开课，张琳老师等在兄弟学校开设讲座，展现了星海语文教研组教师的扎实功底、深厚学养和美美与共的胸怀（图 4、图 5）。

图 4　教师教研活动之一

图 5　教师教研活动之二

图 6 发现教育引领语言文字规范化学校建设

2024 年暑期至年底，肖璐、孔璐、刘丽三位老师带领两个校区 3 个备课组，完成了苏州市新增学校语言文字工作规范化建设达标验收的全部材料，并在范红梅校长的带领下，陪同专家现场检查，高质量通过了验收（图 6）。

“才高者菀其鸿裁，中巧者猎其艳辞，吟讽者衔其山川，童蒙者拾其香草。”语文如果落入“艳辞”的窠臼，不必 AI 出场，自会被时间淘汰，如何去伪存真、塑造善美的人？苏州工业园区星海实验高级中学语文教研组对语文何为的回答是：将育人兴邦的论文写在祖国的大地上，山川草木，皆为春色。

“数”研绽芳华，聚力共成长

——2024 年度数学学科发展报告

崔　峰

目前，苏州工业园区星海实验高级中学数学教研组共有教师 42 人，其中高级教师 15 人，苏州市学科带头人 5 人，苏州工业园区学科带头人 10 人，骨干、新苗若干，是一支充满活力和战斗力的团队。

日日精进，则无有不成；久久为之，遂未来可期。新的学年，为进一步践行教育家精神，以立德树人为根本任务，发展素质教育，为“稳高原，筑高峰”，提高课堂教学效率，优化作业评价，配合“双减”落地，从根本上提升教育教学质量，苏州工业园区星海实验高级中学数学组以课程标准为准绳，通过开展课题研究、校本教研、外出学习、展示交流等方式，开展研究和探索，促进教师专业发展，促进课堂效率的提高，实现质量的进一步提升，力争圆满完成学校提出的各项目标。

一、教研组“组风”建设强化

打造一支“团结、务实、博学、敬业、有战斗力”的队伍，一直是我们坚持的目标。在教学上，“知者行之始，行者知之成”，数学人都知道该如何做，难点在于落实，要下苦功夫、硬功夫、久功夫。所以，在日常的教研活动中，我们有计划、有安排、有检查、有记录。例如，每月一次的教研组学习研讨、每周两次的备课组活动都有序开展。在教研活动中，老师们畅所欲言，开放式研讨，敢提问题、勇说真话、多办实事。

在师德修养上，老师们弘扬爱岗敬业精神，从严要求自己，立师德，正师风。“不自重者致辱，不自畏者招患”，所以，在平时学习中，组内老师也互相交流与学生、家长打交道的经验、方法，杜绝内耗，集中精力做好教学工作（图 1）。

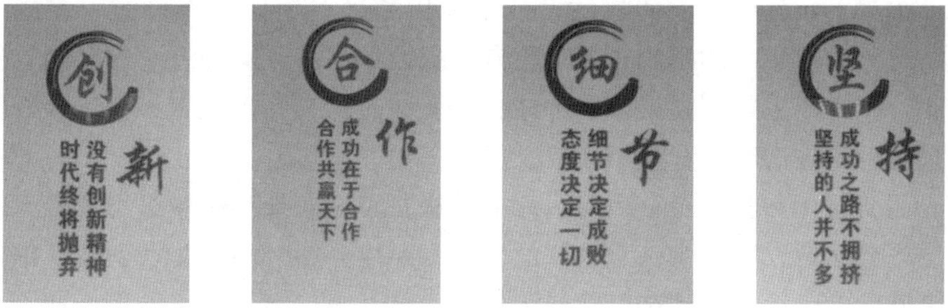

图 1　数学教研组的办公室文化

二、校本教研与资源建设齐全

第一，设计“学为中心、务实高效”的星海特色课堂。我们一直在研究、探讨、完善课堂设计的基本框架、基本策略，尝试提高学生学习的主动性，用预习任务驱动、合作探究、总结提升、练习反馈等板块生成自己的课堂。练习反馈环节，设计基础知识和拓展部分，根据学生的情况进行分层达标；每个达标环节都有评价的标准，教师当堂了解学生的达成情况，拓展部分给尖子生专研提供了平台。经过几轮的努力，基本上形成了一套完整的学案，备课组之间有了传承。目前，学校要求努力打造的高三一轮的复习学案也在逐步成型。

第二，打造丰富多彩、有吸引力第二课堂。目前，数学组开设有“数学故事”“数学文化”“几何画板”“数学建模”“数学中的随机现象”

“数学实验”等课程，有计划，有学案，更有吸引力，增进了学生学习数学的兴趣和热情；“数学竞赛”有计划、有学案、有专职教师，且获奖面较大，给学生多元化发展提供了机会。近几年，多名学生因竞赛获奖、“强基计划”走进名校。

三、质量监测和反馈渠道顺畅

在教导处安排下，教研组加强对备课组工作的检查和指导。在学校对各年级的调研中，教研组积极参与，及时发现存在问题，交流好的做法与经验。

及时关注各年级周练、月考、期中等考试的成绩，和备课组一起，认真分析学情，发现问题，寻找办法，确保学校教学目标的完成。

关注青年教师班级的成绩，帮助他们站稳讲台；分析班级存在的问题，找到学生学习的困难，寻求更有效的教学方法，减轻青年教师的思想负担。给青年教师配备最好的师傅，提醒他们先听课再上课，认真写好教学反思，给他们时间和空间去成长。

团队协作和整体考核也是星海的做法，每位老师都握紧自己的枪，站好自己的岗位，同时为一个共同的目标——均分第一而努力。所以，组内互学互帮气氛浓郁，团结务实成为传统，老、中、青三代共同努力成为一道风景（图2、图3、图4）。

图2　校长示范

图3　党员示范

图4　认真交流

教研组还是上传下达的最好路径。市、区调研，好的做法、存在问题、教学建议等都是反馈到教研组；平时学校调研，发现工作上的小问题或某个老师存在的问题，也是反馈到教研组，通过教研组开展工作，不仅减轻了大家的压力，也更容易沟通；大家工作上有想法、有怨言，也反馈到教研组，由教研组集中向学校反映，也有利于工作的开展，减少矛盾。

四、课题研究和专业发展并行

为了更好地促进教师的专业发展，数学教研组每位老师都有三年发展规划，结合自己的条件，对照发展要求，有针对性地弥补自身的短板，尽快达成目标。近几年，有多位老师被评为市、区学科带头人，区能手、新苗等（图5）。

图5 2024 年新评学科带头人、能手、新苗

数学教研组群策群力，积极组织团队申报科研课题。近几年，数学教研组共申报或参与研究省级课题 2 个、大市课题 2 个、区级课题 2 个，其中大部分已经结题，有一个还获得区教科研成果奖，为组内近 20 位教师解决了“课题研究难”的问题。随着组内成员的增多及年轻教师的加入，数学教研组继续努力组团申报，为年轻教师的发展铺路（图6）。

苏州市教育科学“十四五”规划2024年度课题目录

课题编号	课题名称	主持人	所在单位
2024/LX/02/166/05	国家课程标准落地的教-学-评一致性学校实践研究	张菊荣	江苏省吴江实验小学
2024/LX/02/167/02	跨学科视域下红色文化育人的实践研究	钱红、胡迪	常熟市塔前小学；常熟市塔前小学
2024/LX/02/168/10	CIPP模式下幼儿生长性活动评价研究	周会、胡敏	苏州高新区狮山中心幼儿园；苏州高新区狮山中心幼儿园
2024/LX/02/169/07	基于DIY体验式活动的幼儿园“布之趣”课程建构与实施研究	王怡莲、何淑婷	苏州市相城第一实验幼儿园；苏州市相城第一实验幼儿园
2024/LX/02/170/11	高中生数学学习的认知诊断研究 ——基于知识空间理论的分析	黄健、唐泰	苏州市教育科学研究院；工业园区星海实验中学
2024/LX/02/171/08	幼儿园“集市周”游戏的建构与实施研究	何晅、金莹霞	苏州市阊西实验幼儿园；苏州市阊西实验幼儿园
2024/LX/02/172/11	具身认知视域下支持完整儿童养成的“五育融合”教育实践研究	赵琇玮	民治路幼儿园
2024/LX/02/173/05	具身认知视域下高中“知行”地理教学建构的实践研究	钱明霞	吴江盛泽中学
2024/LX/02/174/01	真岗实境、融合育人、聚焦产业——基于BBiW教学工厂化工专业实践教学体	唐为培、秦峰	江苏省张家港中等专业学校；江苏省张家港中等专业学校
2024/LX/02/175/05	“活泼泼地”教育理念下普通高中“能动学堂”的建构研究	李凌云、庞玉忠	江苏省震泽中学；江苏省震泽中学
2024/LX/02/176/11	基于讲好中国故事视角的吴文化融入中学英语教学实践研究	徐菲、葛余健	江苏省苏州中学校；苏州市教育科学研究院
2024/LX/02/177/11	“新时代工匠精神”视域下基于职业核心素养提升的高职育人模式构建与实	王晓莺	苏州卫生职业技术学院
2024/LX/02/178/01	初中历史议题式教学实践研究	刘升娥、王东	张家港市第一中学；张家港市第六中学
2024/LX/02/179/07	初中群文教学“读写融合”实践研究	宁建英、王克强	苏州市相城区蠡口中学；苏州市相城实验中学
2024/LX/02/180/05	手脑并重“做”化学：“高·品·质”初中化学实验教学的实践研究	吴良根	苏州市吴江区笠泽实验初级中学

苏州市教育科学研究院
苏州市教育科学规划课题
Certificate For Undertaking and Completing Suzhou Education Research Task
结题证书
课题名称：系统视域下高中数学教学实践模型的建构研究
课题编号：2021/LX/01/066/11
课题类别：重点
课题主持人：黄健 徐友华
研究单位：苏州市教育科学研究院 相城区教育发展中心
课题组核心成员：[illegible]
课题完成时间：2024年6月
苏州市教育科学规划领导小组办公室

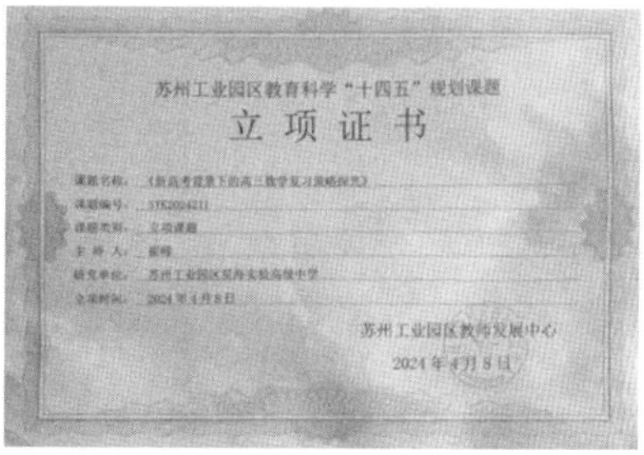
苏州工业园区教育科学“十四五”规划课题
立项证书
苏州工业园区教师发展中心
2024 年 4 月 8 日

图6 组团申报科研课题

充满活力的青年教师的加入，给教研组注入了新鲜血液。为了让他们迅速成长，学校给每位新教师都配备了 1~2 位师傅，同时要求新教师先听课后上课，徒弟要主动问，师傅要认真教，以此来带动新教师的成长。这几年，数学教研组有一批年轻教师成长迅速，扛起了大梁，如唐秦、王闵萱萱、郑晨、眭龙萱、丁治尹、林晓榕、沈书瑜、孙萌、朱梦娇等（图 7）。

图 7　青年教师教学展示

为了促进教育教学整体水平的提高，组内每月认真开展一次大组教研活动，一般有课堂教学展示、听评课、专业知识学习、专家讲授与高考方向相关的课程等环节，教学展示一般有“青年教师汇报课”“骨干教师展示课”“师徒同上一节课”“党员示范课”“概念课”“复习课展示”等，集研、讲、评、议于一体，充分汇聚集体智慧，打造星海特色的优质课堂。(图 8—图 17)

图 8　认真听课

图 9　高朋满座

图 10　对外展示

图 11　专家讲座

图 12　师徒指导研讨之一

图 13　师徒指导研讨之二

图 14　教研组学习

图 15　备课组讲题研讨

图 16　备课组活动

图 17　雏燕展翅

在得到学校支持的前提下，数学教研组积极申办各级各类教研活动，为教师争取展示的平台和机会；认真组织教师参加学科类竞赛活动，如评优课、基本功大赛、命题比赛、解题比赛、核心素养赛等，提醒大家积极参加，督促他们认真准备，邀请组内高手指点，请专家培训或磨课，从没有把这些活动看成是教师个人的事情，而是当成数学教研组集体的事情，群策群力。这一年，终于有一些收获（图 18）。

图 18　部分成果展示

五、结语

“问渠那得清如许，为有源头活水来。”在学习、实践中不断超越自己，不仅是教师的发展之路，也会让老师的职业生命绽放出新的魅力与活力。接下来，数学教研组将继续努力，团结协作，以课堂教学为中心，以新高考研究为导向，以教师专业发展为着力点，打造星海幸福、和谐的数学教研组。既然选择了远方，那就风雨兼程。

恪守教育初心，筑梦英语教学

——2024 年度英语学科发展报告

许毅颖

2024 年是苏州工业园区星海实验高级中学高中英语教研组深化课程改革、推进教师专业发展的重要一年。本年度，英语教研组以校本课程建设为核心，以教师能力提升为抓手，在课程创新、教学实践、科研探索等方面取得了显著成果。

一、校本课程开展情况

在教育部《普通高中英语课程标准》（2017 年版，2020 年修订）的指导下，我们明确了基于项目的深度教研方向，努力推进多渠道的英语学习，力求培养具有家国情怀和国际视野的复合型人才。我们充分利用校内外资源，为学生打造丰富的实践活动平台，形成完善的校本教研机制。

在这一过程中，我们鼓励教师进行教学创新，采用新颖且富有趣味的教学方法，提升学生的学习兴趣和学习热情。我们的教学实施始终以学生的学科素养为核心，及时调整教学策略，确保课程内容落地并具有实效。

本年度英语教研组共有 15 名教师开设校本课程，覆盖高一、高二两个年级，课程内容聚焦语言应用能力培养与文化素养提升，形成了多样化、特色化的课程体系。

（一）课程概况

2024 年度英语教研组课程概况见表 1。

表 1　2024 年度英语教研组课程概况

教师姓名	授课年级	课程名称	课程概述
李之婷	高一	英语趣配音	通过趣味配音活动，激发学生对英语的学习兴趣
王若琳、严美琪	高一	托雅词汇 Club	聚焦托福、雅思核心词汇，助力学生拓展学术英语词汇量
姜达娣、韩　铭	高一	外刊精读	选用国际主流外刊文章，提升学生阅读分析与批判性思维能力
龙爽爽、夏媛媛	高一	欧美影视纯享 Camp	结合影视片段开展主题讨论，增强语言输出与团队协作能力
周姝婕	高一	英语电影鉴赏	通过一定数量的电影观摩和讨论，结合阅读和片段分析，帮助学生增加电影艺术知识，加强语言表达，开阔视野，提高对电影的鉴赏能力
姚　曳	高二	英语趣配音	通过影视配音活动提升学生语音语调与情感表达能力
徐立皓、刘姝童、张文娟	高二	英美影视赏析	结合经典影视作品，解析语言习惯与文化背景，强化跨文化理解能力；以影视作品为载体，融入读写结合任务，提升综合语言运用能力

续表

教师姓名	授课年级	课程名称	课程概述
叶　洁	高二	英语电影赏析	通过让学生沉浸式欣赏电影的方式，提升学生的英语语言素养和英语电影鉴赏水平
赵玉蓉	高二	英文经典影片鉴赏	精选经典电影，注重台词赏析与语言知识内化，培养高阶思维能力
丁玮玮	高二	英语趣配音	结合高二学生特点，设计更具挑战性的配音任务

（二）课程特色与成效

在校本课程的实践过程中，星海高中英语教研组取得了显著的成效，具体表现在分层教学、跨学科融合及实践导向三个方面。

1. 分层教学：提升学习效率，满足个性化需求

“托雅词汇 Club”等分层课程针对不同学生的英语水平和需求进行了精心设计，使学生能够在适合自己的学习环境中高效学习。这种分层教学策略极大地提升了学生的学习效率，同时也满足了学生的个性化学习需求，学生在英语词汇掌握和语言运用方面取得了显著的进步。

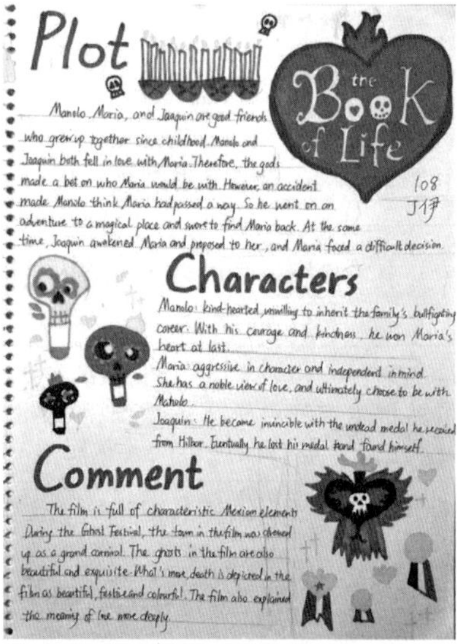

图 1　跨学科融合的英语教学成果

2. 跨学科融合：拓宽学科视野，增强综合素养

赵玉蓉、徐立皓等老师的课程巧妙融入了文学、科技等主题，实现了英语学科与其他学科的深度融合。这种跨学科的教学方式不仅开阔了学生的学科视野，还增强了他们的综合素养，使他们在学习英语的同时，也能够接触到更广泛的知识领域，为未来的学习和生活打下坚实的基础（图 1）。

3. 实践导向：提升语用能力，培养创新精神

李之婷、姚曳、丁玮玮等老师的“英语趣配音”等实践导向课程通过项

目式学习等方式，让学生在实践中提升语言应用能力。这种教学方式不仅锻炼了学生的语言技能，还培养了他们的创新精神和实践能力。学生在参与项目的过程中需要自主思考、合作交流，这些经历对他们的个人成长和未来发展具有重要意义（图2）。

图2　实践导向的英语教学课堂

二、教师专业发展成果

为了促进教师的专业发展，英语教研组制订了详细的教师成长规划。每位教师都结合自己的实际情况，制订了三年发展规划，明确了自己的发展方向和目标。同时，教研组还定期组织教学研讨、观摩课、评课等活动，为教师提供交流和学习的平台（图3、图4）。

图3　教学研讨活动现场

图 4　观摩课现场

在专业成长规划的实施过程中，英语教研组注重发挥优秀教师的引领作用，通过师徒结对、教学示范等方式，帮助年轻教师快速成长。此外，英语教研组还鼓励教师积极参加各类培训和竞赛活动，不断提升自己的教学能力和专业素养（图 5）。

图 5　教师积极参加各类培训活动

2024 年，英语教研组教师在公开课展示、科研论文发表、教学竞赛获奖等方面表现突出，形成了“以赛促教、以研促学”的良性发展态势。

（一）公开课及讲座开展情况

2024 年度，英语教研组共开设 15 节区级及以上公开课，主题聚焦新课标背景下的教学创新（表 2）。

表 2　2024 年度英语教研组公开课开设情况表

教师姓名	级别	授课年级	课题内容	授课时间	授课地点
丁玮玮	区级	高一	B3 U3 Reading World Online	2024 年 3 月	苏州工业园区星海实验高级中学
徐立皓	区级	高二	X1 U2 Extended Reading	2024 年 5 月	南京航空航天大学附属高级中学
潘乐天	区级	高二	Satisfaction Guaranteed	2024 年 5 月	南京航空航天大学附属高级中学
钱籽哲	区级	高二	B5 U2 Integrated Skills	2024 年 10 月	苏州工业园区开放大学附属综合高中
曾润湘	区级	高一	Forrest Gump	2024 年 10 月	南京航空航天大学附属高级中学
费蓉蓉	区级	高二	XB2 U4 Artificial Intelligence	2024 年 11 月	苏州工业园区星海实验高级中学
祝艺玮	区级	高二	B5 U3 Extended Reading (Ⅰ)	2024 年 11 月	苏州工业园区星海实验高级中学
张一哲	区级	高一	Unit1 Integrated Skills	2024 年 11 月	江苏省木渎高级中学
辛群英	区级	高一	记叙文阅读	2024 年 11 月	新疆克孜勒苏柯尔克孜自治州阿图什市第一中学
赵玉蓉	区级	高二	XB2 U4 Artificial Intelligence	2024 年 12 月	苏州工业园区星海实验高级中学
秦　磊	区级	高三	读后续写专题	2024 年 12 月	苏州工业园区星海实验高级中学
刘姝童	区级	高三	读后续写遇险类讲评	2024 年 12 月	苏州工业园区星海实验高级中学
姜达娣	区级	高一	The dinner party	2024 年 12 月	苏州工业园区星海实验高级中学
徐申叶	市级	高一	Extensive Reading	2024 年 9 月	苏州工业园区星海实验高级中学
辛群英	市级	高二	XB1 Extended Reading	2024 年 12 月	江苏省网络名师工作室

公开课使老师们能够展示创新教学方法，交流教学心得，共同面对和解决教学实践中遇到的问题，进而推动教育理念和教学模式的不断革新与进步。此外，许毅颖老师在苏州市高三备课组长会议上做了题为“突破英语写作　聚力高考冲刺”的专题讲座，对高三英语写作教学进行了深度剖

析，为高三教师提供了冲刺高考阶段的针对性教学策略。远在新疆支教的辛群英老师则面向克孜勒苏柯尔克孜自治州毕业年级教师，开展了题为“高三读写的教学实践与策略”的专题讲座，有效破解了少数民族地区学生英语表达中的母语负迁移难题，为边疆地区的教学工作注入了新动能（图 6）。

图 6　开设公开课及讲座

（二）教师获奖情况

2024 年，星海高中英语教研组的教师在各类竞赛和评比中取得了显著成绩。这些成绩的取得，不仅彰显了老师们的教学实力，也为学校英语学科的发展增添了光彩（表 3、图 7）。

表 3　2024 年度英语教研组教师获奖情况表

教师姓名	获奖项目	级别	奖次
姚　曳	苏州工业园区高中教师解题能力竞赛	区级	一等奖
姚　曳	苏州工业园区高中教师学科素养竞赛（英语学科）	区级	一等奖
钱籽哲	苏州工业园区高中教师解题能力竞赛	区级	一等奖
钱籽哲	苏州工业园区高中教师学科素养竞赛（英语学科）	区级	一等奖
刘姝童	苏州工业园区高中教师命题比赛	区级	一等奖
刘姝童	苏州工业园区高中教师评题比赛	区级	二等奖
刘姝童	苏州工业园区优质课比赛	区级	一等奖
徐立皓	苏州工业园区高中教师命题比赛	区级	一等奖
徐立皓	苏州工业园区高中教师评题比赛	区级	二等奖
费蓉蓉	苏州工业园区高中教师解题能力竞赛	区级	二等奖
费蓉蓉	苏州工业园区高中教师命题比赛	区级	二等奖
费蓉蓉	苏州工业园区高中教师评题比赛	区级	一等奖
祝艺玮	苏州工业园区高中教师解题能力竞赛	区级	二等奖
祝艺玮	苏州工业园区高中教师命题比赛	区级	一等奖
祝艺玮	苏州工业园区高中教师评题比赛	区级	二等奖
何怡扬	苏州工业园区高中教师学科素养竞赛（英语学科）	区级	一等奖
陈　曦	苏州工业园区高中教师解题能力竞赛	区级	特等奖
潘乐天	苏州工业园区高中教师解题能力竞赛	区级	二等奖
潘乐天	苏州工业园区高中教师命题比赛	区级	二等奖
潘乐天	苏州工业园区高中教师评题比赛	区级	二等奖
张文娟	苏州工业园区高中教师解题能力竞赛	区级	二等奖
张文娟	苏州工业园区高中教师命题比赛	区级	一等奖

续表

教师姓名	获奖项目	级别	奖次
张文娟	苏州工业园区高中教师评题比赛	区级	二等奖
姜达娣	苏州工业园区优质课比赛	区级	二等奖
赵玉蓉	苏州工业园区高中教师学科素养竞赛（英语学科）	区级	二等奖
任晨洁	苏州工业园区优质课比赛	区级	一等奖
张一哲	苏州工业园区高中教师解题能力竞赛	区级	二等奖
秦　磊	苏州工业园区高中教师学科素养竞赛（英语学科）	区级	二等奖
许毅颖	苏州工业园区高中教师命题比赛	区级	一等奖
许毅颖	苏州工业园区高中教师评题比赛	区级	二等奖
徐璐莹	苏州市优质课比赛	市级	一等奖

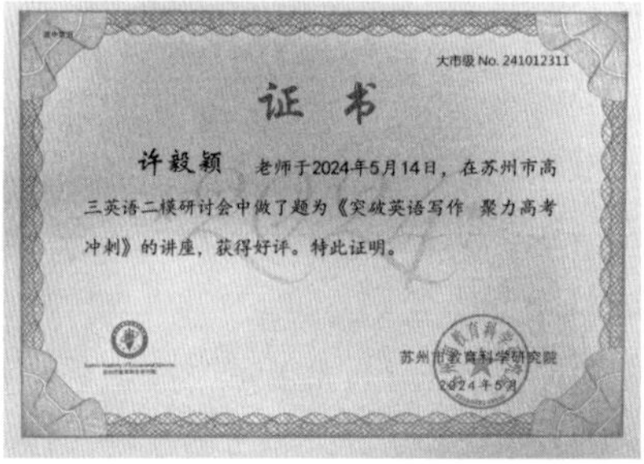

图 7　开设讲座证书

在 2024 年度，许毅颖老师获评苏州工业园区第二十五届“学科带头人”（图 8），这不仅是对其教学能力的肯定，也激励着英语教研组同人共同提升专业水平，促进教学研究与创新实践的持续深化。

图 8　许毅颖老师获评苏州工业园区第二十五届“学科带头人”

陆全霖老师和辛群英老师荣获校园“十大优师”称号（图 9），这不仅是对两位教师个人教学能力和教育贡献的高度认可，也极大地鼓舞了学校英语教研组全体教师的士气。

图 9　陆全霖老师和辛群英老师荣获校园“十大优师”称号

（三）教师教学研究与成果

英语教研组始终将教学研究作为提升教学质量的重要途径。2024 年，老师们积极投身教学研究，取得了丰硕的成果。据统计，英语教研组共有 5 位教师参与了省级及以上课题的研究工作，这些课题涵盖了英语阅读教学、英语写作教学等多个领域。同时，老师们还积极撰写论文，有多篇论文在省级及以上刊物上发表（表 4）。

表 4　2024 年度英语教研组教师论文发表情况表

教师姓名	论文名称	发表期刊	级别
叶　洁	高中英语语法教学的“形式—意义—使用”一体化设计——以将来进行时为例	《教学月刊》	省级
张一哲	探讨核心素养背景下高中英语写作课堂上的“五部曲”	《英语画刊》	省级
张一哲	高中英语阅读课堂活动设计的科学性和丰富性	《英语画刊》	省级
何文娟	指向学生思维品质培养的高中英语阅读教学研究	《英语教师》	省级

续表

教师姓名	论文名称	发表期刊	级别
秦　磊	基于深度学习的高中英语语篇教学探究	《中学生英语》	国家级
汤晴瑜	Pre-service EFL Teachers' Emotional Experiences, Emotion Regulation Strategies and Influencing Factors in Research: A Chinese Case Study	*Heliyon*	国际

2024 年，英语教研组在科研探索上取得了显著成绩。何文娟老师成功申报了一项区级重点课题，题为“英语阅读教学中思维品质培育策略探究”，内容是深入探索如何在英语阅读课堂上有效培育学生的思维能力。与此同时，徐璐莹与许毅颖老师携手完成了国家级课题“全民阅读环境下基础英语阅读能力提升策略研究”，该课题聚焦全民阅读背景下学生阅读能力的全面发展展开研究。张文娟老师则积极投身于另一项国家级课题“高中英语读写联动教学模式的创新与实践”的研究，致力开辟一条以阅读促进写作、读写并进的高中英语教学新路径（图 10）。

结项证书

项目类别：江苏省社科联研究课题　立项　项目（批准号：22SWC-28）

项目名称：全民阅读背景下基础英语阅读素养提升研究

负 责 人：许凤

主要参加人：龚熙华 孙炳芳 蔡丽新 刘献璐 许毅颖 辛群英 王佳欣 秦安彬 梁静静 徐璐莹

立项年度：2022　证书号：2024WC10

本项目通过专家鉴定，经审核准予结项。

江苏省哲学社会科学界联合会

二〇二四年十二月

苏州工业园区教育科学“十四五”规划课题

立项证书

课题名称：《基于思维品质培养的高中英语阅读教学的实践研究》

课题编号：SYK2024143

课题类别：立项课题

主 持 人：何文娟

研究单位：苏州工业园区星海实验高级中学

立项时间：2024 年 4 月 8 日

苏州工业园区教师发展中心

2024 年 4 月 8 日

图 10　英语教研组的科研探索

三、总结与展望

2024 年，星海高中英语教研组在校本课程建设与教师发展双轨并行中取得了丰硕成果。展望未来，星海高中英语教研组将继续秉承“让教育成为发现与创造的艺术”的教育理念，致力提升学生的英语能力和综合素养。在校本课程的开设方面，星海高中英语教研组将继续探索和创新，开设更多符合学生需求和时代特色的课程。在教师的专业发展方面，星海高中英语教研组将加强培训和学习资源的投入，建立完善的教师成长激励机制和团队协作机制，推动教师的持续学习和研究，不断提升学校英语学科的教学质量和水平。

强基固本，融合创新

——2024 年度物理学科发展报告

卢敏翔

一、物理教研组整体情况介绍

2024 年，物理教研组以“强基固本 · 融合创新”为年度发展主题，在“双新”课改深化与教育数字化转型背景下，打造了一支梯度合理、锐意进取的物理教师团队（图 1）。全年聚焦“物理核心素养落地”与“拔尖创新人才培养”双向发力，物理教研组通过重构教学范式、深挖学科育人价值，实现教师专业成长与学生发展的同频共振。目前，物理教研组共有教师 29 人，其中正高级教师1 人，苏州名教师 1 人，江苏省“333”高层次人才培养工程培养对象 1 人，苏州大市学科带头人 3 人，区学科带头人 6 人，高级教师 8 人，博士 2 人。

图 1　物理教研组教师团队

二、物理教研组名师风采

马云秀（图 2），苏州工业园区星海实验高级中学副校长，江苏省正高级教师，苏州大学教育硕士校外导师，苏州市名教师，苏州市优秀班主任，苏州市优秀教育工作者，姑苏教育青年拔尖人才，苏州市物理中青年

图 2　马云秀

学科带头人，苏州工业园区优秀教育工作者，苏州市教育科研先进个人。曾在苏州市把握学科能力竞赛和命题比赛中荣获一等奖。近 5 年，主持江苏省教研课题“基于高阶思维培养的高中物理教学优化研究”，参与江苏省教育科学规划课题“基于国家课程二次开发促进教师专业发展的实践研究”“数据驱动高质量发展的‘发现教育’实践与创新”的研究。2018 年参加普通高中教科书《物理（教科版）必修一》部分章节的编写工作，在《物理教师》《中学物理教学参考》等刊物上发表高中物理教育论文 10 余篇，对学生高阶思维的培养和发现课堂的设计有较深入的研究。

图 3　张东风

张东风（图 3），中共党员，高级教师，江苏省“333”高层次人才培养工程培养对象，姑苏教育特聘人才 C 类，苏州市中学物理学科带头人，奥林匹克竞赛高级教练员，苏州大学、江苏师范大学等高校兼职硕士生导师，苏州工业园区高中物理兼职教研员，曾获第十五届淮安市“十大杰出青年”、淮安市“533”英才工程学术技术拔尖人才、淮安市第一批“教育名师工作室”领衔人。《七步“探索——发现”有效教学实践探讨》获 2021 年“新时代苏州有效教学研究”项目成果一等奖，主持江苏省“十三五”教育科学规划立项课题研究，主持或加入核心组参与其他省、市课题多项。在《物理教师》《中学物理》等专业期刊发表教育教学论文 20 余篇。开设江苏省“教学新时空 · 名师课堂”等省市级公开课、讲座 30 余次，曾获省级优课评比一等奖、市优课评比一等奖、市教学设计评比一等奖、市教学论文评比一等奖、市教学课件评比一等奖等荣誉，所带学生中有多位进入北京大学、清华大学等名校深造。

图4 苏建东

苏建东（图4），中学高级教师，金鸡湖首届创优人才，苏州市中小学学科带头人。2018年参加普通高中教科书《物理（教科版）必修一》部分章节的编写工作，曾担任物理教研组组长、备课组组长，教学成绩显著，物理教研组多次被评为优秀教研组。曾获苏州市优课评比一等奖、江苏省优课评比一等奖。主持或参与多个省级、市级课题研究，在苏州市、工业园区物理教研活动中多次开设示范课。长期担任班主任，曾获区班主任基本功比赛特等奖，曾被评为区优秀班主任、区优秀德育工作者，曾获评教育系统优秀共产党员。

三、年度突出成绩与亮点

本年度物理教研组突破传统物理教育边界，以“大概念教学”为轴心，在课程建设、教学方式、评价体系三大领域实现创新突围。组内教师在2024年的各项比赛中斩获头奖，喜讯不断，让物理教育真正成为点燃创新思维的火种。

2024年11月，张东风老师获评姑苏教育青年拔尖人才；2024年9月，李冬老师获得苏州市青年教师基本功比赛一等奖；2024年8月，卢敏翔、李冬、陈健三位老师获苏州市学科素养比赛一等奖。物理教研组荣获一等奖人数再创新高。

四、教师专业发展——厚植沃土，精进不休

物理教研组始终将教师发展视为教研组生命力之源，2024年构建“三维赋能”培养体系，通过名师领航工程强化示范引领，依托课题攻坚项目深化教学研究，搭建赛教融合平台锤炼实战能力，全面提升教师专业发展。尤其在常规教学方面，情境化教学成为2024年度物理教研组教学实践的重要方向，老师们通过创设真实、有意义的物理情境，激发学生的学习兴趣，促进其主动参与学习，加深对物理知识的理解和应用；大单元教学成为2024年度物理教研组教学改革的重要抓手，老师们通过构建基

于物理学科核心素养的大单元课程体系，强化单元结构化、核心性和情境化，优化教学内容的组织与呈现。2024 年度，物理教研组在公开课、讲座、各类教学比赛获奖及论文发表等方面均斩获佳绩（表 1—表 4，图 5—图 7）。

表 1　2024 年度物理教研组开设公开课情况表

姓名	公开课名称	级别	时间
马云秀	光的偏正	市级公开课	2024 年 12 月
张东风	单摆	市级公开课	2024 年 10 月
李　冬	光的干涉	区级公开课	2024 年 12 月
李　冬	粒子与宇宙	区级公开课	2024 年 10 月
吴海静	向心力	区级公开课	2024 年 1 月
周少成	曲线运动	区级公开课	2024 年 12 月
徐富锋	液体	区级公开课	2024 年 5 月
徐富锋	运动的合成与分解	区级公开课	2024 年 12 月
郭　彪	简谐运动	区级公开课	2024 年 10 月
陈　健	简谐运动的描述	区级公开课	2024 年 10 月
金志明	宇宙航行	区级公开课	2024 年 3 月

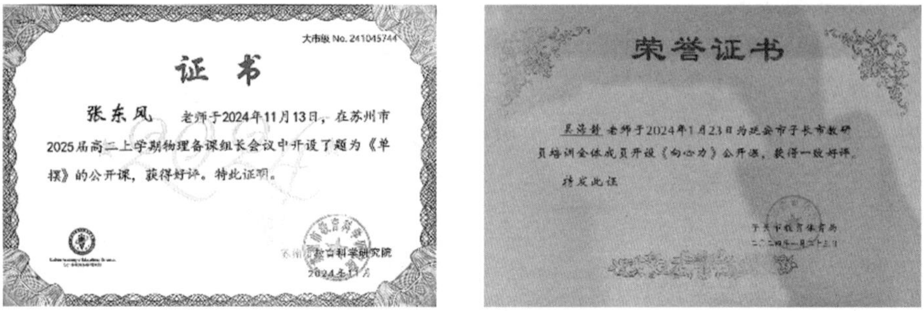
证　书

大市级 No. 241045744

张东风 老师于2024年11月13日，在苏州市2025届高二上学期物理备课组长会议中开设了题为《单摆》的公开课，获得好评。特此证明。

2024年11月

荣誉证书

吴海静 老师于2024年1月23日为延安市子长市教研员培训全体成员开设《向心力》公开课，获得一致好评。

特发此证

图 5　物理教研组所获荣誉证书之一

表 2　2024 年度物理教研组开设讲座情况表

姓名	讲座课题	级别	时间
金志明	《Phyphox》在高中物理实验信息化教学中的应用机械振动及其他	省级讲座	2024 年 12 月
马云秀	基于发现教育的高中物理教学探索	市级讲座	2024 年 4 月

续表

姓名	讲座课题	级别	时间
卢敏翔	做题、命题、评题、结题	区级讲座	2024 年 5 月
卢敏翔	浅谈教学研究	区级讲座	2024 年 8 月
陈　健	浅谈教学研究	区级讲座	2024 年 8 月

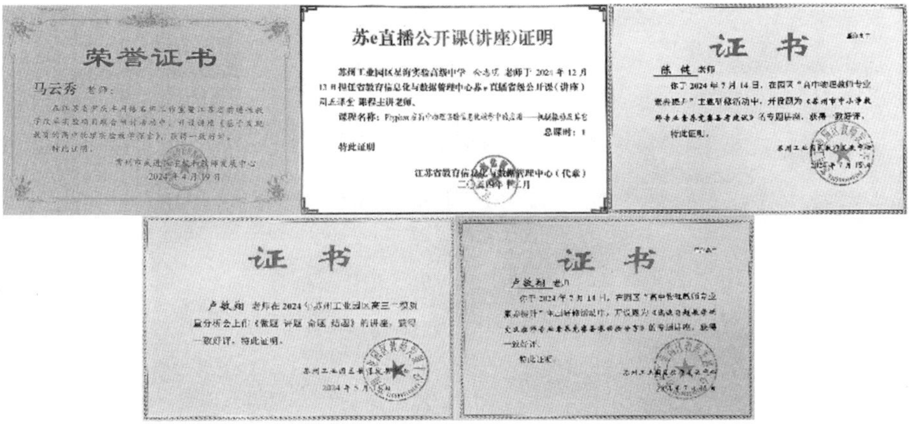

图 6　物理教研组所获荣誉证书之二

表 3　2024 年度物理教研组教师专业类获奖情况表

姓名	比赛名称	奖次	时间
李　冬	苏州市教师基本功大赛	一等奖	2024 年 9 月
李　冬	苏州市素养大赛	一等奖	2024 年 8 月
李　冬	苏州工业园区命题、评题比赛	一等奖	2024 年 6 月
卢敏翔	苏州市素养大赛	一等奖	2024 年 8 月
卢敏翔	苏州工业园区命题、评题比赛	一等奖	2024 年 6 月
陈　健	苏州市素养大赛	一等奖	2024 年 8 月
陈　健	苏州工业园区命题、评题比赛	一等奖	2024 年 6 月
刘　昊	苏州市素养大赛	三等奖	2024 年 8 月
刘　昊	苏州工业园区高中教师学科素养竞赛	二等奖	2024 年 12 月
郭　彪	苏州市素养大赛	三等奖	2024 年 8 月
郭　彪	苏州工业园区命题、评题比赛	一等奖	2024 年 6 月
金志明	苏州工业园区命题、评题比赛	一等奖	2024 年 6 月

图 7　物理教研组所获荣誉证书之三

表 4　2024 年度学科组教师论文发表及获奖情况表

姓名	论文题目	期刊或奖项名称	时间
张东风	均质小圆柱在非固定圆柱面内小角度摆动周期的探讨	《物理教师》	2024 年 7 月
张东风	发现教育视域下高中物理“迷思概念”转变的课堂教学研究	《物理通报》	2024 年 11 月
张东风	物理竞赛训练题中的复赛真题变式探讨——以圆柱在圆槽内小振动的一题多解和难度梯度设计为例	2024 年度江苏省物理学会举办的“中学物理教学研究论文评选活动”中获一等奖	2024 年
郭　彪	对小球沿光滑椭圆槽下滑问题的再研究	《物理教师》	2024 年 11 月
郭　彪	拓展规律教学发展科学思维——以一节探求“杂技抛球”相遇规律的习题重构课为例	2024 年江苏省中小学教研室二等奖	2024 年

续表

姓名	论文题目	期刊或奖项名称	时间
徐富锋	深挖物理模型提升思维能力	《物理通报》	2024 年 8 月
徐富锋	一道有关“杆倾倒”强基物理试题的解答与深入探讨	《理科考试研究》	2024 年 4 月

五、学生发展——格物致知，英才辈出

物理教研组坚持“赛促学、以研促创”的培养策略，于 2024 年建立了基础学科拔尖学生培养基地，实施了“物理强基计划”。通过个性化培养方案与项目式学习，学生在理论建构、实验探究、工程实践三个维度实现了跨越式发展。2024 年度，在徐富峰、尹博和金志明三位奥赛教练的带领下，星海学子在当年的物理奥赛中获奖人数再创历史新高，其中获江苏省一等奖人数达到 20 人（表 5，图 8）。

表 5　2024 年度物理学科竞赛获奖情况表

年级	姓名	奖次	奖项级别
高二	曾邵祺	赛区二等奖	省一等奖
高二	陈岱青	赛区二等奖	省一等奖
高二	郭航瑞	赛区二等奖	省一等奖
高二	石彬辉	赛区二等奖	省一等奖
高二	顾张沛辰	赛区二等奖	省一等奖
高二	顾毅楷	赛区二等奖	省一等奖
高二	黄千瑜	赛区二等奖	省一等奖
高二	周振轩	赛区二等奖	省一等奖
高二	施昱昊	赛区二等奖	省一等奖
高二	范高祎	赛区二等奖	省一等奖
高三	吴晓烨	赛区二等奖	省一等奖
高三	陈志远	赛区二等奖	省一等奖
高三	张宇成	赛区二等奖	省一等奖
高三	唐启明	赛区二等奖	省一等奖
高三	秦梓珉	赛区二等奖	省一等奖

续表

年级	姓名	奖次	奖项级别
高三	韦中天	赛区二等奖	省一等奖
高三	邓田旭	赛区二等奖	省一等奖
高三	王熠何	赛区二等奖	省一等奖
高三	姚泽阳	赛区二等奖	省一等奖
高三	金劭博	赛区二等奖	省一等奖

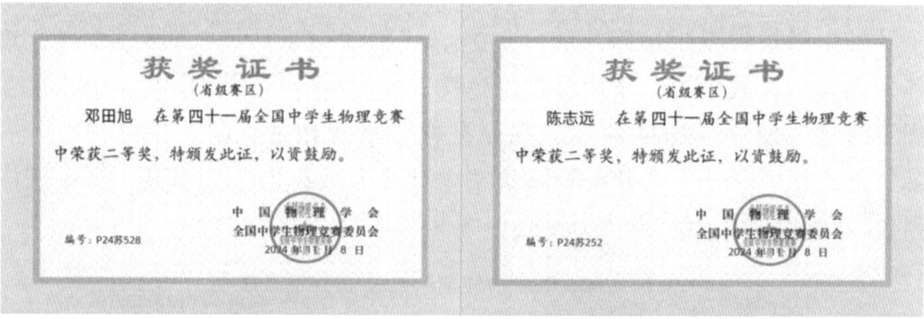

图 8　物理教研组所获荣誉证书之四

六、常规工作与团队建设——深耕细作，向光而行

在追求卓越的道路上，物理教研组全体教师始终牢记教育者的初心使命。2024 年，物理教研组构建“三精三有”工作范式——精准教研有深度、精心育人有关怀、精细管理有章法，让严谨的物理课堂同样充满人文温度；组织教师深入学习《物理课程标准》及相关教育教学理论书籍，转变教学观念，树立以学生发展为本的教学理念，提升教师的理论修养；定期开展教研活动，如集体备课、听课评课、主题研讨等，促进教师之间的交流与合作，共同探讨教学中的问题与解决策略，提升教师的教学能力和教研水平；加强对青年教师的培养，落实“青蓝工程”，通过师徒结对、教学观摩、指导帮扶等方式，促进青年教师快速成长；关注学生的个体差异，因材施教，满足不同学生的学习需求；加强与家长及社会的沟通和合作，形成教育合力，共同促进学生的全面发展；注重学生核心素养的培养，通过多样化的教学活动和评价方式，全面评估学生的学习成果，为学生的未来发展奠定坚实基础（图 9）。

图 9　物理教研组常规工作与团队建设

“化”育万物以匠心筑梦，“学”海萃英助奋楫前行

——2024 年度化学学科发展报告

高　宏

化学不仅是解码物质本质的钥匙，也是连接微观与宏观的桥梁。在第四次工业革命的浪潮中，化学既是科技创新的基石，也是人类应对环境、能源、健康等全球性挑战的核心力量。2024 年，化学教研组秉持“格物致知、知行合一”的理念，既深耕基础理论，又聚焦实践创新，让化学教育成为培育科学素养与家国情怀的沃土（图 1）。

图 1　化学教研组全体教师

正如元素周期表揭示了物质世界的秩序，化学教育也需要在传承与创新中找到平衡：既要夯实学科根基，又要回应时代需求；既要培养实验技能，又要激发探索精神。2024 年度，化学教研组以“实验为舟、创新为帆”，在教师发展、学生成长、实验室建设等方面交出了一份亮眼的答卷。

一、教师素养发展：深耕教学，引领前沿

教师的专业成长是学科发展的核心动力。2024 年，化学教研组教师以扎实的学术功底和创新的教学理念，在各级平台崭露头角，展现了团队的卓越风采。

（一）教学竞赛评比与公开课、讲座开设

2024 年度，崔晓芬老师凭借《化学能与热能》一课，获江苏省高中化学优秀课评比活动一等奖，其教学设计将理论知识与能源要求相结合，引导学生思考碳中和背景下的化学使命；贾一鸣、孟郊、王颖 3 位老师获苏州市教师专业素养比赛三等奖；张敏杰、贾一鸣、康佩虹教师团队获苏州工业园区命题比赛一等奖；李燕、柏佳璐、曹轩瑜等老师获苏州工业园区解题大赛二等奖。

高宏老师和张宗涛老师分别开设了一节省级公开课“胶体”和“物质制备实验方案设计”；刘其凯老师开设省级竞赛专题讲座“Si、N、P、S”；江丽芬老师、刘和平老师和高宏老师分别开设了一节市级公开课“沉淀溶解平衡”“CO_2的捕集与再利用”“多视角认识催化剂”；高宏老师开设了市级讲座“化学实验试题分析及复习教学建议”；孟郊、柏佳璐、曹轩瑜、赵芸、张莹莹 5 位老师分别开设了一节区级公课，均广受好评。

（二）科研与论文成果

曹轩瑜老师在核心期刊《化学教学》上发表论文《基于真实情境的初中化学项目式复习教学设计：以“制作金属书签”为例》；张松树老师撰写的论文《发现教育新纬度：基于核心素养的高中化学实验教学与拓展的实践与反思》获江苏省基础教育论文评比二等奖；孟郊老师主持的市级课题“化学核心素养视角下化学史校本课程的开发”顺利结题。

在骨干教师的引领下，化学教研组年轻教师迅速成长，并在 2024 年度交出了满意的答卷。

图 2 为 2024 年度化学教研组教师各类获奖证书。

图 2　2024 年度化学教研组教师各类获奖证书

二、学生成长：竞赛突破，高考亮剑

学生的卓越表现是学科实力的最佳印证。2024 年，星海学子在化学竞赛舞台与高考考场双双绽放光彩（图 3）。

图 3　2024 年度星海师生所获化学竞赛荣誉证书

在第 38 届中国化学奥林匹克竞赛（初赛）中，星海的朱天乐、潘孔嘉、李俊佑、过乐宸、吴思含、潘奕锟 6 名同学斩获江苏赛区一等奖（国一）（表 1），其中，学校最高分获得者朱天乐同学获得了全省第 26 名的好成绩。成绩的背后，离不开化学竞赛团队刘其凯老师与杜威老师的辛苦教育和细心陪伴（图 4）。时光作渡，万海无阻。披荆斩棘，一往无碍。

表 1　星海学子参加第 38 届中国化学奥林匹克竞赛（初赛）获奖情况

姓名	年级	奖次
朱天乐	高三	江苏赛区一等奖
潘孔嘉	高三	江苏赛区一等奖
李俊佑	高三	江苏赛区一等奖
过乐宸	高三	江苏赛区一等奖

续表

姓名	年级	奖次
潘奕锟	高二	江苏赛区一等奖
吴思含	高三	江苏赛区一等奖

图 4　化学教研组老师们的辛苦教育与细心陪伴

2024 年高考星海化学科目平均分达 83 分（满分 100 分），再次领跑全市，这样的成绩也离不开高三化学教研组老师们的竭力付出。

三、实验室建设：硬件升级，实践赋能

实验室是化学学科的第二课堂。2024 年，学校全面升级化学实验中心，打造智能化、安全化、开放化的实践平台。

（一）设备更新与功能拓展

学校实验室新增紫外分光光度计、微型反应釜等高端仪器，学生可自主完成“食品添加剂检测”等前沿实验；计划引入 VR 虚拟实验室，模拟危险实验场景，实现安全与创新的双重保障。

（二）特色活动与校企合作

2024 年度举办校本课程之实验展示，选课学生以“焰色反应”“黄金雨”等趣味实验向全校师生展现化学的魅力；学生实地考察名优企业内工业级反应设备，开启生涯规划，并撰写研究报告。

四、展望：以化学之光照亮未来

“道虽迩，不行不至；事虽小，不为不成。”2024 年的成绩是起点，

而非终点。未来，化学教研组将继续以发现教育为核心，深化课程改革，推动学科交叉融合发展，培育兼具科学精神与社会担当的新时代学子。

未来，化学教研组将继续秉承攻坚克难的执着、乘风破浪的坚守和脚踏实地的勤励，总结梳理，规划沉淀，凝聚智慧，勇毅前行，在分子与反应的律动中，书写属于化学人的壮丽篇章！

发现教育绽芳华，生物实践启智涯

——2024 年度生物学科发展报告

邹振芳

一、协同创新：发现视域下的科学教育课程建构

学校生物教研组围绕“让教育成为发现与创造的艺术”，以发现的视角审视课程建设，2024 年通过课题研究引领课程实践（图 1），从课程目标设置、课程架构设计与内容选择、课程教学组织与实施、课程质量管理与评价、课程学习场域建设五个方面展开生命科学课程建设。

苏州市教育科学规划领导小组办公室

教科规[2024]3号

苏州市教育科学“十四五”规划 2023 年度
课题立项通知书

邹振芳;周晓阳同志：

经专家评审和苏州市教育科学规划领导小组批准，您申报的指向拔尖创新人才培养的高中生物特色课程的实践与探索已获准立项为苏州市教育科学“十四五”规划 2023 年度基础教育拔尖创新人才早期培养专项课题，批准号为：2023/JK-bc/02/001/09。

苏州市教育科学“十四五”规划课题申请一经批准，其《申报评审书》即成为有约束力的协议，请课题主持人严格按照《申报评审书》中填写的相关内容，认真开展研究工作，取得预期研究成果。

图 1　苏州市“十四五”规划课题“指向拔尖创新人才培养的高中生物特色课程的实践与探索”开题

2024 年度，学校生物教研组新开发了 3 门校本课程“探秘微生物世界”“营养与健康”“一颗种子的生命历程”（图 2）。高文露老师开设的“探秘微生物世界”校本课程通过微生物理论知识讲解和微生物基础实验

操作的实践，激发了学生对微生物的兴趣与探索欲。在此基础上，生物教研组着重引导学生自主设计微生物相关实验。教师通过深化理论讲解、规范实验操作指导，启发学生从生活中发现微生物相关问题，分组讨论设计实验方案，最终学生设计了许多微生物相关的实验，如探究 pH 值对微生物培养的影响，探究灰尘中的微生物，等等。教师帮助学生优化实验细节，学生利用研究报告，进一步细化实验材料、实验步骤等，并在以后的校本课程中进行实操。谢宇琦、王姿懿老师开设的“营养与健康”校本课程，将理论与实验相结合，通过介绍日常食物的营养，测定日常食物中还原糖和维生素 C 的含量，提升了学生的科学素养。

许欢老师开设的“一颗种子的生命历程”校本课程通过基础知识学习、校园植物采集、标本制作、物种鉴定等环节，引导学生经历了理论知识学习和实践操作的完整过程。在知识层面，学生系统地掌握了植物学基础知识和植物分类方法，能够准确识别校园内的多种常见植物，并了解它们的分类和特征。在实践层面，学生学会了标本制作的整套流程和物种鉴定的技巧，培养了耐心和细心。

图 2　生物学科校本课程提升学生科学素养

二、科技引领：数据赋能下的教学创新实践

生物学科的发现教育注重把大数据分析作为驱动要素，通过教学、检测、实验大数据科学分析，促进教师从数据分析中发现教学得失，发现学生的品质，挖掘学生的潜能，主动转变教育教学方式，应和新时代教育发展“一核四层四翼”评价体系新要求，优化教育资源和育人实践范式，激发师生主体发展的内生动力，使得教育行为更加科学化、方向化、精细化、个性化、高效化。

2024 年度，生物教研组持续推进数据赋能的教学创新实践，在模块化、精准化方面重点发力，通过开设数智赋能研讨课，将数字实验室、AI 技术引入课堂，探索助力学生成长新路径（图 3）。

图 3　数据赋能下的生物学科教学创新实践

三、学术先锋：综评强基开启学术探索的双轨路径

作为拔尖创新人才培养的重要支撑，竞赛为学生的学术素养培养、特长发展保驾护航。苏州工业园区星海实验高级中学的生物竞赛课程极大地丰富了学生的知识宝库，突破了高中生物教材的局限，深入到了更广泛的生物学科领域（图 4）。

2024 年，在学校的大力支持下，生物教研组全体教师共同努力，构建了较为完善的竞赛课程内容体系，该体系涵盖了生物学的各个领域，包括从细胞的微观世界到生态系统的宏观平衡，从遗传信息的神秘传递到生物进化的漫长历程等内容。同时，为了给生物竞赛生提供更好的教育资源，减少信息差，生物竞赛课程采取线上、线下多种形式，结合校内、校外多个平台资源，帮助学生在系统学习竞赛知识的过程中查缺补漏，突破重难点。2024 年生物学科竞赛的成绩取得新突破，获奖人数和获奖层级均有所提升（表 1）。竞赛之路无疑充满艰辛，但一路走来，同学们逐渐学会了自主学习，调整心态，应对压力，未来他们在面对人生道路上的各种挑战时将更加从容和坚定。

图 4　学术先锋，综评强基

表 1　2024 年度生物学科竞赛获奖情况表

姓名	性别	年级	奖次	姓名	性别	年级	奖次
吴闻禹	男	高二	国家一等奖	刘潇涵	男	高一	省一等奖
刘希怡	女	高二	国家二等奖	吴品轩	女	高一	省一等奖
李博文	男	高一	国家二等奖	徐子一	男	高一	省一等奖
张知乐	女	高一	国家二等奖	李荣昕	女	高二	省二等奖
顾皓天	男	高二	国家三等奖	施　勤	女	高二	省二等奖
潘禺睿	男	高二	国家三等奖	汪子健	男	高二	省二等奖
杨闻恺	男	高二	省一等奖	谭　颖	女	高二	省二等奖
张宇成	男	高二	省一等奖	耿弘毅	男	高二	省二等奖
丁品文	男	高二	省一等奖	钱宇鲲	男	高一	省二等奖
胡昕田	女	高二	省一等奖	彭天昊	男	高一	省二等奖
舒钰涵	男	高一	省一等奖	阮之怡	女	高一	省二等奖
陈旭文	男	高一	省一等奖	—	—	—	—

四、成长引航：案例研习提升教师专业发展

发现既是教学变革的起点，也是教科研的增长点。学校生物教研组教师团队始终秉持对教育事业的热爱与执着，积极投身教育教学工作，以专业促发展，以教研促效率，以发现教育的案例实践助推教师专业发展（图5、图6）。

图5　苏州工业园区教研员参与组内讨论

图6　正高级教师周晓阳书记指导高一新教师

在日常教学中，老师们不断探索创新教学方法，将传统教学模式与现代教育技术深度融合，通过引入多媒体教学、在线教学平台等手段，丰富课堂教学的形式与内容，有效激发学生的学习兴趣和主动性。许多教师在教学过程中注重因材施教，根据不同学生的学习特点和需求制订个性化的教学方案，显著提高了教学质量。组内教师本学期开设市级公开课5节，区、校公开课多节，通过课前的组内打磨、课堂呈现观察、课后的讨论评议，老师们相互碰撞思维火花，相互成长、相互成就（表2）。

表2　2024年度生物教研组开设公开课及讲座情况表

姓名	公开课或讲座主题	时间	级别
邹振芳	基因表达与性状的关系	2024年5月	市级
邹振芳	拓展学程助力一轮复习	2024年6月	市级
魏云虎	细胞周期	2024年8月	市级
崔妍	生长素的发现	2024年1月	市级
王丽	基因表达调控	2024年4月	区级
李寅昊	光合作用的过程	2024年6月	市级

续表

姓名	公开课或讲座主题	时间	级别
梁玮	神经调节一轮复习	2024 年 12 月	区级
李洁	生态系统的能量流动	2024 年 12 月	区级
王思婷	光合作用的过程	2024 年 12 月	区级

“问泉哪得清如许，为有源头活水来。”生物教研组不仅组织教师参与各级各类学习培训，与学科专家深度互动，还深入企业、科研机构等不同场所，通过实践，了解行业最新发展动态和技术应用，与企业一线工作人员进行深入交流，以利于在今后的教学中能够更好地将理论知识与实际应用相结合（图 7）。这些实践案例也成为老师们进行课程开发的好素材，2024 年，生物教研组有多位教师在苏州市教学比赛中获奖（表 3）。

图 7　深入企业和科研机构开展实践活动

表 3　2024 年度生物教研组教学类比赛获奖情况表

姓名	教学类比赛名称	获奖时间	奖次
顾研	苏州市青年教师教学基本功大赛	2024 年 9 月	苏州市一等奖
蒋斐雯	苏州市优质课评比（中年组）	2024 年 12 月	苏州市一等奖
邹振芳	苏州市教师专业素养比赛	2024 年 9 月	苏州市三等奖
崔妍	苏州市教师专业素养比赛	2024 年 9 月	苏州市二等奖
李洁	苏州市教师专业素养比赛	2024 年 9 月	苏州市三等奖
苗夏林	苏州市教师专业素养比赛	2024 年 9 月	苏州市三等奖

“历”鉴古今，“史”启未来

——2024 年度历史学科发展报告

徐继宽

一、学科使命

苏州工业园区星海实验高级中学历史教研组秉承学校“人人成功，人人成星”的教育理想和“让教育成为发现与创造的艺术”的教育理念，以“铸历史之观，成时代之智”为教学指向，帮助学生提升核心素养，涵养家国情怀，努力培养“立时代之潮头，通古今之变化，发思想之先声”的时代新人。

二、队伍建设

历史教研组汇聚了一批专业扎实、潜心教学、勇于创新的优秀教师，是一支能埋头苦干、能聚智巧干、能担当实干的教学团队（图 1）。现有成员 11 名，平均年龄为 36 岁，包括正高级教师、江苏省教学名师、苏州市名教师、姑苏教育青年拔尖人才、大市学科带头人、区学科带头人等。其中，1 人曾获江苏省教学成果奖一等奖，2 人曾获江苏省优质课评比一等奖。2018 年后入职的青年教师有 7 人，均为硕士研究生学历。

图 1　历史教研组教师团队

三、工作梳理

（一）关注学生发展，教学业绩突出

历史教研组致力“以人为本，启迪智慧，面向未来”，积极营造开放多样的学习环境，潜心教学，乐于奉献，群策群力，共享资源，务实静心，共育英才，全方位培养学生的历史学科素养和审辩思维能力（图2）。付出必有收获，在各类可比性考试中，星海高中各个年级的历史学科均分都稳居大市前茅。历史教研组开发学业测评原创软件“星海背书王”和“星海刷题王”助力历史自主学习，对辅助高一学生提升背书效率和高二学生合格性考试复习起到了很好的效果，在全国具有一定的声誉和影响力。

图2　历史教研组务实静心育英才

（二）关注教师成长，专业发展出色

历史教研组通过规划成长让教师充满发展动力，通过研究课堂让教师提升教学技艺，关注高考改革，开展全组试题同解同议，提升专业修养，开展全组教学技能竞赛，是一支才华与战斗力并存的队伍（图3）。张小

雨、丁一两位老师获得 2024 年苏州工业园区高中教师解题竞赛一等奖，柳宗书、陈小军、张佳佳三位老师获得 2024 苏州工业园区高中历史评题比赛一等奖，王宇平老师获得 2024 年苏州工业园区高中教师学科素养竞赛一等奖，张裕老师获得 2024 年苏州工业园区高中教师学科素养竞赛二等奖，张小雨老师获得 2024 年苏州工业园区高中历史优质课竞赛一等奖，丁一老师连续获得区、市、省高中历史优质课竞赛一等奖。陈小军老师被苏州工业园区教育局和苏州工业园区人才办评为苏州工业园区教育领军人才培养对象，并获评江苏省教学名师。

图 3　历史教研组关注教师成长

（三）关注教育科研，深化研究成果

历史教研组教师热心教研，反思教学（图 4）。老师们立足教育教学一线，聚焦课改核心问题，以主题研课提升教学素养，以专题研讨延展学术理解，以论文课题表达研究见解。在原有的江苏省教育科学规划课题顺利结题后，张小雨老师主持区级课题“基于审辩思维的历史人物教学研究”继续细化研究，老师们进一步立足指向审辩思维的历史课堂教学进行深度研究，为下一步江苏省教育科学规划课题申请做准备。

图 4　历史教研组关注教育科研

（四）关注课程开发，成就繁星瀚海

历史教研组不仅高质量完成国家课程的教学任务，还立足现实，将校本课程与社会需求、学校环境、办学理念、育人目标、文化特点等有机结合，努力探索“融和、致远”的教育境界，用心打造有方法启迪和价值引领的历史第二课堂。陈小军老师开设校本课程“古韵今风——史上不可忽视的苏州人”，张小雨老师开设校本课程“近代人物多面体”，张裕老师开设校本课程“电影里的中国”，周雄老师开设校本课程“指尖上的非遗——姑苏历史上的玉器文化”，张佳佳老师开设校本课程“历史课本里的考古发现”。

（五）关注示范作用，扩大引领辐射

历史教研组重视发挥“传、帮、带”作用，以老带新、以新促学，促进组内教师全员发展。陈小军老师作为苏州工业园区历史名师工作坊主持人，每月开展集体研修活动，不仅对本组教师的专业成长起了快速推动作用，对区域内的历史教师发挥了示范引领作用，还产生了优质教育资源的辐射效应，并成功加入唐琴国家级教学成果应用推广团队（图 5）。陈小军、徐继宽、沈月芳、丁一老师还多次开设市、区级教学讲座（图 6）。同时，历史教研组积极承办重要教研活动，如 2024 年 12 月份参与筹办星海“数智赋能 发现教育”教学展示活动，并承办苏州市拔尖创新人才教育培养联盟课例展示研讨活动，不仅扩大了学校影响力，还助推教师成长。

图 5　国家级教学成果推广应用实验单位认定证书

图 6　沈月芳举办讲座现场

四、2024 年度历史教研组教师成绩汇总

（一）历史教研组教师公开课开设情况（表 1）

表 1　2024 年度历史教研组教师开设公开课情况表

姓名	公开课名称	级别	主办单位	时间
丁一	古代人类的迁徙与区域文化的形成	区级	苏州工业园区教师发展中心	2024 年 3 月
张佳佳	中国古代的民族关系与对外交往	区级	苏州工业园区教师发展中心	2024 年 11 月
张小雨	挽救民族危亡的斗争	区级	苏州工业园区教师发展中心	2024 年 11 月
柳宗书	晚清时期的内忧外患与救亡图存	区级	苏州工业园区教师发展中心	2024 年 12 月
王宇平	全球联系的初步建立与世界格局的演变	区级	苏州工业园区教师发展中心	2024 年 12 月
丁一	人民解放战争	市级	苏州市教育科学研究院	2024 年 12 月
徐继宽	从局部抗战到全国抗战	市级	苏州市教师发展中心	2024 年 12 月
陈小军	从局部抗战到全国抗战	市级	苏州市教育科学研究院	2024 年 12 月

（二）历史教研组教师讲座开设情况（表2）

表2　2024年度历史教研组开设讲座情况表

姓名	公开课名称	级别	主办单位	时间
徐继宽	博观：拓宽专业成长的知识视界	区级	苏州工业园区教师发展中心	2024年3月
徐继宽	高三备考策略交流	市级	无锡市教育科学研究院	2024年8月
沈月芳	高中历史优质课的必备要件	区级	苏州工业园区教师发展中心	2024年10月
陈小军	基于优化融合的历史高考复习策略	市级	新疆克州教研室	2024年11月
丁一	中国古代史的高考命题特征、解答策略及其教学应对	区级	苏州工业园区教师发展中心	2024年12月
徐继宽	高三历史复习策略与实战技巧	区级	苏州工业园区教师发展中心	2024年12月

（三）历史教研组教师学科竞赛获奖情况（表3）

表3　2024年度历史教研组教师学科竞赛获奖情况表

姓名	学科竞赛名称	奖次	时间
张佳佳	2024年苏州工业园区高中历史命题评题比赛	区一等奖	2024年6月
柳宗书	2024年苏州工业园区高中历史命题评题比赛	区一等奖	2024年6月
丁一	2024年苏州工业园区高中教师解题竞赛	区一等奖	2024年4月
张小雨	2024年苏州工业园区高中教师解题竞赛	区一等奖	2024年4月
张小雨	2024年苏州工业园区高中历史优质课竞赛	区一等奖	2024年9月
丁一	2024年苏州工业园区高中历史优质课竞赛	区一等奖	2024年9月
丁一	2024年苏州市高中历史优质课评比	市一等奖	2024年9月
丁一	2024年江苏省高中历史优质课评选	省一等奖	2024年10月
陈小军	2024年苏州工业园区高中历史优质课评比	区二等奖	2024年5月
王宇平	2024年苏州工业园区高中教师学科素养竞赛	区一等奖	2024年12月
张裕	2024年苏州工业园区高中教师学科素养竞赛	区二等奖	2024年12月

（四）历史教研组教师论文发表与获奖情况（表4）

表4　2024年度历史教研组教师论文发表与获奖情况表

姓名	论文题目	期刊或评比	时间
张佳佳	基于核心素养“史料实证”下探究考古材料在历史教学中的运用	苏州工业园区中学历史优秀论文竞赛一等奖	2024年6月
丁一	借助通史进行专题史教学的策略	苏州工业园区中学历史优秀论文竞赛一等奖	2024年6月
张小雨	准确把握课程标准，有效展开教学实践	苏州工业园区中学历史优秀论文竞二等奖	2024年6月
陈小军	虚实：成熟时间越早越说明记载史实越真实？	《苏州教育研究》2024年第7期	2024年7月
陈小军	开放性历史高考素养测试题案例分析	《教学考试》2024年第9期	2024年9月
陈小军	基于史料实证的历史学科核心素养题命解刍议：以2024年新课标历史卷第27题为例	《中学历史教学》2024年第11期	2024年11月
张小雨	主持区级课题“基于审辩思维的历史人物教学研究”	—	2024年在研
陈小军	主持区级课题“基于教育集团化办学背景下校本共契课程建设研究”	—	2024年立项

（五）历史教研组教师取得荣誉情况（表5）

表5　2024年度历史教研组教师取得荣誉情况表

姓名	荣誉名称	级别	颁发单位	时间
徐继宽	苏州市精神文明建设“十佳新人”暨苏州市道德模范提名	市级	苏州市精神文明建设指导委员会	2024年1月
陈小军	苏州工业园区教育领军人才培养对象	区级	苏州工业园区教育局、苏州工业园区人才办	2024年6月
陈小军	江苏省教学名师	省级	江苏省教育厅	2024年12月

进取点点星铺路，步履稳踏自成功。接下来，苏州工业园区星海实验高级中学历史教研组将继续以“建设高标准和高质量的教研组”为奋斗目标，铭记立德树人的教育初心，不忘素养导向的教学使命，凭借攻坚克难的锐气、蓬勃向上的朝气、团结共进的士气，不断书写星海教育的新篇章！

扎实教研、思政育人，推动星海教育高质量发展

——2024 年度政治学科发展报告

束红华

苏州工业园区星海实验高级中学政治教研组是一支师德高尚、作风优良、业务精湛、精诚团结的教师队伍（图 1）。现有教师 10 人，其中正高级教师 1 人，高级教师 3 人，一级教师 4 人，二级教师 2 人，研究生学历 4 人。组内老、中、青教师梯队分布合理，所有教师齐头并进、砥砺前行，坚持“立德铸魂”的教育理念，坚持以研促教，教研相长，在教研中探索“思政育人”之道，播撒“思想”的种子，引导学生扣好人生第一粒扣子。

图 1　政治教研组教师团队

一、专家引领，扎实教研

政治教研组教师团队立足新课程、新教材和新高考的大背景，坚持以新课改理念为指导，贯彻政治学科的核心素养、抓牢课堂教学，在教中研、在研中教，通过教学研讨和交流促进教师教育观念的转变、教学能力

和素质的提高，以适应新教改的发展要求。一学期以来，在正高级教师、特级教师陈汉清的示范引领下，全组教研氛围浓厚，工作扎实有序。其间，还邀请江南大学吴格明教授送教上门，给教师和学生上课，带来了高阶课堂的特殊体验，受到师生的热烈欢迎（图 2）。

图 2　邀请吴格明教授来校授课

（一）优化教研和集体备课

政治教研组坚持教研活动和集体备课相互补充、集思广益、群策群力，发展整体优势，提高课堂教学整体效益（图 3）。根据学科特点和阶段要求，确立每一次教研活动的主题，每次围绕一个重点或解决一个难点，小而精，突出经验交流和焦点问题探究与反思，使教研活动落到实处。集体备课时注重研讨教学重难点知识的突破，作业训练的精选精炼，以及如何给课堂提质增效，如何加强学生思维和能力的培养，等等。政治教研组集体教研成果显著，在历次统考中，高一、高二、高三各年级成绩均名列大市前茅，提升了集体战斗力和竞争力，为学校及苏州工业园区教育赢得了良好口碑。

图 3　政治教研组集体教研活动

（二）以研促教，“教”“研”相长

立足课堂，深耕课堂，全组教师以议题式、案例式、探究式、互动式教学方式，关注最新时事，丰富教学情境，注重提升思政教学的趣味性、知识性、新颖性，充分调动学生参与学习的积极性和主动性。老师们定期组织课堂观摩研讨活动，反思总结，取长补短，在学习研讨中提高学科教学能力和水平，推动思政课堂高质量发展（图 4）。同时，做好传帮带工作，带动青年教师多学习、多磨课，让青年教师在开课和评课中不断成长。

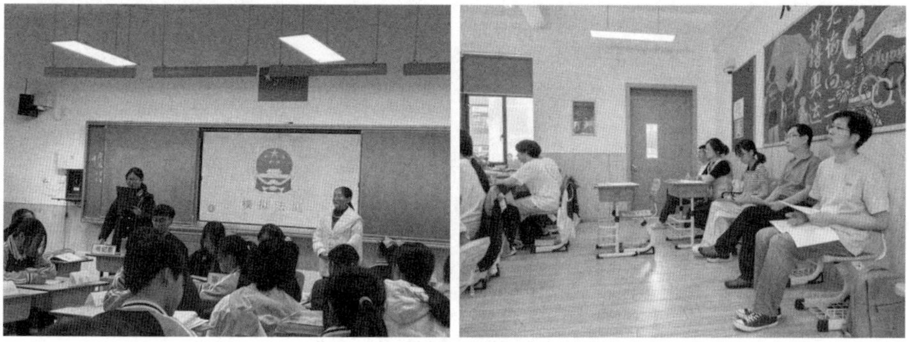

图 4　课堂观摩研讨活动

本学期政治教研组共组织了 4 次教研组活动，保证每月组织 1 次。为了迎接 12 月 5 日的苏州工业园区星海实验高级中学“数智赋能、发现好课”教学展示活动（图 5），全组成员高度重视，从 11 月初开始，先是年级备课组讨论、磨课，之后又组织了两次教研组活动，大家一起想点子、找亮点，不断优化，磨好每一节课，最后呈现的两节课展示了星海师生的超凡水平和能力，获得了听课教师的一致好评。

图 5　“数智赋能、发现好课”教学展示活动

二、默默耕耘，硕果累累

近年来，政治教研组教师默默耕耘，硕果累累。

（一）申报项目，研究课题

王陈华老师主持省级教育科研课题共 1 项，已结题；束红华老师主持市级课题 1 项（图 6），研究正在进行中。政治教研组通过课题研究，激发大家在实际教学中注重反思、领悟、总结，学习、研究、运用先进教学理念和方法，不断提升自己的教育教学理论水平，让自己的教学始终走在时代前沿。

苏州市教育科学规划领导小组办公室

苏教科规[2022]3号

苏州市教育科学“十四五”规划 2021 年度
课题立项通知书

束红华同志：

经专家评审和苏州市教育科学规划领导小组批准，您申报的指向学科核心素养的高中政治作业优化设计及评价研究已获准立项为苏州市教育科学“十四五”规划 2021 年度立项课题，批准号为：2021/JK-j/02/022/09。

苏州市教育科学“十四五”规划课题申请一经批准，其《申报评审书》即成为有约束力的协议，请课题主持人严格按照《申报评审书》中填写的相关内容，认真开展研究工作，取得预期研究成果。

苏州市教育科学规划领导小组办公室

2022年2月10日

图 6　课题立项通知书

（二）开展教研、教学活动，影响力强

陈汉清老师作为全国知名的思想政治课教师，赴各地开展讲座 3 次，传播星海经验，进一步提升了星海教育品牌的知名度。王陈华老师作为苏州工业园区思想政治学科教研员，在苏州区域内开设多次讲座，获得了同行的一致好评。束红华、马玉兰老师开设市级公开课一节，俞敏老师、丁秋老师分别开设区级公开课一节（图 7）。

图 7　积极开展教学研讨活动

同时，老师们的专业发展也取得了新的突破，如束红华老师获评姑苏教育青年拔尖人才、马玉兰老师获评苏州市政治学科带头人、俞敏老师获评苏州工业园区政治学科带头人等（图 8）。

图 8　政治教研组所获荣誉

三、学思践悟，实践育人

政治教研组深化教学实践改革，面对“办中国特色社会主义教育、理直气壮开好思政课”的精神指示，全组教师以课堂教学改革为抓手，牢牢把握思想政治课堂立德树人的主阵地，把思想政治课的教育教学方向和目标具体落实到教学实践的全过程，做到时时处处对学生进行思想政治教育，提高学生的思想政治素养。在课堂上，老师们传播中华优秀传统文化、革命文化和社会主义先进文化；在学校思政教育活动中，老师们践行社会主义核心价值观，立足学科特色，开设校本课程，开展系列主题教育活动。

同时，政治教研组树立“大思政课”理念，以“大思政课”拓展全面育人新格局，引导学生延伸课堂，走进社会大课堂，将思想政治小课堂同社会大课堂相结合，打造实践育人共同体。高二年级俞敏老师带领学生一行走进协鑫（集团）控股有限公司（简称“协鑫集团”），开展思政教学实践活动。此次研学活动生动而深入，包容而开放，学生将课本上的知识融入协鑫集团的参观学习过程（图 9）。俞敏老师通过此次研学活动，引导学生深切感悟党的创新理论的实践伟力，不断增强思想政治课的生动性、感染力和说服力，引导学生把爱国情、强国志、报国行自觉融入强国建设、民族复兴的伟业。

图 9　走进协鑫集团

“路漫漫其修远兮，吾将上下而求索。”求学治学的道路永无止境，追求卓越的道路永无止境。苏州工业园区星海实验高级中学政治教研组的教师们将不忘初心，踔厉奋发，勇毅前行，在思想政治建设的道路上走出新的风采，更大程度地提高学校思想政治学科的教研水平和教学质量，为书写星海教育新篇章做出应有的贡献。

融合，创新，赋能

——2024年度地理学科发展报告

金爱春

在教育不断变革的当下，发现教育视域为地理教学带来了全新的视角与活力。发现教育强调学生自主探索、发现知识的过程，注重培养学生的创新思维与实践能力。发现教育视域下的地理教学、地理教研、教学评改革，以及学生与教师的发展都展现出独特的内涵和路径。

一、以行致远——用地理教学变革推进发现教育的力度

（一）情境创设激发探索欲望

地理学科具有丰富的现实情境素材。在发现教育理念下，教师通过创设生动、真实且富有启发性的情境来开启教学。例如，在讲解“河流地貌的发育”时，教师展示学生外出旅游时拍摄的长江流域不同河流蜿蜒流经不同区域的视频和照片，视频和照片中呈现出峡谷、冲积平原、三角洲等不同地貌。学生在观看同辈影像后，对河流如何塑造这些地貌产生强烈的好奇心。教师顺势引导学生思考河流在上游、中游、下游流速与流量等因素的变化，以及这些变化如何与地貌形成相关联。这样的情境创设有助于让学生主动发现问题，从而激发其探索地理原理的内在动力。

（二）问题导向驱动自主学习

以问题为导向是发现教育理念在地理教学中的关键应用。教师设计一系列具有逻辑性和递进性的问题，引导学生自主思考与探究。例如，在“全球气候变化”的教学中，教师首先抛出问题：“近期以来，美国为何提出要收取巴拿马运河？美国为什么要夺取格陵兰岛的占有权？”“2024年11—12月我国沿海由北向南发生海水倒灌的原因是什么？我们身边发生了哪些明显的变化？这些变化是由哪些因素导致的？人类在其中扮演了怎样的角色？”学生通过查阅资料、分析数据等方式尝试回答问题。在这个过程中，学生不再是被动接受知识，而是在问题的驱动下主动发现知识

之间的联系，构建起关于全球气候变化的知识体系。

（三）小组合作促进知识建构

小组合作学习为学生提供了相互交流、共同发现的平台。在地理教学中，教师根据学生的能力、性格等将学生进行分组，布置小组任务。例如，在“城市功能分区”的学习中，小组须对所在城市的不同区域进行实地考察或通过网络收集资料，分析各区域的土地利用类型、人口流动特点、产业分布等情况，进而探讨城市功能分区的形成原因与影响因素。教师将任务布置下去后，小组内成员分工合作，有的负责实地观察记录，有的负责数据分析，还有的负责整理汇报。在合作过程中，同学们相互启发，发现个体难以察觉的问题与规律，共同完成知识体系的建构（图 1）。

图 1　教师引导学生通过小组合作促进知识体系建构

二、知行合一——用研学实践延展发现教育的广度

（一）研学主题设计：连接课堂与现实

地理研学的主题设计紧密围绕地理课程标准，同时密切关注现实生活中的地理现象。例如，以“水天堂——苏州的水资源保护与利用”为主题开展研学活动。这一主题既涉及水资源的分布、水循环等知识，又紧密联系苏州的实际情况。学生在研学过程中，需要对苏州的河流、水库等水资源进行实地考察，分析水质状况、水资源利用现状及存在的问题。通过这样的主题研学，将课堂所学知识应用于实际，让学生在实践中发现地理问题，探索解决方案。

（二）研学过程指导：培养综合能力

在研学过程中，教师注重培养学生的综合能力。以“月相”的教学为例，教师引导学生观察亮面朝向、月亮水平方位、月相垂直高度（与地平线之间的地平高度），并让学生动手用拳头比画地平高度、动手画出月相亮面等。同时，教师鼓励学生在面对复杂的地方时，提出自己的疑问，并尝试通过小组讨论、查阅资料等方式解决问题，培养学生的观察能力、思考能力、解决问题的能力和团队协作能力。

（三）研学成果呈现：鼓励多元表达

地理研学成果的呈现方式多种多样，教师鼓励学生进行多元表达。学生可以撰写详细的研学报告，包括研学目的、研学过程、发现的问题及结论等内容；也可以制作地理信息图表，如绘制家乡的水系图、地质剖面图等，直观展示研学成果；还可以通过拍摄短视频、制作 PPT 等形式进行汇报。例如，在“生态环境调查”研学活动后，学生制作了关于当地生态环境现状及保护建议的短视频，通过生动的画面和解说，向全校师生展示了他们的研学收获，地理研学不仅锻炼了学生的表达能力，还增强了他们的环保意识和社会责任感（图 2）。

图 2　砚瓦山野外考察

三、协同创新——用教学评一致性研究拓展发现教育的宽度

（一）评价目标：聚焦核心素养发展

在发现教育视域下，地理教学评价目标从单纯的知识掌握转向学生地理核心素养的发展。一是评价学生是否具备人地协调观。例如，在评价学生对“区域可持续发展”内容的学习时，观察学生是否能从人地关系的角度分析区域发展模式的合理性。二是评价学生的综合思维能力。例如，在学习“自然灾害与防治”后，看学生能否综合考虑多种自然和人文因素，分析自然灾害的成因、影响及应对措施。评价学生的区域认知和地理实践力，通过观察学生在地理研学、课堂实践活动中的表现进行判断。

（二）评价方式：多元化与过程性结合

1. 多元化评价

采用多种评价方式，包括教师评价、学生自评、学生互评等。在小组合作学习中，教师对小组的整体表现进行评价，同时小组成员之间相互评价，评价内容涵盖参与度、贡献度、团队协作能力等方面。学生自评则有助于学生进行自我反思。例如，在完成一次地理绘图作业后，学生对照评价标准，对自己的绘图准确性、美观性及对地理原理的体现程度进行评价。

2. 过程性评价

注重对学生学习过程的评价，记录学生在课堂讨论、作业完成、研学活动等各个环节的表现。教师通过课堂观察，记录学生的提问次数、回答问题的质量、参与讨论的积极性等；在作业批改中，不仅关注答案的正确性，还对学生的解题思路、创新思维进行评价；在研学活动中，对学生从前期准备、实地考察到成果呈现的整个过程进行跟踪评价。

（三）评价结果运用：促进教学与学习改进

评价结果不再仅仅用于成绩评定，更重要的是用于促进教学与学习的改进。教师根据评价结果分析学生的学习优势与不足，如发现学生在“地理空间定位”方面存在普遍困难，教师及时调整教学策略，增加相关的练习与辅导。对于学生个体而言，评价结果可以帮助学生明确自己的努力方向。例如，学生在自评中发现自己在地理知识的系统性总结方面存在欠缺，便可以有针对性地进行相关知识的梳理和总结。

四、经纬育人——以学生成长验证发现教育的温度

（一）培养创新思维

发现教育视域下的地理教学与研学活动为学生创新思维的培养提供了丰富的土壤。在探究地理问题的过程中，学生经常需要打破常规思维。例如，在探讨“如何缓解城市交通拥堵”这一问题时，学生可能会提出建设地下多层交通网络、发展智能交通系统、推广共享出行新模式等创新性想法。在地理研学中，面对独特的地理现象，学生通过自主观察与思考，也能产生新颖的见解。又如，在对某地区独特地貌形成原因的研究中，学生提出与传统理论不同的假设，并通过实地考察和数据分析进行验证。上述一系列过程有效地锻炼了学生的创新思维能力。

（二）提升实践能力

地理研学等实践活动让学生的实践能力得到显著提升。例如，学生在实地考察中学会使用各种地理工具，如水准仪、GPS 设备等进行地理数据的测量与采集。又如，在调查家乡的生态环境时，学生需要设计调查问卷、访谈提纲，对调查结果进行整理与分析。以上这些实践活动使学生将课堂所学知识转化为实际操作能力，提高了解决现实地理问题的本领。

（三）养成自主学习与终身学习意识

通过不断的自主探索与发现，学生逐渐养成了自主学习的习惯。在地理学习中，学生学会主动查阅资料、自主规划学习进度、选择适合自己的学习方法。这种自主学习能力的培养为学生的终身学习奠定了基础。学生认识到地理知识与生活息息相关，生活中处处有地理问题值得探索，从而激发了持续学习地理、探索世界的热情，有助于促进学生形成终身学习的意识。

五、智慧教研——用教师发展提升发现教育的高度

（一）教学理念更新

教师积极学习发现教育理念，深刻理解其内涵，并将其融入日常教学。通过参加各类教育培训、学术研讨活动，教师不断接触新的教育思想和教学方法，摒弃传统的“满堂灌”教学模式，树立以学生为中心、注重学生自主发现的教学理念。例如，在参加发现教育专题培训后，教师能够更熟练地运用情境创设、问题导向等教学方法，引导学生主动学习。

（二）专业知识拓展

地理学科知识不断更新，教师需要持续拓展专业知识。为了更好地开展地理研学活动，教师深入学习地质、地貌、生态等方面的专业知识，提升自己的实践指导能力。同时，教师还关注地理学科前沿研究成果，如全球气候变化研究的新进展、地理信息技术的创新应用等，并将这些新知识融入教学，丰富教学内容，拓宽学生视野（图 3，图 4）。

图 3　星海学子参加上海交通大学“星苗”天文前沿创新教育论坛

图 4　市、区教研员来校作教研指导

（三）教学方法创新与实践反思

在发现教育理念指导下，教师积极创新教学方法，不断进行实践反思。例如，在采用小组合作探究法一段时间后，教师发现部分小组存在分工不合理、讨论效率低下的问题，于是及时调整分组策略，加强对小组讨论的指导，使教学方法不断优化，更好地服务于学生的学习与发展。

六、地理教研组教师开设讲座及公开课情况（表 1）

表 1　2024 年度地理教研组教师开设讲座及公开课情况表

姓名	公开课或讲座课题	时间	级别
金爱春	基于地理学科特征的试题解读与启示	2024 年 8 月	苏州市级
黄仕辉	服务业区位及其变化	2024 年 12 月	苏州工业园区
刘若琳	地貌的观察	2024 年 12 月	苏州工业园区
杨会婷	黄河	2024 年 10 月	淮安市级
杨会婷	服务业区位及其变化	2024 年 12 月	苏州工业园区
严菊颖	人口迁移	2024 年 3 月	苏州市级
张雪茹	构造地貌的形成	2024 年 10 月	苏州工业园区
刘　伟	区域发展对交通运输布局的影响	2024 年 4 月	苏州工业园区
邱新艳	资源枯竭型城市的转型发展	2024 年 12 月	苏州工业园区
尹建吉	区域发展与空间联系	2024 年 3 月	苏州市级
尹建吉	守护蔚蓝，人海协调	2024 年 3 月	苏州市级
尹建吉	感知“新”交往，建立“心”边界	2024 年 11 月	苏州工业园区

七、地理教研组竞赛获奖情况（表 2—表 4）

表 2　2024 年度学校地理学科学生竞赛获奖情况表

姓名	竞赛名称	时间	奖次
桑一然	2024 年全国中学生天文竞赛	2024 年 5 月	江苏省二等奖
居哲铖	2024 年全国地球科学奥林匹克竞赛预赛	2024 年 5 月	全国二等奖
桑一然	2024 年全国地球科学奥林匹克竞赛预赛	2024 年 5 月	全国一等奖
居哲铖	2024 年全国地球科学奥林匹克竞赛预赛	2024 年 5 月	全国二等奖
范　曦	2024 年全国地球科学奥林匹克竞赛预赛	2024 年 5 月	全国三等奖
施　睿	2024 年全国地球科学奥林匹克竞赛预赛	2024 年 5 月	全国三等奖
方周媛	2024 年全国地球科学奥林匹克竞赛预赛	2024 年 5 月	全国三等奖
宋李远	2024 年全国地球科学奥林匹克竞赛预赛	2024 年 5 月	全国三等奖
王彦鲲	2024 年全国地球科学奥林匹克竞赛预赛	2024 年 5 月	全国三等奖

续表

姓名	竞赛名称	时间	奖次
仲奕闻	2024 年苏州市天文知识竞赛	2024 年 11 月	苏州市一等奖
宋礼融	2024 年苏州市天文知识竞赛	2024 年 11 月	苏州市二等奖
王知澄	2024 年苏州市天文知识竞赛	2024 年 11 月	苏州市三等奖
仲奕闻	2024 年江苏省天文知识竞赛	2024 年 11 月	江苏省三等奖
翰秉辰	2024 年地球小博士全国竞赛	2024 年 4 月	全国一等奖
徐子一	2024 年地球小博士全国竞赛	2024 年 4 月	全国二等奖
陈语涵	2024 年地球小博士全国竞赛	2024 年 4 月	全国三等奖
戴奕然	2024 年地球小博士全国竞赛	2024 年 4 月	全国三等奖
顾张沛辰	2024 年地球小博士全国竞赛	2024 年 4 月	全国三等奖
陈乐豪	2024 年地球小博士全国竞赛	2024 年 4 月	全国三等奖
季奕睿	2024 年地球小博士全国竞赛	2024 年 4 月	全国三等奖
戴夕又	2024 年地球小博士全国竞赛	2024 年 4 月	全国三等奖
周紫馨	2024 年地球小博士全国竞赛	2024 年 4 月	全国二等奖
张　正	2024 年地球小博士全国竞赛	2024 年 4 月	全国三等奖
黄琛婷	2024 年地球小博士全国竞赛	2024 年 4 月	全国三等奖
杨昊优	2024 年地球小博士全国竞赛	2024 年 4 月	全国三等奖
周珂伊	2024 年天文竞赛	2024 年 10 月	江苏省一等奖
方泽锐	2024 年天文竞赛	2024 年 10 月	江苏省二等奖

表 3　2024 年度地理教研组教师学科竞赛获奖情况表

姓名	学科竞赛名称	奖次	时间
刘若琳	2024 年苏州工业园区高中地理命题比赛	区一等奖	2024 年 6 月
黄仕辉	2024 年苏州工业园区高中地理评题比赛	区二等奖	2024 年 6 月
黄仕辉	2024 年苏州工业园区高中青年教师基本功竞赛	区二等奖	2024 年 5 月
刘若琳	2024 年苏州工业园区高中地理评题竞赛	区二等奖	2024 年 6 月
刘若琳	2024 年中教师学科素养竞赛	市二等奖	2024 年 8 月

续表

姓名	学科竞赛名称	奖次	时间
严菊颖	中小学寒假作业设计	区一等奖	2024 年 3 月
严菊颖	2024 年苏州工业园区高中地理解题比赛	区特等奖	2024 年 6 月
严菊颖	2024 年苏州工业园区高中青年教师基本功竞赛	区一等奖	2024 年 5 月
刘　伟	2024 年苏州工业园区高中青年教师基本功竞赛	区二等奖	2024 年 5 月
范琳芸	2024 年苏州工业园区高中青年教师基本功竞赛	区一等奖	2024 年 5 月
邱新艳	2024 年苏州工业园区高中地理评题竞赛	区一等奖	2024 年 6 月
邱新艳	2024 年苏州工业园区高中地理命题比赛	区二等奖	2024 年 6 月
邱新艳	2024 年苏州工业园区高中青年教师基本功竞赛	区一等奖	2024 年 5 月
邱新艳	苏州天文知识竞赛优秀辅导员	—	2024 年 11 月
张雪茹	2024 年全国地球科学奥林匹克竞赛预赛优秀指导教师	—	2024 年
赵　玮	江苏省教育科学规划课题“基于淮安地域运河文化的地理课程资源开发研究”	区一等奖	2024 年结题
赵　玮	江苏省教育科学规划课题“核心素养视角下项目化学习地理教学策略研究”	—	2024 年在研
金爱春	苏州天文知识竞赛优秀辅导员	—	2024 年 11 月
郭　柏	2024 年苏州工业园区高中地理评题竞赛	区一等奖	2024 年 6 月
郭　柏	2024 年苏州工业园区高中地理命题比赛	区二等奖	2024 年 6 月
郭　柏	2024 年苏州工业园区高中地理评题竞赛	区一等奖	2024 年 6 月
郭　柏	2024 年苏州工业园区高中地理命题比赛	区二等奖	2024 年 6 月
尹建吉	2024 年苏州工业园区高中地理评题竞赛	区二等奖	2024 年 6 月
尹建吉	2024 年苏州工业园区高中青年教师基本功竞赛	区二等奖	2024 年 5 月
杨会婷	2024 年中教师学科素养竞赛	区二等奖	2024 年 5 月
严菊颖	2024 年中教师学科素养竞赛	区一等奖	2024 年 12 月
朱红波、邱新艳等	苏州工业园区教育科学规划课题“基于综合思维的地理经典试题情境溯源与重构”	—	2024 年结题

表 4　2024 年度地理教研组教学类比赛获奖情况表

姓名	教学类比赛名称	奖次	时间
杨会婷	基于教材质性文本分析的高中地理学习进阶研究	地理教学	2024 年 11 月
杨会婷	江苏省基础教育教学论文评比	江苏省二等奖	2024 年 12 月
杨会婷	江苏省基础教育教学论文评比	江苏省二等奖	2024 年 12 月
赵　玮	江苏省基础教育教学论文评比	江苏省二等奖	2024 年 12 月
黄仕辉	江苏省基础教育教学论文评比	江苏省二等奖	2024 年 12 月
金爱春	江苏省基础教育教学论文评比	江苏省二等奖	2024 年 12 月

体育润心展风采，活力燃校创未来

——2024 年度体育学科发展报告

夏正宏

在当今时代，社会以前所未有的速度蓬勃发展，教育的内涵也在经历着深刻的变革。人们愈发清晰地认识到，真正的教育不应仅仅局限于知识的单向传递，而应着眼于人的全方位发展，致力培养具备健全人格、创新思维与社会责任感的复合型人才。

在这样的大背景下，苏州工业园区星海实验高级中学将体育视为学校教育体系不可或缺的关键一环，赋予其独特且重要的育人使命。在这所学校里，体育已远不止是强身健体的手段，更成为塑造学生健全人格、培育坚韧意志的重要途径。

回首过去一年，学校在校园体育建设方面持续发力，稳步推进各项举措。师资队伍进一步壮大，体育组教师总数扩充至 12 人，为高质量的体育教学提供了坚实的人力资源保障。同时，学校大刀阔斧地进行了一系列改革创新，如优化体育课教学内容，丰富大课间活动形式，大力开展阳光体育运动，精心打造各类体育社团，开发特色体育校本课程，成功举办校园运动会和校园体育节，等等。这些丰富多彩的体育活动深受师生的喜爱与好评，极大地激发了全校师生参与体育锻炼的热情。不仅如此，在竞技赛场上，学校校队在区、市级比赛中屡获佳绩，在苏州市高三体测中成绩斐然，凭借优异的成绩得到了上级领导的高度认可与嘉奖，为学校赢得了荣誉。

一、团结进取，夯实教学基本功

在教育领域，坚实的教学基本功是教师站稳讲台的基石。星海体育组是一支朝气蓬勃的团队，他们充满干劲与激情（图 1）。为了有效提升年轻教师的教学能力，夯实教学基本功，体育组精心策划并组织了每周三的“体育沙龙”活动（图 2）。该活动内容丰富且全面，既包含教学公开课的展示与集体评课环节，让教师们在实践与交流中相互学习、共同进步；又涉及队列队形训练、教学工具正确使用等教学细节的探讨，不放过任何一个可能影响教学效果的要点。通过这些活动，体育组致力打造一支教学水平过硬、专业素养精湛的教师队伍，为学校体育教育的高质量发展注入源源不断的动力。

图 1　体育教研组集体备课、评课

图 2　“体育沙龙”活动

二、用心策划，精彩校园体育节

浓厚的校园体育氛围，离不开一场场精彩绝伦的校园赛事（图 3—图 9）。每学期如期而至的阳光体育节与校田径运动会，堪称“学生心中最为翘首以盼的盛事之一”。赛场上，同学们个个精神抖擞、意气风发，奔跑时的矫健步伐、跳跃时的轻盈身姿，无一不让人感受到青春的蓬勃力量。他们在胜利后激动万分、振臂高呼，惜败时则眼眶泛红、黯然落泪，这些真挚的情感流露，无不令人为之动容。而这，正是体育竞赛最摄人心魄之处，亦是体育精神淋漓尽致的体现。体育竞赛宛如一支神奇的画笔，为学生的校园生活勾勒出更加鲜活、绚丽的色彩，它不仅是校园生活不可或缺的重要组成部分，还是缓解学生学习压力、营造良好学习氛围的重要途径。未来，体育教研组将持续完善校园体育竞赛的组织工作，全方位提升学生参与赛事的体验感与幸福感，让体育在校园中绽放出更加夺目的光彩。

图 3　篮球全明星赛庄严的开幕式

图 4　精彩激烈的比赛

图 5　中场啦啦队表演

图 6　周晓阳书记为苏茜路校区获前三名的学生颁奖

图 7　羽毛球比赛精彩瞬间

图 8　校运会开幕式

图 9　校运会精彩瞬间

三、刻苦训练，逐梦青春竞技场

在过去的一年里，校队的训练和比赛同样成绩斐然（图 10—图 22）。各个项目在区赛和市赛中一路披荆斩棘，屡获佳绩，不断刷新校史纪录。在高三体测的大市比赛中，学校体测队更是凭借着坚韧不拔的毅力和出色的团队协作能力勇夺第一名。教练组不辞辛劳，寒来暑往，陪伴队员们进行日复一日的刻苦训练。他们用汗水和付出为学校赢得了荣誉，也为队员们的高中生涯增添了浓墨重彩的一笔。在校队中，教练们不仅是传授技艺的老师，还是陪伴学生逐梦的挚友。他

图 10　参加苏州工业园区田径比赛获团体第二名

们与学生并肩前行，在困难时给予鼓励，在迷茫时指引方向，真正做到了亦师亦友，共同书写着体育育人的动人篇章。

图 11　学校田径队暑假训练

苏州工业园区星海实验高级中学运动会高中组田径项目最高纪录（截至 2024 年 10 月）

项目	性别	年份	姓名	成绩
100 米跑	男	2022 年校运会	陈启航	11 秒 47
	女	2021 年区运会	刘姝羽	13 秒 56
200 米跑	男	2021 年区运会	胡宸杰	23 秒 91
	女	2021 年区运会	刘姝羽	28 秒 81
400 米跑	男	2021 年市运会	张圣千	53 秒 63
	女	2024 年市运会	尚海韵	1 分 09 秒 67
800 米跑	男	2021 年市运会	张圣千	2 分 09 秒 9
	女	2022 年区运会	孙心怡	2 分 47 秒 79
1 500 米跑	男	2022 年区运会	周文硕	4 分 39 秒 60
	女	2022 年区运会	孙心怡	5 分 39 秒 77
3 000 米跑	男	2024 年市运会	陶　冶	10 分 54
4×100 米接力跑	男	2024 年市运会	王思淳、郭令齐、王苏阳、许家铭	45 秒 71
	女	2024 年区运会	刘羽盈、尚海韵、方一璘、朱知夏	54 秒 68
跳高	男	2024 年市运会	郭令齐	1.82 米
	女	2024 年市运会	周　稻	1.33 米
		2024 年校运会	冯胤婷	
跳远	男	2018 年校运会	刘　浩	6.06 米
	女	2024 年市运会	朱知夏	5.19 米
三级跳远	男	2021 年区运会	李金戈戈	12.20 米
	女	2024 年市运会	朱知夏	10.36 米
铅球	男	2021 年区运会	陈嘉轩	12.17 米
	女	2021 年校运会	吕小小	8.22 米
垒球	男	2024 年校运会	王皓林	57.62 米
	女	2024 年校运会	尹佳菁	34.15 米
引体向上	男	2022 年校运会	陆梓杨	46 个
仰卧起坐	女	2022 年校运会	贾思圆	68 个

图 12　2024 年学校高中组田径项目成绩屡次刷新校纪录

图 13　学校田径队出征市级比赛

图 14　获得苏州市男子跳高比赛第二名

图 15　获得苏州市女子跳高比赛第三名

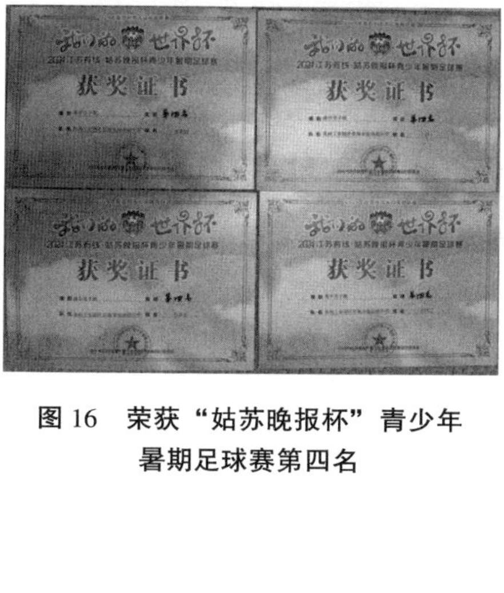

图 16　荣获“姑苏晚报杯”青少年暑期足球赛第四名

图 17　足球队暑假训练合影

图 18　学校健美操队获得江苏省排舞锦标赛第三名

图 19　学校女子排球队荣获苏州工业园区比赛第二名

图 20　学校篮球队暑假训练

图 21　周末训练结束后的地铁上，沈老师和篮球队员们合影

图 22　高三体测师生团队（部分学生）

四、相信体育的力量

当2024年的时光悄然翻篇，回首往昔，体育教研组于学校体育工作的漫漫长路中，稳稳迈出坚实步伐，精心书写下一份份令人满意的亮眼答卷。体育教研组的老师们从始至终深深笃信体育所蕴含的磅礴伟力，更坚定不移地相信爱的强大感召，始终坚持“以体育育人，以体育润心”的理念，让体育成为滋养学生成长的肥沃土壤。展望未来，体育教研组全体教师将继续怀着对体育教育的无限热忱砥砺前行，大力弘扬星海精神，将每一个与体育相伴的日子都化作星海故事里熠熠生辉的篇章。

“星心”相印，“艺树”人生

——2024年度艺术心理学科发展报告

张一驰

一、学科使命

艺术，是心灵的吟唱。美妙的音乐，令人回味无穷；杰出的画作，让人百看不厌；内心的探索，使人豁然开朗。生命的过程，就是做自己、成为自己的过程（图1）。

图1　艺术心理教研组教师团队

艺术教育主要围绕“过一种幸福完整的教育生活”这个根本指向而展

开，让生活幸福完整，本身就是一种生活的艺术；让生命价值永恒，本身是一种存在的艺术。艺术、心理教育作为成就人的“美”而出场。自古以来，音乐、美术、心理与社会、文化一直都有着密切的联系，艺术、心理教育是学校立德树人的主要内容与途径，也是颇受学生欢迎与期待的学科课程，具有重要而独特的美育价值，这是由艺术的审美特征与艺术、心理教育的学科特征共同决定的。

学校秉承“人人成功、人人成星”的教育理想，以“让教育成为发现与创造的艺术”为教育理念，深入推进育人方式改革，创造性地提出了以发现教育引领育人实践的主张，创新和完善了艺术教育与素质教育深度融合的培养模式，夯实了奋进路径，实现了育人突破，构建了“‘星心’相印‘艺树’人生”的艺术心理教育特色。有以“融合非遗”为主题的“发现艺术”，包括蜡染、扎染等传统艺术的传承与发现；有以“致远原创”为主题的“创造艺术”，包括原创音乐、舞蹈等原创艺术；还有“星馨阳光心育行动”，包括校园心理剧、心理漫画、心灵小伙伴、生涯规划课等探索活动。学校通过艺术心理教育体系构建，擘画出融和致远、古今交融的发现与创造的“艺树”蓝图。

二、教师队伍建设

艺心教研组包括音乐、美术、心理 3 门学科共 7 名教师，他们分别毕业于中国美术学院、南京师范大学、苏州大学等双一流高校。其中研究生学历 5 人，高级教师 2 人，一级教师 2 人，获得了江苏省“333 高层次人才培养工程”中青年学术技术带头人、姑苏教育特聘人才、苏州市学科带头人、市拔尖人才、区学科带头人、省（市）教学竞赛评审委员等荣誉。

组内教师荣膺教育部优课 1 人，省教学基本功大赛一等奖 2 人，省优质课一等奖 1 人，省教学成果奖 1 人，市基本功一等奖 3 人，市优课一等奖 4 人，开设国家、省、市、区级讲座及公开课近 50 次。

组内教师主持或参与市级以上课题 5 个，曾主持省“教学新时空·名师课堂”直播活动，在省级以上期刊发表论文 30 多篇，有 20 多篇论文分别获得国家、省、市一等奖和二等奖。同时，创编校本教材 5 部；指导学生参加国家、省、市各类艺术竞赛，获优秀组织奖 10 多次，获奖学生有百余人。

三、学科特色建设

（一）“一心一艺”：精心编排校本艺术课程，让每一个孩子掌握一项艺能

学校艺术教育工作是立德树人、培根铸魂的基础，在日常教学中，学校坚持把特色课程与国家课程相互融合。艺心教研组老师以学校发现教育为切入口，按照国家和省课程计划开齐、开足、上好艺术和心理课程，在全体艺心老师的共同参与下，成功创编蜡染、合唱、绘画等校本艺术课程，并编创《蜡染》《星海绘》《星海如歌》等校本教材。

在“让教育成为发现与创造的艺术”教育理念指引下，艺心教研组老师通过各种艺术、心理特色课程活动不断提升学生发现与创造的素养和能力。2024 年组织活动情况如下。

3 月，音乐组组织苏州芭蕾舞团高雅艺术进校园活动。

4 月，音乐组参加中国科学技术大学歌咏汇演活动。

5 月，美术组组织学生参加苏州工业园区“金鸡湖之汇”中小学作品展，6 人获一等奖，1 人获二等奖。

6 月，音乐组协助完成高三毕业典礼工作。

10 月，带领学生参加苏州工业园区独唱、独奏、独舞比赛，5 人获一等奖、3 人获二等奖；参加苏州市独唱、独奏、独舞比赛，3 人获一等奖、2 人获二等奖；带领学生参加苏州市第九届中小学生艺术节，1 人获一等奖。

10—12 月，苏州工业园区心理节活动开展期间，心理组开展学生、家长、教师系列活动；在心理漫画创作比赛中，2 人获特等奖、1 人获一等奖、1 人获二等奖。

12 月，音乐组带领学生参加苏州市中小学生社团评比，获苏州市一等奖（十佳社团）；美术组组织的学生摄影个展开幕。

以“融合非遗”为主题的“发现艺术”如离离星辰，熠熠生辉；以“致远原创”为主题的“创造艺术”，如朗月照花，深潭微澜。“艺心融合”，让教育真正成为“发现与创造的艺术”。

（二）双管齐下：联动艺术心理教育团队，为每一位教师播撒艺术的种子

艺心教研组采取多个举措，推动教师教育教学水平的提升。例如，聘

请校外音乐、美术、书法、心理方面专家定期来校上课、讲座，为青年教师开设观摩课、专题辅导讲座等；学校艺术心理教师每周开展生生课堂教研组活动，进行同题异构备课、新课标学习、教科研讲座等，并定期邀请上级音乐、美术教研员来校指导，进一步明确、规范艺术心理教育的方向和准则。同时，艺心教研组还积极组织教师参加艺术、心理各级各类培训和讲座，努力使所有艺术、心理教师都能做到一专多能，目前，已有多名教师在省、市、区级教学竞赛中荣获一、二等奖。同时，艺心教研组教师还承担学校安排的艺考专项辅导、艺术社团指导、课外活动、课后服务等第二课堂指导和教学任务。

3 月，喻鹏参加 2024 年苏州工业园区高中美术优质课评比观摩活动，获教案一等奖、课堂二等奖。

4 月，李婧妍参加苏州工业园区中学音乐教师基本功比赛，获一等奖。

5 月，美术组参加 2024 苏州工业园区民间美术联盟单元教学展示，获一等奖。

6 月，李婧妍获 2024 年江苏省基础教育青年教师教学基本功大赛苏州赛区选拔赛一等奖第二名。

10 月，李婧妍获江苏省、苏州市、苏州工业园区基础教育（高中音乐）青年教师教学基本功大赛一等奖；喻鹏参加“筑梦丹青”——第四届江苏省中小学教师美术书法作品展获一等奖；美术组获美育改革创新优秀案例一等奖。

（三）三五成群：多维立体艺术特色活动，使每一朵艺蕾绽放绚丽之光

学校全面深化艺术教育综合改革，在每个年级特别是高三年级坚持上好每一节艺术课的基础上，给予学生自主多元的发展空间，形成充满活力、多方协作、开放高效的美育新格局。

1. 校园艺术节异彩纷呈

2024 学年举行校园文化艺术节、“三独”比赛选拔等，给学生搭建竞技与展示舞台。

辞旧迎新之际，学校举办隆重的跨年晚会“星海好声音”，给予星海学子展现艺术天赋的舞台。

2. 社团活动擦亮名片

学校常规开设艺术类社团，涵盖文创、蜡染、舞蹈、书法、摄影、街舞、音乐剧等多个艺术领域。学校艺术社团由校艺术专兼职教师主导，同时聘请校外艺术专家指导。确保每个学生每学期至少参加一个艺术类兴趣小组，活动过程有管理、有评价。每学期对学生进行艺术素质测评，测评结果记入学生成长档案。在此过程中，逐步完善“艺术基础知识基本技能+艺术审美体验+艺术专项特长”的三维递进教学模式，强调在学生掌握必要基础知识和基本技能的基础上，着力提升其核心素养，帮助学生形成艺术专项特长。

继学校蜡染社、“艺星有你”文创社获评“苏州市十佳优秀社团”后，2024 年“星海好声音唱作社”以第一名的好成绩获评“苏州市十佳优秀社团”。

富有星海特色的文创包就出自艺心教研组的文创社，文创包上面的字样由书法社学生撰写，还有星海盲盒、饭卡、文件袋、抱枕等，都由学生设计与制作，星海文创产品也是每年学校义卖时最受学生欢迎的热销产品。

一年一度的“星海好声音”是备受学生喜爱的经典活动，舞台上熠熠生辉的星海“艺术家”们给观众带来了独特的视听感受，助演社团如 MIX 舞社、Kpop 社、说唱社、Genus 乐队等也用实力证明了星海学子的多才多艺。

3. “星 SHOW”个展亮出风采

学校自 2022 年起举办校园“星 SHOW”个展活动，截至目前已连续展出多期，包括油画、国画、摄影、航拍等多种艺术形式。同时，“星 SHOW”还迎来了家长个展，以一种新的教育形式，呈现星海艺术路上的新思考、新探索、新实践。学校通过这类艺术个展，让每个学生“发现”身边的艺术，同时也能被“发现”，综合塑造出学校发现教育理念下更高层次美的意境和生命的境界。2024 年，学校组织学生“星 SHOW”个展活动两场。

4. 特长学生培养助多元发展

学校有一大批高三学生成功进入国内一流艺术院校，如清华大学美术学院、中国美术学院、中央美术学院、北京电影学院、北京舞蹈学院等，如2023届高三学子李煦然、朱诺被清华大学美术学院录取。

2025届艺术生凭借扎实的功底取得了特别优秀的专业成绩：樊馨澄同学（美术），位列江苏省第二名；俞文睿同学（美术），位列江苏省第十八名；邵玙祺同学（美术），位列江苏省第八十名；王照阳同学（播音与主持），位列江苏省第一百二十七名；邢笑溢同学（书法类），位列江苏省第二百三十名；黄虞钦同学（戏剧影视导演），位列江苏省第一百七十七名。

（四）四面八方：匠心营造文化氛围，令每一处风景都散发芬芳

艺心教研组全体教师积极营造校园艺术文化氛围，让每一面墙说话，让每一个角落育人，让校园呈现美的氛围。

1. 专业室场有风有化

学校按照教育部和省标规定配齐配足艺术教育设备和活动器材，相关活动教室和场所正常向学生开放。学校还在公共区域配置大量艺术器材，以供师生使用。海韵厅、舒乐厅、星悦排练厅、不远斋、一心居、艺恋坊等是沈浒路校区的专业室场，苏茜路校区室场虽然没有这么高大上，但也同样或古朴雅致或独特现代。同时，学校非常注重各室场的专有文化介绍，如设置合唱团组成形式、钢琴表演艺术家与代表作、乐器基本构造等图文并茂的音乐文化长廊，让校园内处处有余味，时时有芬芳。

2. 墙面角落有滋有味

学校艺术中心、星光路演音乐厅是学生展示艺术天赋的舞台，每周三、周五，在星光路演音乐厅总能见到一群充满热情的音乐爱好者自发地汇聚一堂，给观众们带来一场场听觉盛宴，高中的钢琴王子、小提琴演奏家轮番上阵，二胡、琵琶、扬琴、古筝的声音悠扬传来；学校艺术组定期更换校园主题布置，既有平面作品，又有立体手工作品，近期“星SHOW”摄影个展正当时。

3. 校园多媒体有声有色

校园走道多媒体每日滚动播放师生艺术摄影、师生创意作品、学校校歌、经典歌曲等，让学生在星海校园耳濡目染艺术。

（五）五彩纷呈：成绩斐然收获广泛赞誉，许每个家庭以塑艺之路

艺术心理教师在教科研方面成绩显著（表1），目前中国教育学会教育科研课题“中学音乐教育中融入传统文化的实践研究”和江苏省教育科学课题“‘互联网+’环境下基于未来教室的音乐PB课程研究”已顺利结题，现有两项省级课题在研中，两项市级课题在研中。艺术组教师有多人次在省、市、区教师基本功（优课）比赛中获一等奖，如李婧妍获2024年江苏省高中音乐基本功大赛一等奖。学校定期举行爱国合唱比赛、诗词经典诵读比赛、舞蹈比赛、社团展演、艺术冬令营等，这些活动受到全校师生的认可和重视。“人人有才艺，人人爱艺术”，学校艺术特色教育不仅取得了优异的成绩，也越来越得到家长的认可与支持，并已在家长中形成了很好的口碑。

近几年，学校通过整合校内、校外艺术教育资源，拓宽艺术教育实践活动途径，丰富校外艺术教育资源，提升学校发现教育口碑。

表1　2024年度艺心教研组教学教研成果表

姓名	教学科研成果
朱光荣	参与上海教育出版社《艺术 美术》教学参考书的编写并出版
	参与省级教育科学规划课题“‘双减’背景下的馆校联动非遗印染社团建设实践研究”
	主持苏州市陶行知研究会课题“陶行知教、学、做合一思想的课堂教学实践研究”
	开设市级公开课“物物与共——探寻植物力量”
张一驰	获校“教学能手”称号
	获苏州工业园区第二十五届“教坛新秀”称号
	参与江苏少年儿童出版社《美术》新教材的审读及教参编写
	开设江苏省新教材试教公开课“长卷中的盛世”
	开设人民美术出版社新教材培训苏州市公开示范课“清明上河图”
	开设校公开课“寻找秋天”
	案例“‘艺星有你’文创社团”获苏州市中小学艺术节校园文化一等奖 论文《高中美术教学中提升学生审美能力的途径探讨》发表于《时代教育》2024年第30期
	参与苏州市陶行知研究会课题“陶行知教、学、做合一思想的课堂教学实践研究”

续表

姓名	教学科研成果
喻鹏	开设校公开课“西方现代艺术”
	开设区公开课“时代之像——虢国夫人游春图”
	参加苏州市“如画园区”致敬 30 年 30 人美术作品展，作品被苏州工业园区文旅宣传部门收藏（苏州工业园区宣传和统战部、文体旅游局）
	参加“筑梦丹青”——第四届江苏中小学教师美术作品展获一等奖（江苏省教育厅）
王子铭	江苏省现代教育技术研究课题、苏州工业园区“十四五”教育科学规划课题结项
	论文《音乐心理学视野下的中小学音乐学习路径分析》发表于知网收录期刊《音乐教育与创作》2024 年第 6 期
	荣获“苏州市十佳社团”第一名指导奖
	受聘为中国儿童歌曲创作委员会学术委员（文化和旅游部主管）
	受聘为苏州市笛箫文化研究会理事（苏州市文化广电和旅游局主管） 在苏州工业园区名师工作室讲座“葆本色，做更好的自己”等
李婧妍	开设“影音之美”市级公开课
	开设“诗乐相彰”区级公开课
	开设“舞剧导赏”校级公开课
	开设“流水”校级公开课
	参加苏州工业园区高中音乐教师基本功大赛获一等奖
	参加江苏省基础教育青年教师教学基本功大赛中学音乐学科苏州赛区选拔赛获一等奖
	参加江苏省基础教育（高中音乐）青年教师教学基本功大赛获一等奖
段越	获评苏州市优秀心理健康教师
	参与苏州市教育科学“十四五”规划课题“家校社协同共育下学生社会情绪能力培养研究”
	参与苏州市教育科学“十四五”规划课题“中小学心理委员培养模式的探索与实践研究”
	参与苏州市陶行知研究会重点课题“陶行知教、学、做合一思想驱动的社会情感能力心理课教学研究”

续表

姓名	教学科研成果
胡星星	开设校级公开课“点亮高级玩家新地图”
	开设校级学生讲座“新学期　新挑战　心适应”
	开设校级学生讲座“我的人生不设限——培养成长型思维”
	开设校级学生讲座“理想与现实之间”

四、教科研成果

苏州工业园区星海实验高级中学艺心教研组积极构建“‘星心’相印‘艺树’人生”艺术特色教育，取得了一定的成绩，但学校艺术教育及学校个性艺术特色还有发展空间，我们一定会在今后继续秉持“人人成功、人人成星”的教育理想，以“让教育成为发现与创造的艺术”为育人理念，乘风破浪、砥砺前行，让艺术之花在校园开得更加璀璨。

融汇科技与教育，共绘技术新篇章

——2024年度技术学科发展报告

管赋胜

随着科学技术的飞速发展，高中技术学科成为培养未来数字化时代人才的重要阵地。苏州工业园区星海实验高级中学技术教研组秉承“人人成功、人人成星”的办学理念，开展智慧教育教学，培养创新拔尖人才，形成了独具特色的课程体系与实践模式。本报告将全面回顾2024年度技术教研组在教育信息化服务、江苏省学业水平考试教学指导及信息学奥赛辅导等方面的实践与成绩，并展望未来发展。

苏州工业园区星海实验高级中学技术教研组现有教师8人，其中苏州市学科带头人1人，高级教师2人，一级教师3人，研究生学历7人，形成了良好的传帮带氛围。团队充满活力且极富经验，每位老师都各有专长，除承担常规教学、拔尖创新人才培养、校本课程工作之外，还长期支持学校的各类信息化工作，如信息化设备维护、教务数据管理、学生信息填报、重大考试和活动的技术支持、媒体信息发布等（图 1）。

图 1　技术教研组教研活动

一、信息学奥赛辅导工作：培养拔尖人才，展现风采

信息学奥赛是培养学生信息素养和创新能力的重要途径。技术教研组高度重视信息学奥赛的辅导工作，并取得了显著成效（图 2）。

图 2　辅导学生参加全国青少年信息学奥林匹克联赛

（一）优秀教练团队

技术教研组组建了一支由经验丰富、业务精湛的教师组成的奥赛教练团队。他们不仅具有扎实的专业知识，还具有丰富的奥赛辅导经验。在教练团队的精心指导下，学生的奥赛成绩不断提升。

（二）系统培训计划

技术教研组制订了系统的奥赛培训计划，包括基础知识培训、算法训练、模拟比赛等。通过系统培训，学生可以全方位掌握奥赛所需的知识和技能，为参加比赛做好充分准备。

（三）参赛成绩斐然

在 2024 年的信息学奥赛中，苏州工业园区星海实验高级中学学生取得了优异成绩，多人荣获省级一等奖、二等奖和三等奖。这些成绩的获得充分展示了星海学子在信息技术方面的才华和实力，也为学校赢得了光辉荣誉。

二、江苏省学业水平考试教学指导工作：精准施策，助力学子

江苏省学业水平考试是检验学生信息技术学习成果的重要手段。为确保学生能够在考试中取得优异成绩，技术教研组采取多项有效措施进行教学指导（图 3）。

图 3　精准施策，助力学子

（一）考试大纲研究

技术教研组组织教师深入研究考试大纲，明确考试要求和考点，为教学指引明确方向。同时，技术教研组还定期组织教师参加专家讲座，学习考试大纲的最新动态变化，帮助教师实时把握教学重点。

（二）模拟考试与分析

技术教研组定期组织模拟考试，对学生的学习情况进行全面摸底，及时发现学生在学习过程中存在的问题与不足，从而精准进行辅导和强化。同时，技术教研组还对模拟考试的数据进行深入分析与挖掘，为后续的教学调整提供有力的科学依据。

（三）个性化教学辅导

技术教研组注重因材施教，针对学生的不同学习需求和特点，提供个性化教学辅导。通过一对一辅导、小组辅导等多种形式，帮助学生克服学习困难，提升学习成绩。

三、教师队伍建设：教研赋能，课程创新

技术教研组注重集体备课，实现教学资源共享，定期开设研讨课、观摩课等，推动教师专业素养的提升，持续提高课堂质量（图 4）。多名教师参与区域名师工作坊，赋能专业发展。在 2024 这一学年中，戴琴、施雨、周杨等老师开设了多节区级公开课。

图 4　技术教研组开展教学研讨活动

在学校发现教育理念引领下，技术教研组教师积极建设数字化学习资源，同时开设多种校本课程供学生选择（图5）。一方面，依托区域的易加学院平台，技术教研组根据学科特点和学情，开发了一系列在线教育资源，如微课视频、在线练习题、互动课件等。这些资源不仅方便学生进行自主探究学习，还为教师提供了多样化的教学手段，有效提升了教学质量和学习效率。另一方面，技术教研组教师还开设程序设计、3D模型制作、视频制作、网页设计等校本课程，在满足学生多元兴趣的同时，切实提升了学生的技术实践能力。

图5　开设校本课程

四、展望未来：科技引领，共创辉煌

未来，技术教研组将继续加强各类人工智能教室建设，提升在线教育资源的质量和数量，完善教育信息化平台的功能和应用。同时，技术教研组将深入研究考试大纲和考试要求，优化模拟考试和分析机制，提供更加个性化的教学辅导服务。此外，技术教研组还将继续加强奥赛教练团队的建设和培训，完善奥赛培训计划和培训方法，争取在未来的奥赛中取得更加优异的成绩。

未来，技术教研组将继续以技术为舟、以创始终新为帆，培养更多兼具科技力与人文心的未来栋梁，为教育强国建设贡献智慧与力量。

下篇：反思与展望
——教育家精神引领教育未来

基于发现教育的数字赋能教学评实践研究

马云秀　黄志诚　王淦昌

在数字化浪潮的推动下，教育领域正经历着前所未有的变革。传统的教学评价方式往往以结果为导向，难以全面反映学生的学习过程与能力发展，亟待借助数字技术的力量，实现从传统教学模式向现代化、智能化教学模式的转型。本文聚焦于发现教育理念下的数字赋能教学评实践展开研究，旨在通过创新教学方式、优化评价体系，促进学生全面发展与教师专业成长，推动教育教学质量的全面提升。

一、发现教育的内涵与数字赋能的契合点

基于发现教育的数字赋能教学评实践，依托数据平台，变革教与学的方式，旨在实现教师“尊重—发现—成就”的职业发展路径，促进学生“自我发现—自我赋能—自我成功”的成长，最终让师生“人人成功、人人成星”，践行“让教育成为发现与创造的艺术”的核心理念。

（一）发现教育的内涵

发现教育是指教育者基于发现的基本原理，遵循学生成长规律，通过改进教育教学模式，激发学生共性与个性的潜能，促进其全面发展的育人活动。在具体实践中，发现教育以发现人、唤醒人、发展人为价值取向，结合教智融合背景，致力培养阳光自信、身心健康、学业精进、智慧优雅的星海学子。其核心在于通过观察、研究、实践和探索，帮助学生发现自身潜能，实现自我成长。

（二）数字赋能的内涵

数字赋能是指通过获取、整合和分析学习过程中的多模态数据，捕捉学情动态，揭示数据间的内在关系，从而发现教育中的优势与不足，辅助提升教学的有效性和促进师生共同成长。数字赋能教学评依托全面可靠的数据分析，遵循决策科学化、教育精细化、学习个性化和教学信息化的价值取向，将学习过程与结果以可视化形式呈现，为教学提供精准指导，帮

助学生明确学习方向，提升学习成效。

（三）发现教育与数字赋能的契合

发现教育以“发现—唤醒—发展—成全—成功”为价值取向，强调教育者基于试水、畅游、深潜的发现原理，遵循教育规律和学生身心发展特点，通过整理、分析、实践和研究，揭示事物规律，激发学生潜能，促进其自我发展。数字赋能则为发现教育提供了技术支撑，通过大数据分析，帮助教师发现教学得失，挖掘学生潜能，推动教育教学方式的转变，适应新时代“一核四层四翼”评价体系的要求。

在实践层面，数字赋能与发现教育的深度融合体现在以下几个方面。一是数据驱动教学，通过大数据分析，精准定位学生的学习需求，提供个性化教学方案。二是过程性评价，利用数字化工具记录学生的学习过程，实现多元评价，促进学生全面发展。三是可视化反馈，将学习数据以图表等形式直观呈现，帮助学生自我反思，明确改进方向。四是教师专业发展，通过数据分析，帮助教师发现教学中的问题，优化教学策略，提升专业能力。

（四）高质量教育的实现路径

高质量教育是数字赋能与发现教育融合发展的核心目标，即通过数据驱动，促进学生自我认知，激发其自主探究和创新能力，培养发现问题、解决问题的能力，全面提升综合素养。同时，数字赋能还为初高中学生和家长提供更优质的教育服务，推动学校整体教育内涵的高品质发展。

总之，发现教育与数字赋能的契合点在于，前者为教育提供了理念指引，后者为理念落地提供了技术支撑。二者的深度融合，不仅优化了教育教学模式，还为师生共同成长提供了科学化、精细化、个性化的支持，为实现高质量教育奠定了坚实的基础。

二、基于发现教育的数字赋能教学评的创新之处

（一）以理念创新指导实践

发现教育理念强调以学生为中心，注重学生个性化发展。在大数据时代，信息化与教育的深度融合成为必然趋势。数据驱动不仅可以为教师的教育教学改革提供动力，还可以激发学生自主学习的内驱力。学校以信息技术课为主阵地，结合学生社团课、校本课程等，培育学生的信息素养，

打造可感知、可诊断、可分析、可自愈的智慧教育新生态。

（二）以实践创新促进教学

学校开发“四个一”行动，构建从课堂到课后、从线下到线上的数据学习场，有效落实发现教育的核心理念。

“一图”：基于智学网技术平台，为学生绘制直观体现学情的“三色图”（图 1）、“雷达图”等，并进一步优化为“TPS 学情跟踪定位系统”（彩虹图）（图 2）。通过学情图，教师可以宏观分析整班教学效果，微观分析学生个体学科发展均衡化问题；学生可以发现自身优势与劣势学科，明确学习方向。

区域	TPS	位比	占比
绿色区域(超越星辰)	A	100—92	0.08
	B	91.99—82	0.1
	C	81.99—72	0.1
黄色区域(星际穿越)	D	71.99—52	0.2
	E	51.99—32	0.2
红色区域(星际迷航)	F	31.99—22	0.1
	G	21.99—12	0.1
	H	11.99—0	0.12

图 1　学情三色图

语文	数学	英语	物理	化学	化赋	生物	生赋
121	135	134.5	92	85	92	84	96
119	106	132	91	78	87	69	89
113	110	122.5	84	86	93	69	89
116	131	135.5	93	83	91	68	88
111	123	134	78	78	87	63	85
117	119	125	97	83	91	66	87
115	135	122	89	84	92	59	80
116	115	133	97	84	92	74	92
114	133	135.5	92	92	97	67	88
110	131	127.5	92	86	93	73	91

图 2　TPS 学情跟踪定位系统（彩虹图）

“一册”：基于各类测评数据，编制以错题集为主要内容的学习手册。与传统错题集相比，基于测评数据的错题集更具针对性，能够通过持续跟踪提高学习薄弱环节的改进效率，为教师制订分层学习方案提供准确的依据。

“一课”：大力推广基于测评数据分析的讲评课。利用智学网提供的精细化学习测评数据，探索并推广数据驱动的讲评课模式。通过明确教学重点、数据实证和理性分析，提升课堂教学效率，优化学生学习路径。

“一院”：以园区智慧教育三期枢纽易加学院的建设为契机，让学生依据自身学习特点和兴趣，在平台上自主规划建设个性鲜明的学习者社区。整合学习资源与课程，形成适应时代发展的学习方式，实现线上与线下互补互通的混合式学习。

技术创新提升效能：通过技术创新，实现“四精三赋”（精准定位知识点、学生链、反馈单、效能比；数据赋能德育、赋值管理、赋智教研），并在此基础上进一步优化“升维”。开发教育云数据、课堂教学助手、学业数据分析、教研数据分析等应用场景，推动信息技术与教育教学的深度融合，打造智慧教育新生态。例如，开发智学网教学诊断平台，实现数据采集高效化、统计可视化和分析精准化，为教育教学提供有力支持。

（三）双向交流，以评价促进教学改革

针对传统课堂教学评价中存在的问题，增添“主动交流”一栏作为评价加分项目，促进授课教师与听课教师之间的双向交流。通过这种方式，提升教师的教学反思能力，优化课堂评价效果，促进教学理念的碰撞与创新，形成“好课三个层级”“教学四重境界”的课堂教学主张和评价创新方案（图3，图4）。

图3 “好课三个层级”示意图

图4 “数智赋能・教学评一体化”示意图

（四）数智赋能，转型课改评价方式

引入先进的教与学终端产品，支持信息化教学教研活动。强化运用数据，提升教与学的大数据分析能力。以项目建设为教育数字化行动支点，推动学校数字化评价改革；以指导学生研究性学习为契机，积极开展有效实践，形成个性化研究性学习系列。转变教师角色，全面加强教师的数字素养和能力提升，从数字化意识、数字技术知识与技能、数字化应用、数字社会责任及专业发展等方面，落实培养和提升工作。淬炼发现教育理念，细化课程评价环节，集成学、教、评、研、测、管六大类数据应用，实现区域信息共享，满足师生教、学、评、研、测、管一致化的需求。促进教师转变教学方式，开展适合教育，优化教育资源和育人范式，激发师生发展内生动力，使适合教育科学化、精细化、个性化、高效化。

三、基于发现教育的数字赋能教学评的改革成果

（一）提炼总结星海数据支撑下的发现教育系列化教育模式

1. “数据驱动，精准教学”讲评课模式

以数据为支撑，致力打造具有星海特色的精准教学模式。该模式借助智学网等平台，全面采集学生的学习数据，包括作业完成情况、考试成绩、课堂表现等，通过对这些数据的深度分析，教师能够精准把握学生的学习情况，发现学生在知识掌握上的薄弱环节和高频错题。基于数据分析的结果，教师在讲评课上不再进行“一刀切”的讲解，而是聚焦于学生的高频错题和薄弱知识点，通过详细的讲解和针对性的答疑，帮助学生真正理解知识，提高讲评课的效率和效果。在数据分析的基础上，教师为每个学生制订个性化的辅导方案。该模式不仅适应国家教育教学改革的要求，还实现了数据与教育的深度融合。通过精准教学，教师能够更好地因材施教，学生的学习效果也得到了显著提升。

2. “数据驱动，‘三精’发现”教育模式

打造精品团队、开展精细研究、实施精准辅导，形成“三精”模式。该模式旨在通过系统的教师培养和精准的学生辅导，提升教师的教学能力和学生的学习效果。

（1）打造精品团队。选拔优秀教师组成教学团队，并定期组织专业培训和教学交流活动。通过师徒结对的方式，让经验丰富的教师指导年轻教师，提升教师团队的整体专业素养。

（2）开展精细研究。教师团队基于数据开展教学研究，深入分析学生的学习数据，挖掘教学中的问题和改进方向。通过定期的教学研讨会，分享研究成果，优化教学方法。

（3）实施精准辅导。根据学生的学习情况，为学生提供个性化的辅导。针对学生的学习困难，提供有针对性的辅导方案；对于优秀学生，提供拓展性学习资源，帮助他们进一步提升。

通过“三精”模式，星海教育不仅提升了教师的教学能力，还显著提高了学生的学习效果。这种模式通过系统的教师培养和精准的学生辅导，为教育质量的提升提供了有力保障。

3. “数据驱动，高原筑峰”管理模式

以数据为依据，明确筑峰目标，优化班级组合模式，因材施教，践行

“人人成功、人人成星”的教育理想。该模式通过一系列措施，促进学生的全面发展，实现教育的公平与优质。

（1）筑峰目标引领。根据学校的教育愿景和学生的发展需求，制订明确的筑峰目标。这些目标不仅包括学生的学业成绩，还包括学生的综合素质发展。

（2）优化班级组合模式。基于学生的学习数据，合理调整班级组合，实现优势互补。通过分层教学和个性化教学，满足不同学生的学习需求。

（3）邀请专家指导。引入外部专家资源，为教师和学生提供指导和培训。通过专家的引领，提升教师的教学水平和学生的学习能力。

（4）组织学情调研。定期开展学情调研，了解学生的学习情况和需求。通过问卷调查、课堂观察等方式，收集学生的学习反馈，为教学调整提供依据。

（5）量身订制作业与辅导方式。根据学生的个体差异，为学生量身订制作业和辅导方式。通过分层作业和个性化辅导，帮助学生更好地掌握知识，提升学习效果。

“高原筑峰”管理模式通过一系列措施，实现了因材施教，促进了学生的全面发展。这种模式不仅提升了学生的学业成绩，还培养了学生的综合素质，为学生的未来发展奠定了坚实的基础。

（二）制订《苏州工业园区星海实验高级中学基于教育测评数据分析的发现教育教学优化方案》

1. 形成学生学习过程资源数据库

通过常态化收集与分析学生阶段性学习结果数据，形成数据支持下典型课堂案例的资源库，不断优化《发现教育课堂实施方案》的实践运用，集成星海办学经验和教学改革探索心得，推出系列成果集。

2. 教学设计优化方案

利用教育测评数据确定学习起点，设计可量化学习目标，选择适合学习内容，准确评价教学质量，并及时进行个性化学习分析与反馈。通过数据驱动，使教学设计与实施过程更精准、更有效。

（三）建设基于发现教育的“1+1+X”学习模式

1. 构建学习生态场

依托相关平台，营建星海学生“数据”时代学习生态场，整合教师引导、同伴互助、家长帮扶、社会助力等多方资源，摆脱传统教学形式单一、诉求简单的状态。

2. “1+1+X”学习模型

“1+1+X”学习模型中的两个“1”分别指“学习者（学生）”和“助学者（教师）”，“X”指“伴学者（同伴、家长、社会主体等）”。从学生的角度看，该模型结合独学与群学、线上与线下、自学与助学，明确数据驱动效能，实现自我认知与规划。从教师的角度看，该模型帮助学生获取精准学习数据，分析数据形成助学导学结论，开发混合式学习框架与路径。从家长的角度看，该模型引导学生发现学习特质，培养兴趣爱好，助力学生自我规划，开发社会学习资源场景，是学生学习成长的助力者、发现者和合伙人。

四、结论与展望

发现教育理念下的数字赋能教学评实践研究，通过理念创新、实践创新、技术创新等多个维度的探索，取得了显著的改革成果。教师专业素养得到提升，教学特色逐渐形成；学生学习能力增强，核心素养得到全面发展。未来，学校将继续深化发现教育的实践，不断完善教育数据的收集与分析手段，挖掘教育数据的潜在价值，推动教育治理和教育教学方式的变革。学校将继续努力，将教育大数据发展成为提升教育质量的必然选择，为培养更多适应时代发展的创新型人才而不懈奋斗。

发现教育创未来，立德树人谱新篇

——“创星故事”之德育处工作

黄　静

星海的“四星”高中创建工作是全体星海人发现教育实践的大实践，更是星海践行为党育人、为国育才，全方位培养德智体美劳全面发展的学生的实践总结。“四星”高中现场评审意义重大，我们需要在几天的时间内向专家全面展示成果，尤其是德育处，在学生综合素养的展示环节，我们义不容辞，需要承担更多的责任，以下是我们部门负责的一些相关环节的总结。

一、跑操训练

在“四星”高中现场评审工作中，跑操展示是一个难度很大的任务。我们希望能够展示星海昂扬奋进的校园风貌，展示星海学子训练有素、认真专注的精神品质。但在准备过程中，学生整体跑操质量并不高，远不能达到我们想要的展示效果。在时间十分紧迫的情况下，为了不干扰正常教育教学工作，我们与体育组一直保持紧密联系，在紧张忙碌的教学安排中寻找可以训练的时间。抓住有限的训练时机，与体育组全体老师一起投入跑操训练，通力配合、全力以赴，努力提升全校跑操的整体质量。但训练几天后我们发现，学生不够重视，跑操时注意力不集中，不能紧跟跑操节奏，没有做到队列整齐紧凑，排面横平竖直，动作整齐划一，口号响亮有力。德育处立即召开内部会议，发现问题的痛点、难点，找到解决办法。各位蹲点同志随即找本年级班主任开会，进一步动员班主任高度重视，统一思想，全程参与，全程跟跑，严格管理，将跑操管理力量锚定在最小单元格，确保班主任管理渗透至跑操全过程中的每个点位、每个时间、每个学生。在全体班主任的大力支持下，跑操质量有了显著提高，但此时的跑操水平与我们心中理想的状态仍有一定的差距。距离现场评审还有三天时间，黄校到沈浒路校区视察跑操训练情况并发表了动员讲话，这次讲话是跑操训练质量提升至关重要的一个转折点。黄校慷慨激昂的讲话，全面细致地点评了跑操状态，既肯定了多日来同学们训练的进步，又严肃批评了跑操中一些状态不佳的现象，并充分调动了同学们作为星海“四星”高中评审亲历者、见证者的积极性，动员大家一起创造属于我们的星海历史。这次讲话真正打动了全校师生创建“四星”高中的热情和使命感，后面三天的训练质量明显达到了新的高度。“四星”高中评审当天，可以明显感受到星海学子对“四星”高中评审的重视和用心，同学们在跑操时呈现的那份认真、专注、责任心，展示出星海学子的良好风貌和跑操状态，让全体老师为之动容，感到欣慰和感动。这次展示也被我们定义为星海跑操的“四星”标准，我们全体星海人要坚守、要传承、要发扬。

二、升旗仪式

当“四星”高中评审的升旗仪式确定为以“发现教育”为主题的诗朗诵时，距离现场验收时间已经不远了。摆在我面前最大的问题就是：诗朗诵的文本在哪里？朗诵文本的创作不同于一般的文稿创作，因为首先要契合“发现教育”这一主题，其次要满足朗诵的时长（其实就是文本字数），最后还要符合诗歌的韵律。我既不是诗人，也不是新诗研究者，这一难题如何破解？躲是躲不掉了，只能迎难而上。我大概先花了5天时间在网上广泛搜罗赞美学校的诗歌。正所谓“磨刀不误砍柴工”，在学习别人诗歌的同时，我不仅学习了朗诵文本的写作方法和技巧，还获得了自己的写作灵感，并且大体确定了“发现教育”诗朗诵的文本框架。在正式写作的过程中，得益于德育处提供的关于学校发现教育的大量论述和文章，我摘取其中的一些关键表述，并借鉴古代诗歌、散文以地理位置开篇的写法，从苏州与苏州工业园区的人文积淀和区位优势导入，紧接着从课程设置、学生活动、教学管理等方面赞美了发现教育在赋能学生成长方面的作用。行文至此，“发现教育”主题诗朗诵文本的主体部分已经完成，接着是诗朗诵的高潮部分，我对发现教育的普及性和普适性展开抒情。写文章最怕虎头蛇尾，结尾是最难写的，我首先确定的是音韵，结尾要高昂，必须用平声入韵。音韵确定下来，最后对文本内容进行修改和调整就可以了。

时间紧，任务重，德育处成员正奋战在各自的点位上，为了选定朗诵人员，我录制了海选视频供大家参考。选定朗诵的同学后，我们争分夺秒，邀请艺术总监王子铭老师前来指导，抓紧一切空闲时间排练（在此非常感谢戴书馨、范曦、朱静怡、方周圆四位同学）。黄校不放心主席台的设备，多次请苏建东老师调试设备，并和我一起在操场的不同点位测试声音的清晰度。同时，为了确保升旗仪式不超时，德育处多次组织学生在阳光体育时间训练升旗仪式的入场和退场。最终升旗仪式在进退场整齐、没有超时、音响清晰的情况下圆满结束！

三、社团展演

在活动开始前，我和德育处的其他同事还有社团的指导老师们一起制订了详细的计划和安排。首先，我们组织学生社团成员进行选拔和培训，确保每个社团都有充分的准备时间和资源。同时，我们也积极与学生沟通，激发他们的参与热情，鼓励他们展示自己的特长和创意。在活动当天，我们精心安排各社团的演出顺序和时间，确保整个活动节奏紧凑而不拖沓。我们还安排了专业的舞台布置和灯光音响设备，为学生的表演提供良好的舞台条件。此外，我们还准备了评委团队，对每个社团的表演进行评分和点评，以便后期评选出优秀社团。在活动现场，老师们一起协调各个环节，确保整个活动顺利进行。我们鼓励同学们放开自己，尽情展示自己的才艺和激情。每个社团的表演都充满了活力和创意，吸引了全校师生的关注，赢得了全校师生的掌声，也获得了“四星”高中现场验收专家团的一致肯定。同学们在舞台上展现出了自信和团队合作的精神，让整个活动充满了正能量。

活动结束后，德育处对整个活动进行了深刻的反思与总结。我们总结了活动中存在的问题和不足之处，并提出了改进的建议和措施。我们也对每个社团的表演进行了评估，给予了肯定和建议，帮助同学们不断提升自己。同时，我们还鼓励同学们保持热情和积极性，继续参与更多的社团活动，丰富自己的校园生活。

通过这次学生社团展演活动，我们深刻体会到了同学们的潜力和活力，也感受到了团队合作的重要性。我们会继续支持和鼓励同学们参与各种社团活动，帮助他们发掘自己的兴趣和潜能，实现自我提升和成长。希望同学们在未来的学习和生活中能够继续发光发热，展现出更多的才华和魅力。

四、学生论坛总结

为完成“四星”高中现场评估过程中对学生综合素质的专项剖析，在书记校长室的指导和带领下，德育处组织并策划了以“我在社团中的成长”为主题的学生论坛。通过分享学生在社团中的成长故事，展现星海学子阳光自信、身心健康、学业精进、智慧优雅的优秀品质，彰显学校社团活动的丰富性，以及其对学生综合素质提升起到的积极作用。活动由社团简介（社团代表从社团管理、特色活动、所获荣誉、活动体悟等方面依次分享社团建设经验和特色做法）、交流讨论（从有趣的社团故事、社团对个人能力的培养、社团对个人学业的作用、未来的展望四个方面展开交流）、总结提升（周晓阳书记点评与希冀）三个方面组成。整个活动以论坛的形式展开，主持人负责串场，学生就相关问题展开讨论，全程脱稿，以访谈、谈话的形式讲述社团活动中的所见、所闻、所感，展现星海学子的阳光、自信等优秀品质。整个活动需要集中彩排多次。经过多次商量和修改，最终我们将论坛内容确定为：展示学校社团的特色及丰富的社团活动，文稿中突出“苏州市十佳社团”、原创音乐创作、暑期“姑苏晚报杯”足球比赛、苏绣作品的创作、桃花坞木刻的制作、探望敬老院等特色活动。我们针对各个社团进行了多次的打磨，并有针对性地进行了指导，最终的呈现突出了社团最精彩的部分。

五、班会展示活动

（一）法治班会

因为现场展示的时间节点恰逢“宪法日”，经商量并报校长室，最终我们确定班会的展示是以“学宪法　讲宪法”为主题，我们希望在本次班会中能加强法治教育，增强学生的法律意识，激发学生的社会责任感，具体班会由沈浒路校区高三年级负责展示。

在准备班会的过程中，高三（1）班孙雨曈同学主要负责整个年级学宪法的 PPT 和班会设计，并预先组织各班班长和团支部书记一起商讨。活动主要分知识竞赛和宪法演讲两个部分，知识竞赛部分以选手抢答和集体作答的形式进行，以小组为单位。主持人将问题投射到大屏幕上，选手们必须快速作答，胜利者将有机会获得奖励和荣誉。宪法演讲的主题是“弘扬宪法精神，我的责任与担当”，演讲人展示自己对宪法的理解和心得，以及自己作为一名学生在日常生活中应承担的责任和担当。

此外，活动还增加了谈话互动环节，主持人向同学们提出一些关于宪法与演讲的问题和话题，鼓励同学们互相探讨，分享自己的看法和经验，引导同学们思考宪法的重要性和现实意义。

德育处旨在通过这次主题班会活动，引导广大学生深入了解宪法、尊崇宪法，增强法治观念，形成学法、知法、守法、护法、用法的意识，让宪法深入到每位同学的心中，促进其健康成长，更好地营造文明和谐的校园环境，帮助学生自觉增强法律意识和社会责任感。

（二）心理班会

我们还进行了以“目标与心态”为主题的班会展示活动，通过本次主题班会活动，帮助同学们科学地进行心理疏导，树立恰当的目标，使同学们拥有良好的情绪和心态，缓解考前紧张情绪和心理压力。活动过程如下。

高三（6）班用“跳蚤实验”视频引出“长远目光，制定目标”的话题，并用“你比我猜”和“穿针引线”的小游戏，揭示学习中团队协作的重要性和保持心态平稳的必要性，点出“目标与心态”的关键在于明确学习是“为自己而学”，只有以内驱力战胜惰性，才能真正做到“脚踏实地，仰望星空”。

高三（7）班在视频和小游戏之外，通过诗歌、小说的品读，理解“执着于理想，纯粹于当下”的重要性。通过校园照片，同学们的自我寄语和加油图片，感悟心怀使命、肩负担当的情怀；通过老师、家长、伙伴的鼓励和陪伴，激励自己为理想而努力。

这次心理班会课活动的目的是让高三学生对自己建立客观、全面的评价，体验内心的喜悦感和成就感，制定阶段性目标，乐观、平静地对待挫折，以良好的心态坚定信心，战胜惰性，助力高考。

六、高三体能锻炼展示

“四星”高中评估期间，我们希望通过展示苏州市高三年级体能测试的准备工作，展示同学们斗志昂扬、自信满满、坚韧不拔、顽强拼搏的优秀品质。

我们制订方案，科学施策。两个校区同时召开动员大会，黄静副校长、德育处及年级组分管领导、全体高三体育老师参加，全面启动高三体测备考行动，明确训练的时间、地点和具体分工，并落实到位，做到分工明确，短时高效，科学合理，因材施策。高中体育组利用体育课、早操时间和阳光运动时间，进行男生引体向上、立定跳远、1 000 米，女生仰卧起坐、立定跳远、800 米等多项训练，贮备体力，锻炼技能。

我们仁爱相助，价值引领。“四星”高中评审后，学校高三体能测试取得了苏州大市第一的成绩，体现了学校的办学理念和育人方略。

回首一路走来的高三体能锻炼，学校始终坚持“五育”并举，高度重视在校学生的健康成长。体育老师在体能测试备考过程中，与学生关系融洽，严慈相济。校领导、德育处、年级组及班主任经常到训练现场关心学生训练情况，遇到问题及时解决。在考试当天，学校总务处还专门为参加高三体能测试的同学准备了爱心能量包。

七、发展论坛总结

教育部《中小学德育工作指南》中提出，中小学应当培养学生爱党爱国，增强国家意识和社会责任感，了解中华优秀传统文化和革命文化，增强民族自尊心和自信心，学会正确选择人生发展道路，培养学生具备价值体认、责任担当、问题解决、创意物化等方面的意识和能力。2023 年 7 月 2—7 日，学校组织部分学生举行了 3 项大型社会实践活动：高二 73 名学生参加“博古通今　眺望未来”北京研学夏令营；高一年级 53 名学生参加“探究金陵历史　浸润高校文化”暑假南京研学活动；高一、高二共 113 名学生参加“体悟江浙沪，浸润高校行”上海—杭州暑期夏令营活动。也因此，“四星”高中评估期间，我们最终确定了以“‘行走在夏日’暑期研学”为主题的发展论坛总结。

我们的论坛主题为“体悟、润志、传承”。分组展示环节分三组，由苏茜路校区高三（5）班周永志主持，其中，南京研学组由孙浩轩、陈浩权、蒋润飞、吴柯组成，上海—杭州研学组由徐葛昕、蔡沁月、宋明睿、元泽宇组成，北京研学组由周永志、祁嘉、李芳菲、朱晨奕组成。反思提问环节由苏茜路校区高二（9）班徐葛昕主持，分组讨论环节由沈浒路校区高三（7）班陈卓尔主持。

南京之行的汇报关键词是“行走”“看见”“停驻”。南京之行让同学们有机会用脚步丈量教室外的学问与风景，他们行走在斑斓风景中，行走在车水马龙中，行走在高校校园中，行走在文化浸润之所，行走在夏日灼人的烈阳下，也行走在对山顶风光的期待中，行走在欢笑与高歌中，也行走在肃穆与沉痛中。南京之行让同学们不仅看见了身边最平凡的美好，还看见了无穷的远方、无数的人们，南京之行无疑赠送了同学们一笔人生的财富。

上海—杭州之行的汇报关键词是“探寻科技”“探求文化”“探索名校”。同学们走进阿里巴巴、老板电器等著名企业，亲身体验企业文化和科技魅力。同学们走进浙江大学、复旦大学、同济大学和昆山杜克大学，聆听讲座，参观新闻演播中心。同学们参观了中国左翼作家联盟会址纪念馆、上海鲁迅纪念馆等，进一步明确了未来的发展方向和人生目标。

北京之行的汇报关键词是“博学笃志”“文化洗礼”“逐梦前行”“步入高校”“眺望未来”“生涯规划”。北京之行中，同学们参观了颐和园、故宫、国家博物馆、长城等名胜古迹，同学们步入高校，领略了未名湖的风景、北大校史馆的博大精深、北京理工大学的前沿科研成果、中国人民大学的AI技术讲座等。北京之行让同学们确定课题，展开研讨，形成研究性报告，认识到了生涯规划的重要性和必要性。

回首过往，自办学以来，学校一直全面贯彻党的教育方针，牢记立德树人的根本任务，始终坚持全方面育人，在社会实践工作中不断探索，创新举措，形成了科学化、制度化、系列化的社会实践的品牌项目。例如，在安徽金寨“追寻红色足迹　情系大别山区”综合社会实践活动中，同学们走进“将军县”，学习先辈崇高的爱国主义精神，进行爱心支教及爱心捐助，该活动被教育部课程专家高峡认定为可推广的社会实践项目。又如在江西弋阳开展的“追寻红色经典，传承方志敏精神”社会实践活动中，同学们追寻革命英雄成长足迹，体验农村生活，体验当地的人文地理和风土人情，培养和锻炼社会实践能力。无论是在安徽金寨、江西弋阳，还是在上海、南京及北京等研学之地，同学们在价值体悟、责任担当和问题解决等方面的认识与能力得到了培养和提升。同学们在安徽金寨的星空下喊出了“聚是一团火，散是满天星”的豪言壮语，在江西弋阳的星空诗会上吟唱了“以我辈之青春，点浩瀚的星海”的感人诗句。社会实践超越学校、课堂和教材的局限，在活动时空上向自然环境、生活领域和社会活动延伸。读万卷书，行万里路，未来学校将整合课程资源、丰富活动形式，科学构建评价体系，通过社会实践让学生感受新奇、探求兴趣点、主动学习、培养意志品质、陶冶情操、养成劳动习惯，一如既往地做好社会实践活动，擦亮社会实践活动品牌。

八、结语

“四星”高中创建集中反映了星海人共同努力的拼搏历程。回首过往，我们无比骄傲；展望未来，我们（无论是德育处还是其他部门）相信一定会做得更好！

上下求索，学做真人

——教师求“真”过程中的“加减乘除”

张 莹①

日语中有一个词让我记忆深刻——“一期一会”（いちごいちえ）。这本是日本茶道中的语词，意为“每次茶会遇见的主客双方可能一生仅此一次机会相遇，所以双方都很珍惜这样的机会”。日本文化中的“物哀”“幽玄”，再加上茶道本身的禅意，让这个词更具魅力。师生之间的相遇不正是“一期一会”，值得加倍珍惜吗？在走上教师这个工作岗位之前，我的确是满怀期待，觉得在学校工作，与青春少年朝夕相处，真是人生乐境。但是工作之后，我发现世间没有那么多理所当然的顺遂，而我也没有那么多万事如意的运气。这时我才明白，在与学生的“一期一会”之中，在日复一日的教学工作之中，不光要珍惜相遇，还需要真心与智慧。

近7年的时间里，我慢慢领悟出了“教师须求真”的成长准则，我把它归纳为数学中的四则运算，即加、减、乘、除。吃一堑长一智，在一次次解决教学疑惑的过程中，我逐渐学会了如何做到“真”，并在教学与德育中践行“真”，从而促进了自身的成长。

一、增强教学自信

因为刚开始工作，我总是担心自己能力不够，被学生嘲笑，甚至让学生看不起，所以我每次上课总是战战兢兢，有意无意地去取悦学生，急切地渴望每一位学生都喜欢我。结果事与愿违，因为缺乏自信，我在课堂上总是放不开，导致学生也被我的情绪感染，课堂氛围很不好。尤其是在做课前准备的时候，我按部就班，不敢有自己的设想，总是按照别人的教学

---

① 张莹，中学二级教师，陕西师范大学汉语言文学专业毕业。曾获评句容市优秀共产党员及高考工作先进个人。先后获江苏省“蓝天杯”教学设计一等奖、镇江市语文学科命题比赛一等奖、句容市优质课评比二等奖，有多篇教育教学论文在“行知杯”“蓝天杯”“师陶杯”等省级论文评比中获奖。

思路来开展自己的课堂教学。

面对这样的局面，我一筹莫展，直到我看到了帕克·帕尔默的《教学勇气》一书。帕尔默在这本书中阐述的主要观点就是：优秀教学不能被降格为技术，优秀教师源自教师的自身认同和自身完善。这本书给了我很大的启发，我决定战胜自己内心的不自信，积极发挥自己的优势，形成自己的风格。同样是从教学入手，在之后的教学设计中，我都积极地体现自己的创意，让课堂更有活力。比如在讲授老舍的《想北平》时，我便进行了积极大胆的尝试。具体教学流程如下。

1. 导入新课，激发兴趣（5 min）

（1）素材一：播放歌曲《归乡》营造课堂学习的氛围。

（2）素材二：展示学生随笔中有关于故乡的描写，引出自己在日记中的记录。

今天批改完了学生的随笔。高一的孩子已经是满篇乡愁了，竟让我这个真正背井离乡的人无地自容了。他们写家乡的雁群，写家乡的明月，写家乡的可爱的人……而如果让我来写，我却只想到长安、陕师大、苹果树。

2. “我的北平”——3 次“说不出来”为什么？(15 min)

（1）“牛的一毛”，以小见大（太广博）。

（2）“我爱我的母亲”，喜忧交集（太亲近）。

（3）“与我的心灵相黏合的一段历史”“每一个细小的事件中有个我，我的每一思念中有个北平”相融一体（太熟悉）。

（4）“如果是诗人，用生命言爱”“我的性格与脾气里有许多地方是这个古城所赐给的”，爱得深沉专一（太重要）。

3. 独特的北平——“既复杂而又有个边际”，与巴黎对比（10 min）

这个环节让学生自由讨论，找出来二者的不同之处，并做分析。

4. 天然的北平——“悠然见南山”(12 min)

这节课我们主要感悟了这篇散文之美，下节课我们再进一步走进老舍的北平，一起来探究老舍是如何来表现北平的美，如何来抒发他深沉的思念的。

5. 课后作业，以读促学

推荐阅读：《故都的秋》，体会文化学者的气质与风度，看文学散文的独到之处。

6. 板书设计（图1）

想北平

老舍

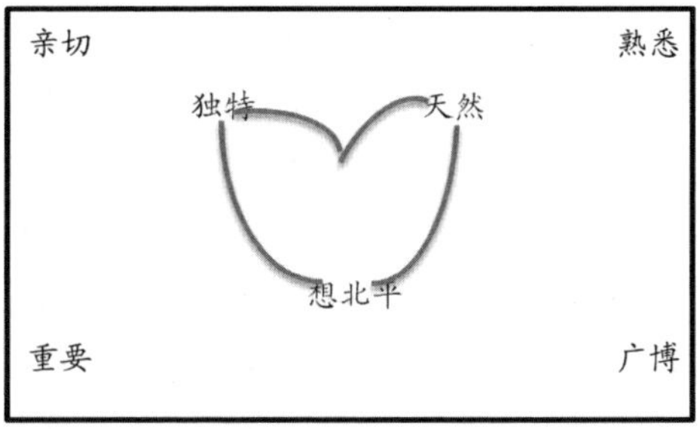

图1　板书设计

有了这一次的美好开始，在接下来的教学中，我就更加自信了，慢慢地，我在课堂上就能够收放自如了，学生对我的好感也不断提升。终于，在与学生的相处中，我可以无所顾忌地站在老师的角度，真正地开始了解他们，和他们交流。

二、减少心理冲突

很多学生，尤其是已经基本能够独立思考的高中生，他们认为，语文课可听可不听，反正考试不考老师讲过的课本上的知识点。他们打心底里认为语文课就是说一说、聊一聊，老师讲解课文对于考试没有多大的帮助，倒不如讲一讲答题技巧、解题套路之类的来得实在。有很多学生私下里给我提建议："希望老师课堂上多讲一讲阅读理解题怎么做""希望老师多讲一讲做题方法"。面对这样的建议，一开始我对自己的教学也有所怀疑：是不是我真的弄错了方向，没有抓住语文教学的关键？我是不是应该顺应应试的潮流，把讲课的核心放到提高分数上？就在我迷惑之时，我参加了一次苏派名师精品课堂观摩与研讨活动，在这次活动中，我找到了解我心中疑惑的良药。

在这次活动中，张克中老师就"新课标背景下中学语文教学的转型"这个问题发表了他自己的一些观点。当我看到这个报告的标题时，我觉得很无力，因为即使是我这个刚工作一年的新教师，也觉得在应试的背景下谈转型，仅仅是纸上谈兵。但是听着张老师的分析，我的这种观念有些改变了。张老师以十分专业的角度交流了自己对新课标的理解，他通过前后对比解释了新课标新在哪里，并阐明新课标的核心要义是以学生的学习为中心，建议老师们转换传统的教学模式，关注“学习”而非“教学”。他在讲述真实情境下的语文实践学习活动时，举例介绍了江苏省锡山高级中学的“体验式学习”。不仅张老师所讲的教学转型让我心动，唐江澎老师关于活动体验教学的基本形态的报告也十分精彩。唐老师以“教师应该培养什么样的人，如何培养”为导言，引出江苏省锡山高级中学的“体验式学习”。他通过介绍该校的一系列做法，形象地诠释了体验教学应该有的模样。从阅读到演讲，从朗诵到表演，他认为每一种形式都应该成为孩子学习和体验的机会。以前我认为的空虚说理，在自己做了一年老师之后却发现，它是摆脱语文教学困境的必由之路。

活动结束之后，回到学校，我立即在教学中应用起来。首先，组织课前演讲。既然学生认为学习语文仅仅是为了考试，那就让他们亲自体验一下学习语文的更多乐趣。刚开始，我限定演讲内容必须是高一要求阅读的名著，如《红楼梦》《三国演义》等。我发现很多学生兴趣寥寥，都是写好了稿子，站在讲台上闷头读下去，丝毫没有演讲的感觉。发现这个弊病后，我拓宽了演讲选材的范围：电影、小说、诗词都可以，只要是积极向上、有演讲价值的，都可以。这样做了之后，学生的热情立马来了，又是做 PPT，又是播放视频，来辅助自己的演讲。更重要的是，学生学习语文的兴趣也大大提高了。这样的小活动虽然只有短短的 5 分钟，却让应试与语文学习之间的冲突慢慢减少了，削弱了。接下来，我还想组织课本剧表演、辩论赛等其他多样的语文活动，让学生知道，语文的天地广阔，任你翱翔，不要局限于一张张卷子、一道道阅读理解题目。

三、作业质量上乘

学生学习语文的态度转变了，语文课堂也变得活跃有趣了，但是另外一个更加严峻的问题又困扰着我——学生的成绩。虽然要抵制应试教学的作风，但是考试成绩确实是对学生学习状况的评估与反馈。面对反馈给我的成绩，我又一次陷入了低谷，这又是为什么呢？常听一些老教师跟我们分享经验：要提高课堂效率，向课堂要质量。难道是我的课堂质量不高？

可是无论是从教学重难点还是从教学进度上来说，我的课堂教学都没有太大的疏漏。最后，在翻看其他班级的语文作业时，我发现了症结所在——作业质量太差。要保证学生学习的质量上乘，就必须注重课堂教学及课后练习。课堂教学我是重视了，可是对于学生的作业管理，我真是做得不够。

平时留给学生的作业主要分为三大部分：背诵默写、随笔、习题训练。每次布置的作业，我都是按时批阅。但在批阅的时候，我只注重了答案的正误，却忽视了正误背后的启示。比如习题训练部分，很多学生对语句衔接连贯类题目可以做到零失误，但是我每次作业中依然会有这一类型的题目；而对学生易错且很难掌握的病句类题目，我没有加强训练。长此以往，学生觉得语文作业就是在做无用功，会做的学生消极对待，不会做的学生陷入题海泥潭。

发现这个问题之后，我立马采取了调整措施。要让作业质量上乘，那就必须从筛选有效的作业开始。为此我制定了三个“不做”原则——题目质量差不做、同类型题目不做、准确率高不做，以及三个“做”原则——易错要做、典型要做、考查多样要做。在这样的筛选前提下，学生的作业量减少了，做作业的耐心也就有了，而不再是乱抄瞎写一通。除此之外，在批阅作业时，我也开始关注学生答题错误的原因，并且对这些原因加以分析，对号入座，在教学中加以调整。比如学生分析诗歌创作手法时总是出错，那我在进行诗歌教学时，就注重诗歌创作手法方面的讲解及补充，让学生知道自己出错的原因，并且在课堂的学习之中潜移默化地解决这些问题。

四、务必去除偏见

同学们年龄虽然小，但是他们的经历一点也不比我少，甚至比我更加丰富。在面对某些问题的态度上，我们更是有着极大的差别。当学生轻描淡写地告诉我，自己是因为爸妈离婚，跟着妈妈转学来这里读书时，我竟然尴尬得不得了，不知道该怎么接话；当学生在作文里毫无保留地写到自己要一个人撑起整个家庭时，我茫然失措，不知道是该安慰他还是该鼓励他，也不知道该如何安慰他、鼓励他；当看到学生面对不及格的考卷堆在桌子上，不仅没有失落感反而还谈笑风生时，我不知道也不明白——他怎么能没有反应呢？是啊，我知道每个人都是独一无二的，学生也是如此，但是要真正看到每个人的闪光点，还需要长时间的观察和一颗无偏见的心。

我的班里确实有一些令人头疼的学生。比如那个小 A，总是不写作业，问他理由，他说起来一套一套的，什么“作业太多”“作业没意义”，或者“我考试会考好，不用写”。每次和他说这个作业问题，我就夹枪带棒地批评他，不等他说完，就给他定性了——“你这就是懒！不要给自己找那么多借口，同样坐在一个班级里，同样的作业，别人都能完成，为什么你不能呢？”他听到我这样说，再加上要联系家长的威胁，最后都会补写作业，但能看得出来，他很不服气。这样几次之后，他已被我列入了黑名单，属于那种“朽木不可雕”的类型。现在想一想，当时我说这话多么残酷，虽然所有的学生都坐在一个教室里，但所有的学生都是不同的，而且我与他谈话的目的不应该是批评他，而应该是帮他解决问题。

对一个人的偏见形成了，是很难改变的。直到那一次，我看他在自习课上也不好好写作业，总是和周围的同学说话，我就让他去办公室把批改好的作业本抱过来。一会儿他回来了，速度很快，我还以为他会借机在路上消磨一下时间呢！除了作业本，他还拿了我的伞，他说：“老师，外面下雨啦！我看您的伞在桌子上，就帮您拿过来了。”听了这句话，我突然觉得很羞愧。这个孩子在我心里完全比不上那些学习成绩好的孩子，但在他心里，即使我批评他那么多次，他还会为我着想，帮我拿伞。我在心中暗暗地告诉自己：不要对任何一个学生心怀偏见，他们不论学习成绩好坏，都有一颗至真至纯的心啊！后来，我在和他谈话时，少了颐指气使和鄙夷的神气，多了耐心和平等。到这时候我才得知，这孩子也是一个有上进心的人，他是因为数学太差了，想尽力弥补数学的不足，所以其他科目的作业就有所懈怠了。

从那以后，面对学习上有问题的学生，我在和他们交流时，除了必要的批评，更多的是真诚耐心地帮他们分析问题所在，指导他们尽快解决问题。可能有的学生会出现屡教不改的情况，但即使这样，我也提醒自己，先不要对他有任何偏见，在联系班主任、各科老师及家长了解情况之后，再对这个学生做评价。唯有去除偏见，才能理性地、客观地、真正地了解学生，帮助学生。

路漫漫其修远兮，吾将上下而求索。

共其情，同其感

——一个青年教师的教学回忆

龚文豪[①]

大暑已至，盛夏的天空是那样不知疲倦地蓝着，盛夏的阳光是那样不知疲倦地闪耀着，盛夏的虫儿又是那样不知疲倦地鸣叫着，为这短暂的生命不停息地歌唱，为有限的生命注入无限的活力，而刚刚毕业的学子们则无不在这热烈中憧憬着那满载可能的未来。高三毕业典礼已经过去整整一个月，有些记忆正在渐渐淡化，如今正是重写回忆的最佳时刻。和学生相处的时间只有短短三年，这三年或许是他们成长中的重要时刻，又或许只是他们生命中微不足道的一页，但这些记忆会深深烙在我的心里，持续滋养着我。

回想三年前初入职场的情景，内心涌起的是对组内前辈的深切感激。对于刚刚毕业、孤身来到陌生城市的我来说，全新的生活环境充满了未知与挑战，但融洽的同事关系和语文组内成熟有效的教学模式与经验给了我莫大的力量，一切都在尝试中逐渐走上正轨。彼时最大的挑战就是偶尔上课上得或自觉乏味，或有出错，课后忍不住对着空荡荡的楼梯间长舒大气以缓解尴尬，如今想来，那些不过是青年教师的必经之路。

第一个大的挑战始于高一下学期。当时刚结束三个月的居家学习，返校进行了第一次语文周测，两个半小时的考试，竟然有一个学生交了白卷！出于年轻人的小心翼翼和对刚分班后学生的不了解，也出于对学生有特殊情况的理解，考试后的午休时间，我把这位交白卷的 L 同学叫到空教室，几乎是轻声细语地问："你为什么交白卷？"他愣了神，或许是没想到我会这么友好。

---

① 龚文豪，南京师范大学中文硕士，曾三次参与江苏省高考语文阅卷，曾获苏州市教师专业素养竞赛二等奖，区教学基本功比赛一等奖、命题比赛一等奖。教育理念：用心教学，以德育人，寓教于乐。

在艰难地持续了5分钟的追问后，我终于知道了他交白卷的原因：他觉得当下的教育制度十分死板，没有意义。这样的话从一个显然未脱稚气的十五六岁孩子的嘴里说出来，是会让成年人觉得好笑的，不过，共情是我的强项。我让他详细地述说这种无意义感的来源，他却找不到词语来形容，看来他的认知还是匮乏的，只是有某种意识在觉醒。我首先肯定了他的这种自主意识，肯定了他改变现状的冲动，进而反问他想要什么样的"制度"，他的回答也只是一些漂浮的事例和抽象的概念。我正告他，如果不满现有的环境又没有能力逃脱，能做的只有自己去改变它，而改变的第一步是适应现有环境，因为高考在短时间内仍会是个体上升的阶梯，而个体只有站得足够高才有资格谈改变环境。

当然，这次谈话的目的只是让他回归语文学习正轨，遥远的事情不宜谈得太多。我发现他的阅读量并不大，我列举的一些哲学流派和文学艺术流派，他都闻所未闻，不过我也并没有居高临下地贬低他。我告诉他，人要先清楚地认识这个世界，处于混沌之中就谈改变世界无疑是莽撞、幼稚的，现在不如先从多读书、学好语文开始。最后，我问他将如何处理交白卷这件事，他说等他回家好好想想。

那天过后就是周末休息，出人意料的是，放学后没多久他就把重新做完的语文试卷拍照交给我了。自那以后，他开始广泛阅读我推荐的书目，虽然读得艰难，时常不理解一些观点甚至批评作者，但总算有一些思想输入和思考。后来他对哲学产生了浓厚的兴趣，常常在写作中涉及一些哲学观点，纵使稚嫩的语言和逻辑总是跟不上思想的步伐，但我很明显看到了他的改变。再后来他送来一封手写信，感谢我在他犯错的时候理解并尊重他，在他迷茫的时候像个朋友一样开导他。

高中阶段，像L同学这样的孩子为数不少，他们对世界有了一定的认识，自主意识高度发展，对于看不惯的秩序迫切地想要推倒重建。他们觉得自己是独一无二的，自认为思想远超同龄人，没人能理解自己，行为上特立独行，同时又渴望得到认同，渴望被倾听、理解、包容。因而他们往往喜欢跟能欣赏自己并且比自己成熟、认知程度高的人交谈来释放焦虑，这时候如果家庭教育无法满足这些需求，教师通常能发挥十分重要的作用。当然，并不是每个孩子都能幸运地走出这个困境，教师也并不都能精准地发现每个孩子的困境，我们能做的只有保持共情力，不忽视、不打压。

作为青年教师，我们相对较容易获得学生的亲近与信任，前辈师长常说要教师与学生保持距离，我想这种距离可以是亦师亦友，在掌控好度的前提下与学生正常交流，于教师自身发展也有助益。曾经有学生在阅读过后产生了一个疑问：为什么书中说学生可以教会教师很多东西？我说这不一定是指知识，可能是看待问题的全新角度，还有可能是学生的某个想法带动了教师的联想和创新，这一点我深有感触。

在初涉教学时，我频繁地听课，听组内前辈的课、听其他学校的课、听网上优质课，然后自己依样画葫芦：或复制课堂情境，或学习课堂推进技巧，有时甚至连一个课堂导入或穿插的小故事都要模仿。这些做法固然是学习的必经之路，但是并非每次都能奏效，有时看别人上得无比成功的一堂课，我用同样的方式再上一次，效果就是大相径庭，而有时不经意的一次课堂创建能收到非凡的效果。

高二时，借着讲《兰亭集序》的机会，我开了一节“生死观”主题分享课。当时记录下了这非凡的一课：

首先驳斥了T同学认为将此（“谈谈你的生死观”）作为作业是可悲的观点，纵使难以把握，此命题过于宏大，但是不能因此停止思考。身处应试枷锁之中却仍有这个机会来讨论此话题本身就是一种意义。在寻找生命寄托这一点上，庄子的无所待只是精神意义上的，这是一种面对生命短暂之现实的哲学，而海德格尔的“人诗意地栖居在大地上”有着同样珍惜当下的意义。

接着让J同学先进行课前演讲，他的主题是“对于城市化的反思”，其中提到自己童年在乡村生活的经历，班上有过这类经历的人屈指可数。我说：“你们一定很羡慕有这样的童年吧？”

C同学讲述了自己身边人离开的经历，其中包括一个早夭的同学。这些细节引出了我自己过去面对亲人死亡的经历，包括伯伯、爷爷、外婆的去世，讲到伯伯精神错乱的细节、结冰的水缸、爷爷在山头目送在山谷间穿行的我而我不能应答（因为他耳背）、看到外婆遗体时后知后觉的悲痛……

当我十分冷静地讲完这一切，我听到很多抽泣的声音，当然不是因为我的讲述动情，而是因为触发了部分人的感同身受。W同学还未完全从情绪中走出来，一边抽泣一边分享自己的经历，我不好意思地说：“不该把气氛弄得这么沉重的。”从琐碎的个体经验抽离出来，R同学分享了自己“张弛有度”的观点，她的讲述有着她一贯的国际自由主义风格，也不免补充了许多细节，一节课就这么过去了。

第二节课，做课前演讲的J同学再次分享自己切身的死亡体验，因为心脏的问题，有一次血压的高压值低至低压值，那是他距死亡最近的一次，于是后来的他更珍惜活着的每一天。

D同学昨天没来得及交作业，但主动站出来分享了一个不同角度的思考：我们珍惜生的权利，也尊重别人死的权利。我说：“如果死真的是一种解脱，我们表示尊重。”

我把G同学安排到最后发言，因为他展现出一种他自称的“天真浪漫”，可以为这个沉重的话题做一个轻松一点的总结。他觉得自己还没有资格谈论生死，他相信有前世今生，他感谢前世为他准备这个美好的世界，他也致力为下一世铺就美好。

这并不是一堂“合法”的语文课，却成为学生口中“封神”的课，直到毕业还有人对此念念不忘。语文课具有其他科目无可比拟的美育作用，也肩负着德育的重任，这样的讨论或许与分数无关，与高考无关，却能丰富人的生命情感体验。我会在课前留下几分钟让学生进行演讲，内容不限，学生乐于分享自己的各种经验，也不惧在我面前发表一些非主流的观点。我也常常在教学过程中引入自己的感性经验，有时是幼年在农村的经历，有时是成年后的特殊经历，这些经历都是坐在教室里的他们所欠缺的，有时是一个视频，有时是一首诗……当时的我做这些不过是出于一己之私，或是为了调节课堂气氛，但在后来与学生的沟通中我才发现，原来这些瞬间深深地影响了他们，或激发了他们学习的热情，或激起了他们对文学艺术的兴趣。

一位学生在毕业时留给我的信件中这样说：高中的第一堂课，你将我引领进美学的新世界，每一堂课都有豁然开朗的感悟，总有兴趣去挖掘、去顿悟。那一段时间，我爱上了文学著作与文学评论书籍（她说没有以“您”称呼我是因为将我当作朋友）。

一位学生半开玩笑似地说我“通人性”，并附上“通人性”的心理学解释：在心理学中，“通人性”可以被理解为共情能力，即个体能够理解与分享他人的情感和感受，站在他人的角度思考和处理问题。我想，做教师的意义原不在于带出了多少清北学子，而在于是否在某个瞬间真真切切地对学生产生了积极的影响。

当然，作为高中教师，自有帮助学生升学的任务在身，空谈情怀是不现实的。在毕业前的告别课上，我反思自己受升学绩效考核支配而没能将美育贯穿始终，反过来说，我一直在紧盯学生的成绩，尤其是后进生，这成为我教学生涯中挑战的主要来源。

刚进高三时，我手上留下的一个班级是整个年级中基础最差的，其实以往我在这个班花费的精力不如在另一个班，成绩上获得的成就感也没那么强。但是如今只剩下他们与我并肩作战，为了鼓励学生，也为了自我鼓励，我在开学时给学生打气：每个人都有自己应有的位置，我们不去和别人比，只和过去的自己比，只要我们不自卑、不自弃，一定也能取得耀眼的成绩。我给他们分过零食、拍过课堂表演视频、讲过笑话，也骂过他们不成器、对他们冷眼相待过、抓过他们背诵默写。

班上有一位长期与我“不对付”的Z同学，高一时她曾经把答题卡的“缺考”标记涂黑了，我把她叫到办公室狠狠批评了一顿，气得她直接请假回家，过后也没有跟我道歉。她在语文课上必睡觉，且越提醒睡的姿势越夸张，默写不过关的名单里永远都有她。有一天，一个学生十分真诚地给我提了一个建议：“人的行为是受思想支配的，如果一个人主观上不想做一件事，旁人再劝也是没有用的。老师，您应该尊重他人命运，面对那些不听话的同学，您就不要跟他说了。您说了，他不听，还会影响您的情绪，对肝不好。”这番话乍一听真是十分有理，我赞赏他的友善和清醒，但是我告诉他：“可能从你的角度来看可以这样做，但我是老师，你们在我眼里都只是孩子，是三观没有定型的未成年人，那些同学可能是因为不够成熟而不愿意听，而我不厌其烦地叮嘱、提醒是在尽一个老师的责任。”其实我的心也并非始终坚定，有时我会对学生说：“别想逃，我不会放弃你们的。”有时发脾气，我又会说：“你们自生自灭吧！”就是在这样的矛盾与反复中，我坚持了下来。

而Z同学在高三的某一天终于“转性”了。那日，我照常在自习课去抓默写，不同的是，我拿了一盒糖果进到教室说：“今天不叫人了，主动上交重默的人有糖果吃。”瞬间就有几个学生行动起来了（没想到这招对高中生也管用)，Z 同学也拿着书来到教室外面开始背诵，盒子里的糖果越来越少，我说“你得加快进度了”，她说：“没关系，糖果没有了的话，我就要那个盒子。”等到她认认真真地把那首诗背完并默写完，糖果已经没有了，但她还是拿着那个盒子高高兴兴地回教室去了。后来，我给她补上了那颗糖。第二天，我又去班里抓默写，我还没念到她的名字，她就主动拿着书出来开始背诵，我有点震惊和感动，但仍装作若无其事的样子，过后我又给她送了一颗糖，奖励她的主动。不过积习非一朝一夕可以改变，她偶尔还是会上课睡觉、不听讲，但我经常看到她主动在背书了。某一次模考，她骄傲地对我说：“这次默写我只扣了一分！”她可是默写长期零分的人呐！我庆幸这几年我一直坚持，没有放弃她。我本不是什么学霸，更懂得努力白费是如何地挫败，我也深知积重难返是什么样的一种状态，所以也更能理解所谓的后进生内心的无助。

这样的共情和坚持分散在教学生涯的角角落落，塑造着为人师的时时刻刻，或也影响着学生的方方面面。有些回忆不去触碰就会尘封，有些经历不去总结就成了不起眼的微尘，我感恩这些时刻构成了我的回忆。这是我教育事业永难忘怀的开端，将成为我不变的初心、前进的动力，成为照亮我漫漫教学长路的一束光。

于高远处谋划，在细致处蓄力

黄志诚

苏州工业园区星海实验高级中学 2020 年获评江苏省三星级普通高中，2023 年上半年江苏省教育厅发布“四星”高中评审条件，学校抢抓机遇，立即启动“四星”高中创建工作，从材料准备到现场评审，全体星海人勠力同心、认真准备。2024 年 6 月，苏州工业园区星海实验高级中学晋升为江苏省四星级高中。消息传来，全校为之欢欣鼓舞。学校教导处全体同人全程参与了学校“四星”高中创建的筹备讨论、自评准备、现场验收，回首这一年的努力，感慨万千。翻看企业微信，最早的一个“四星”高中创建筹备群建立于 2023 年 6 月 30 日，看着若干“四星”高中创建准备群，一条又一条的讨论消息，一稿又一稿的修改文件，一次又一次的完善方案，不禁感叹星海人长远谋划、团结敬业的精神，感叹星海人敢想敢拼、精细付出的努力。

一、对标评估细则，准备前期材料

“四星”高中评审材料共计有5个模块25条，直接由教导处负责的有5条，其他很多条目与教导处有关联，教导处需要提供要求数据或者材料支持，教导处黄志诚、张宗涛、王文杰、李清、陈宏奎、李冬、刘世磊等同志分工负责、相互帮助、同心协力，丁晶晶、叶红艳、王家俊、王婷等老师积极支持，部门全体同志按照校领导的要求积极准备。从2023年6月30日条目统筹、任务分解，7月10日校创建“四星”高中协调会沟通信息、部门协助，7月25日初稿提交、领导审核，到8月8日“四星”高中自评、特色、基础数据、佐证材料等的综合汇总会议，佐证支持、材料汇总，再到9月10日教师节加班修改完善材料，9月21日20：30佐证材料汇总完毕，历时3个多月，材料准备工作完成，10月材料顺利通过省验收。

对于教导条线而言，这次“四星”高中评估材料准备工作，与平时成绩管理中的数据收集、汇总、分析完全不同，我们不仅要对近三年的数据进行收集整理，逐一核对，确保无误，而且还要对学校开展的各项教学工作进行系统化梳理、归纳总结、提炼升华。每位同事都要先根据自评要求，梳理自己负责条目的要求，再对标评价细则，对所需准备的材料做到心中有数，然后在海量材料中选取本条目的相关佐证材料，对于不足部分再和各条线对接，补充更多、更精准的材料支持，最后各位负责文本撰写的同志还要根据评审条目要求，将所有材料逐一进行对照，先凝练总结性副标题、佐证点，再从数据整理、过程呈现、成果表达、影响效果等角度进行全方位叙述，最后再将所有的佐证材料一一对应，往往一个条目的一个小点，就要琢磨梳理数日，前后要数易其稿，其繁杂程度可见一斑。在准备材料的过程中，各位同事克服了各种困难，尤其是9月份，因为教导处各位同人教学任务都非常繁重，几乎全是班主任，任教重点班级，晚上、周日加班是家常便饭。工作虽然辛苦，但大家深知“四星”高中评估对于学校、区域教育的重要性，大家相互支持，全力以赴，最后终于圆满完成了任务。

二、细化过程管理，扎实积累素材

未雨绸缪方能闲庭信步，“四星”高中评估不仅要看送审材料，也要进行现场材料审核。对于教导条线而言，需要检查近三年的教研组工作手册、备课组工作手册、听课笔记、实验室工作日志、专用实验使用手册、实验计划与记载等，材料多、内容细、条目繁。虽然相关负责人平时都很注意过程材料的积累，但面对“四星”高中现场评审，教导处全体同志深感责任重大，任何一个微小的失误都有可能给专家留下不好的印象，给评估带来不好的影响，所以部门同志以严谨的态度对积累的材料进行了逐一的检查与完善。

除了积累的材料，本学期的教研组工作手册、备课组工作手册、备课笔记、听课笔记、实验室工作日志、专用实验使用手册、实验计划与记载等也是检查重点，尤其是备课笔记与听课笔记，这些材料显示了学校常规教学的水准、教学研究的强度、团结协作的高度。校长室对此非常重视，教导处各年级负责人统一思想，为了确保“四星”高中现场高分通过验收，进一步加强听课笔记、备课笔记的规范性，依据《苏州工业园区星海实验高级中学教学管理手册》相关规定，学校对全体老师的备课笔记、听课笔记书写进行了严格规范，具体如下。

备课笔记要使用学校统一印制的备课本，教案的书写字迹要工整，形式要规范。工作 6 年以内的青年教师要手写详细的教案，如安排学科师傅，须请师傅把关审核，师傅提出修改意见后，青年教师做出修改并提交师傅签字确认。工作 10 年以内的教师也应手写详细的教案。工作 10 年以上的教师可以手写简案。

听课笔记，广大教师要虚心向优秀教师学习，戒骄戒躁，鼓励相互学习，取长补短。参加工作不足 5 年的青年教师上新课提倡先听后讲，其中：参加工作 1 年以内的青年教师每周听课不少于 3 节；工作 1 年以上不足 5 年的青年教师每周听课不少于 2 节；工作 5 年以上的青年教师每周听课不少于 1 节；无一轮循环教学经历的青年教师上课的教案须经师傅或备课组长把关、指导后再上课。无行政职务的教师，每周听课不少于 1 节。教导处指导全体教研组、备课组长对备课笔记、听课笔记进行刀刃向内的自我检查，并设计了相关的检查表格，从备课重难点、教学方法、教学反思、听课时间、课题、评价、次数等各角度进行详细记载，让每一本听备课笔记、每一节备课、每一次听课都严谨、规范。最终，无论是原先积累的材料，还是本学期的各项材料，均做到了精心准备、扎实规范，获得了专家的认可。

三、精心打磨细节，完美现场呈现

在现场评估中，最重要的一环是听课。为了做好相关工作，教导处在校长室的指导下，与省、市、区教研员、学科专家联系，请专家为各备课组磨课，对课题选择、课堂引入、重点突出、难点突破、环节过度、课堂交流、学生活动、课堂小结等各个环节进行精心打磨，每个备课组还进行了无生演课，实战化演练。最终在现场评估中，专家现场圈课 15 节，覆盖全学科、全学段，老、中、青教师都有。被抽中的每一位教师都能够做到以饱满的精神投入教学，而且衣着得体、语言规范准确；提前候课、按时下课；课后教师积极评课讨论，并能写出教学反思或教学后记。最终听课环节课堂优秀率、良好率均处于高位。

在现场评估中，学科剖析也是重要环节，主要剖析学校某门学科面向“三新”（新课程、新教材、新高考）变革要求的建设状态，考察学校支撑学科建设发展的制度机制及学科发展实践水平，这显示了学校相关教研组的研究水平、面对新高考的研究能力、集体教研的高度。莅校进行评估的专家都是学科领域的大咖，对活动的质量高低、专业能力水平，专家会有非常精准、专业的评价，所以各教研组都下足力气进行准备。首先各教研组都完成了一份学科发展报告，结合“三新”研究、学科特点、学情校情，从学科使命、队伍建设、建设特点、科研成果、学生发展等角度进行了全面的剖析，形成了丰富的文字资料。虽然这是为“四星”高中评估进行的材料准备，但也的确对各教研组进行了一次全面的“CT”扫描，既是对过去成绩的总结，也是对当下组情的分析，更是对教研组未来的展望与期待。最终，在现场评估时，语文组、数学组作为代表进行了学科剖析，得到了专家的一致肯定。

如今苏州工业园区星海实验高级中学已经站在了“四星”高中的崭新跑道上，教导处全体同志将以发现教育为指引，保持“四星”高中争创精神，努力向着更高远的目标迈进！

陶行知“求真”思想在历史审辨式教学中的应用

——以庚子国变“东南互保”史料阅读的“求真”思考为例[①]

陈小军

陶行知先生认为读书要有独立的“求真”思想，不人云亦云，不空中楼阁，要在研学中养成依据事实做出合理判断的习惯与素养，这对当前历史教学中的史料阅读与审辨论析同样具有指导价值。“求真”是读书求学的一种手段，学做“真人”是教书育人的最终归宿。以前，我们往往通过学生手中的历史教材了解史学家对历史的看法，但在当前的课改新理念下，我们不能仅限于通过历史必修教材理解往事，我们可以通过泛读历史作品来获取历史解释，深入进行审辨论析的“求真”思索。因为大多数历史学家不可能完全把握历史事件的来龙去脉，不论所描述的历史事件是发生在昨天还是今天，也不论史学家恰好处于什么有利的察看位置，他们都不可能毫无遗漏地洞悉整个历史事件的概况及是非曲直，因而指望历史学家做出完全忠实于客观事实的记述和评价，得到大家的一致认可，有点强人所难，这也为新课改围绕某一主题进行基于史料阅读的“求真”审辨论析，提供了思维拓展的空间和问题探询的舞台。

“生活即教育”“行以求知，以知更行”，陶行知先生认为一切真知来自实践的收获。现行历史教学中的“求真”实践便是判断历史真伪和通往正确历史认知的津梁。现试以现行历史教材《中外历史纲要（上）》中“第 18 课　挽救民族危亡的斗争”里的历史知识要点——晚清大变局的“东南互保”为论析切口，结合各家史学观点进行主题式的阅读理解、疑

① 本文系 2021 年度苏州市教育学会“十四五”立项课题“批判性思维下课后延迟史料阅读学程研究”（课题编号：Sjh0326）阶段性研究成果之一，也是江苏“十三五”教育科学规划立项课题“指向审辨思维的高中历史校本课程开发与实施研究”（课题编号：D/2020/02/174）的研究成果。

点讨论、审辨论析和疑点追问。

（1）晚清策谋庚子事变“东南互保”的首倡者究竟是谁？是英国驻沪领事还是总督刘坤一、张之洞，抑或是督办芦汉铁路大臣盛宣怀？

（2）清末地方官员擅自与外国领事商定“东南互保”，事先有没有征得清廷同意？是否符合近代外交国际法则？

（3）上海道台余联沅与各国驻沪领事议定的“保护东南章程九款”，重在限制外方的军事行动还是中方的军事行动？双方最终有没有签署条款？有没有表述上的分歧？

（4）刘坤一、张之洞等地方大员暗搞“东南互保”，违抗大清宣战诏命，“死不奉诏，秘而后发”，为何结果却被“圣驾回銮”后的慈禧太后认允和表彰？

（5）湖广总督张之洞是违旨“背清”还是尽思“忠清”？他一面明目张胆地违旨抗诏、对外妥协寻求自保，一面又矢志不渝地拥护以慈禧太后为首的清朝政府，派人去西安向两宫贡献银物，以表“咸思尽臣子之心”，如何理解复杂多变的地方大员张之洞的一举一动？

（6）清政府中央权威的衰失是否开始于“东南互保”？“东南互保”僭越皇权有无引发朝廷的猜忌和秋后算账？从历史长河来看，“东南互保”有何更深远的影响？

争议一：“东南互保”的首倡者是谁

疑点追问：晚清庚子“东南互保”的首倡者究竟是谁？是英国驻沪领事还是东南地方大员？

1. 观点：“东南互保”首倡者为驻沪领事说

（1）东南互保是英方担忧长江流域利益受损而先行策动。人教版教材《中外历史纲要（上）》表述认为“东南互保”的首倡者当属英国领事，因为正文表述“东南互保”就一句话，过于言简意赅，编者担心学生缺乏相关历史知识储备，可能一时难以理解晚清庚子国变“东南互保”的历史概念，故在课后“探究与拓展”的“学习拓展”部分补充了庚子国变“东南互保”的目的、主要人物、核心内容与历史影响，教材中说“义和团运动兴起后，担心波及其势力范围长江流域的英国，就鼓动两江总督刘坤一、湖广总督张之洞等与列强合作”①。

（2）“东南互保”是英方授权驻沪领事速与地方官员谈的结果。李侃、李时岳等主编的《中国近代史（第四版）》与人教版教材观点相同，他们认为“东南互保”是盘踞长江流域的英国领事首倡的，因为早在6月14日，英国驻上海代总领事霍必澜就致电英国外交大臣素尔兹伯里，建议英方应当立即与汉口张之洞及南京的总督刘坤一达成一项速解。次日，素尔兹伯里回复霍必澜，授权他立即通知行动。

2. 观点：“东南互保”首倡者为东南督抚说

（1）“东南互保”是南方地方官员首倡且被外国接受的协议。美国的中国问题观察家费正清先生认为“东南互保”首倡者应属东南地方督抚。他在《中国：传统与变迁》一书中肯定地说：“当时的两广总督李鸿章协同南京的刘坤一、武汉的张之洞和山东的袁世凯决心对朝廷的宣战决定置之不理。他们提出，如果洋人不再派遣军舰进入长江地区，该地总督将保证太平无事……外国同意接受了这种说法。”②

（2）“东南互保”是地方绅商唆使当地官员发起的涉外协议。张鸣先生在《重说中国近代史》一书中的观点与费正清的主张相吻合，他认为“东南互保”的最初发起者是刘坤一和张之洞，他们其实是受到了一帮地方绅商的谋划和鼓动。

争议二：“东南互保”中外双方代表签约

疑点追问：《东南互保章程》是双方共同商定的，有签订且履行互保之说，也有因个别条款引发争议双方未达成签订，但原则上仍遵守章程之说。

1. 观点：《东南互保章程》是双方共同签订的，并付诸行动，确保大清东南半壁江山安泰

（1）“东南互保”是中外双方共同协商签订的结果。李侃、李时岳等主编的《中国近代史（第四版）》认为双方签订了互保协定，依据是：6月26日，刘坤一、张之洞授权盛宣怀和上海道台余联沅，同各国驻沪领事正式会商；7月14日，闽浙总督许应骙同俄、英、美驻福州领事共同

---

① 教育部. 中外历史纲要：上［M］. 北京：人民教育出版社，2021：106，104.

② 费正清. 中国：传统与变迁［M］. 长春：吉林出版集团有限责任公司，2008：285.

签订了《福建互保协定》。

（2）“东南互保”是地方官员抗旨同时签订的约定。盛斯才先生在《外重内轻的晚清庚子年》一文中也肯定双方签订之说：“两江总督刘坤一、湖广总督张之洞、两广总督李鸿章、山东巡抚袁世凯等封疆大吏，不仅没有遵旨执行，反而与西方列强签订《东南互保章程》，明确东南各省在不丧失主权、治权的前提下，与列强共保东南、长江流域各省和平安定。”①

（3）“东南互保”的参与者见证了中外双方签约场景。董丛林先生在查阅参与“东南互保”的幕僚赵凤昌的回忆录时，发现他撰写的“庚子拳祸东南互保之纪实”也有“订约签字之说”，他说：“可由各省督抚派候补道员来沪，随沪道经与各国驻沪领事订约签字……即定议由其分电沿江海各督抚，最要在刘、张两督。”②

2. 观点：《东南互保章程》条款由中方督抚负责起草，驻沪领事以“宗旨均合，条目须酌”为由拒绝签约

（1）“东南互保”虽无双方书面签字，但已达保稳效果。《中外历史纲要（上）》中“第18课　挽救民族危亡的斗争”里“学习拓展”部分明确认定“东南互保”协议未签字，“协议双方虽未签字，但在清政府危难之际，地方大员寻求‘自保’，表明中央权威的式微与地方势力的扩张”③。

（2）“东南互保”因某些章程条款有分歧故无法签字。董丛林先生在《“东南互保”相关事局论析》一文中不仅认为“东南互保”双方未签字，而且还指明未签字的关键堵点在于对方对章程第五条存在分歧：“各国以后如不待中国督抚商允，竟自多派兵轮驶入长江等处，以致百姓怀疑，藉端启衅，毁坏洋商、教士人命、产业，事后中国不认赔偿。”④“各领事会议协商除第五条不允外，余皆允洽，但无权签字。”

争议三：地方督抚官员有无外事交涉特权

疑点追问：东南地方大员刘坤一、张之洞主谋“东南互保”，使大清东南免遭战火蹂躏，从对外交涉法规来看，这样做是“合规”还是“僭

① 盛斯才．外重内轻的晚清庚子年［J］．文史天地，2021（5）：62.
② 董丛林．“东南互保”相关事局论析［J］．晋阳学刊，2018（2）：16.
③ 教育部．中外历史纲要：上［M］．北京：人民教育出版社，2021：106，104.
④ 董丛林．“东南互保”相关事局论析［J］．晋阳学刊，2018（2）：20.

越”清廷外事特权？

1. 观点：参与“东南互保”的地方要员阳奉阴违，擅自与列强私订协议，显然有违国际法的一般要求

“东南互保”中方法定资格模糊，不具备签约条件。高全喜先生在《新制起于南国：政治宪法学视野下的“东南互保”》一文中指出，从一般国际法准则来看，“东南互保”中国议方（地方总督）不具有与诸列强签署章程协议和换文照会的法定资格，中方具有此法定资格的应该是享有主权的国家主体大清政府，“东南互保”的这个准国际法协议显然与大清帝国的律令相抵牾。①

2. 观点：“东南互保”从晚清独特的地方交涉体制规定来看，属名正言顺，并没有僭越清廷外事交涉权限

（1）南洋大臣早已被授予合法的对外交涉权。在“东南互保”相关约章和照会的文本里，是以“南洋大臣刘、湖广总督张”字样前后列职的，刘坤一在前，且是以“南洋大臣”而不是以“两江总督”署官名，这绝非随意，应是考虑到“南洋大臣”更具涉外职权上的合法性，署官名更为“名正言顺”。② 据《同治朝筹办夷务始末》介绍，道光年间颁发钦差大臣关防，如各路地方官遇有中外交涉之事，由监督道员按约办理，监督道员所不能办理完结者，均由通商大臣裁决。③

（2）涉外约谈期李鸿章正好被授全权大臣。在涉及“东南互保”的大员们中，一向以和为贵的李鸿章已具备朝廷外交特使的身份。李鸿章北上滞留上海期间（1900 年 6 月 21 日—8 月 21 日），在 7 月 13 日离沪前已被委以“全权大臣”与各国联络议谈。④

争议四：果是留东南以救社稷的“忠清”

疑点追问：庚子国变，南方各省督抚发起的“东南互保”，对清廷宣

---

① 高全喜．新制起于南国：政治宪法学视野下的“东南互保”［J］．学术月刊，2018，50（4）：69-85.

② 董丛林．“东南互保”相关事局论析［J］．晋阳学刊，2018（2）：18.

③ 许安朝．南洋大臣之裁改与江督洋务地位之变迁［J］．岭南师范学院学报，2020，41（1）：113.

④ 董丛林．“东南互保”相关事局论析［J］．晋阳学刊，2018（2）：22.

战诏书而言是“背清”还是“忠清”？说“背清”是因为明知故犯、抗旨不遵，说“忠清”是因为力保大清半壁江山免遭战火涂炭。

1. 观点：“东南互保”是抗旨不遵“背清”，东南督抚私自发起“东南互保”，营私舞弊以谋属地太平

（1）“东南互保”不能同心制夷，违背清廷“宣战”诏书。刘坤一、张之洞等东南督抚外结列强、内联各省，对朝命公然不奉，实非寻常，难免令慈禧太后和清廷高层满怀忧虑。所以驻跸西安的慈禧太后终言“洋人欺我实甚，恨诸臣不能同心攘夷”，心中芥蒂实深。①

（2）“东南互保”只顾属地互保平安，无视大局。（东南督抚）李鸿章、张之洞和其他人物在6月就决定立即不理北京的宣战通告。他们宣布京城变乱其实是拳匪构乱，只要洋人承诺不让舰炮和军队介入东南长江流域，他们就保证中国中部和南部平安无事。

（3）“东南互保”负面影响深远，动摇了清廷根基。参与“东南互保”者皆为朝廷的能臣干吏，他们“明目张胆”地抗旨和“通敌”，竟不被治罪反而领功。这不仅在清入关以来绝无仅有，而且也是中国历代王朝所罕见的。② 人教版教材《中外历史纲要（上）》在该教材第三子目录“八国联军侵华”正文最后一段讲述：当时，南方各省督抚与英、美等国洽商“东南互保”协议，严重动摇了清政府统治的根基。

2. 观点：“东南互保”名为虚情“背清”实为铁胆“忠清”，互保只是权宜之计，以期北事转机，终以国家的安全和稳定为上

（1）“东南互保”免去南方战乱，实为保住大清王朝经济后续发展的根基。“互保使得中国的南部地区免于战乱的纷扰”，“使得富庶的南方地区得以续保繁华”，“国家和民族免遭战火涂炭”。“中外开议后，张则坚决维护慈禧太后的统治地位”，“力求自己的行为既符合大清体制，又满足国家利益”。③

（2）“东南互保”实为理性“忠清”，战后相关核心人员受清廷封赏表彰。慈禧太后和光绪皇帝圣驾回銮后，在严惩力主与西方列强开战的顽

① 韩策．清季江督之争与丁未政潮的一个新解释［J］．近代史研究，2021（4）：58.

② 盛斯才．外重内轻的晚清庚子年［J］．文史天地，2021（5）：66.

③ 秦文平．“东南互保”前后张之洞应对时局的策略研究［J］．忻州师范学院学报，2018，34（3）：104.

固派大臣载漪、毓贤等的同时，对造成“东南互保”的核心人物刘坤一、张之洞、李鸿章、袁世凯等进行了封赏表彰。①

（3）“东南互保”地方核心要员极力支持宣传效忠清朝的基层榜样人物。张之洞、刘坤一等人与列强合作，进行“东南互保”，但在政治上仍拥护以慈禧太后为首的清政府。张之洞除在湘、鄂境内大力劝说和策反参加上海、东京等地反清活动的官绅之外，还提倡在此国难之际仍效忠于慈禧太后、清朝的精神。当听闻梁庆桂等人将赴西安报效时，张之洞则全力支持。

争议五：“东南互保”严重动摇了清统治的根基

疑点追问：在民族危亡之际，东南督抚与英、美等国驻沪领事密商“东南互保”协议，实际上是寻求“自保”，协议昭示着清廷中央权威的衰微与地方势力的扩张，但到底有没有严重到动摇清政府统治根基的程度？

1. 观点：“东南互保”是地方督抚忠于清朝的另一种表现形式，主观上是权宜之计，实则为日后谋求大清复兴积累经济实力，两宫回銮，他们竭力逢迎，清廷的中央权力并没有受到严重冲击与动摇

（1）“东南互保”实为来日清廷经济复兴保存实力根基，是迫不得已的小计谋。东南督抚固然有独断自行其是的一面，说它“违旨”也好，说它“僭越”也罢，但不能掩盖其忠于清王朝的另一面，只是鉴于当时“诏旨两歧”、中枢已不复一体的现实，他们的行为不免掺入了许多权宜应之、因势利导的“达变”成分。②

（2）“东南互保”与北方的混乱局面格格不入，但各省疆吏对清室忠心难以割舍。“其时东南各督抚，力拒伪诏，立互保之约，以待时机，虽难语于勤王之谊，要犹著于保境之功”，否则“友邦”一旦开衅，“至今无中国可也”。③

（3）“东南互保”不是地方督抚擅自行事的涉外行为，而是受了清朝

---

① 盛斯才．外重内轻的晚清庚子年［J］．文史天地，2021（5）：66.

② 戴海斌．庚子事变期间的“南”与“北”：从南北函电往来看奕劻、荣禄的政治作用［J］．历史教学问题，2018（1）：64-72.

③ 董丛林．“东南互保”相关事局论析［J］．晋阳学刊，2018（2）：25.

中央的恩允。“东南互保”表面上与清政府的“宣战”诏书有抵触，实际上同它的对内镇压、对外妥协的一贯方针是一脉相承的。所以，清政府接到他们实行“东南互保”的陈情后，认为意见“正复相同”，同意了他们的做法。

2. 观点：“东南互保”对朝廷诏令置之不顾，公然抗旨，当时出现了“京城混战，地方和平”的奇怪局面，表明地方势力的膨胀已严重动摇清政府统治的根基

（1）地方势力崛起，抗衡中央清廷。庚子国变时，地方督抚既有相当的权力空间不受中央制衡，也有大批的幕僚精英从旁协助。我们说过，曾国藩、左宗棠、李鸿章督抚专权，地方势力崛起，他们就有了抗衡中央的实力。

（2）清廷渐趋颓废，难以东山再起。刘坤一、张之洞等外结列强、内联各省，公然不奉朝命的行径，实非寻常，难免令慈禧太后和清廷高层满怀忧虑。① 因朝廷缺将、少兵、差钱，加之显官要员无才无识而致中央统治权力流失，中国历代王朝包括清朝绝对不可侵犯的皇权，至此已是“无可奈何花落去”。②

（3）首开地方官员公然抗旨先河。“宣战”诏书发出后，张之洞老练无情地拒绝执行，认为混乱之际这个清廷诏令是端王载漪等“矫诏”，于是自行发起“东南互保”运动，对诏书于所辖范围内“秘而不发”。③ 迨庚子事变，刘坤一、张之洞更策划东南半壁发起“东南互保”，公然抗旨，实开后来辛亥革命各省动辄宣布独立之先河。

陶行知先生有句教育思想名言：“千教万教，教人求真。”实证历史教学研究有一种认识和方法与之相通，就是“求真”，将史学观点与历史的本真联系起来，来不得半点“虚情假意”，力求做到恰到好处的史论结合。时下，不同年代出生的人对过往的历史必定有不同的兴趣、眼光、立场和问题，因此对历史的阐释就可能出现多角度、多层次、多观点之现象。据上述“东南互保”事件不同看法的案例，可知关于史论结合的存疑探究，不仅要理解历史观点是什么，更要怀着“每事问”的质疑态度，来认识和

---

① 韩策．清季江督之争与丁未政潮的一个新解释［J］．近代史研究，2021（4）：58.

② 盛斯才．外重内轻的晚清庚子年［J］．文史天地，2021（5）：66.

③ 秦文平．“东南互保”前后张之洞应对时局的策略研究［J］．忻州师范学院学报，2018，34（3）：102.

理解与历史观点相匹配的客观历史故事究竟是怎样一回事。所以对各方史学家对某一领域或某一事件的历史叙述和价值判断，包括我们手中的历史教材《中外历史纲要》，已盖棺论定的自然无可非议，对存有争议的方面，我们不要轻易“言听计从”“坐而受教”，而要用审辨思维的研学方式，在广泛地阅读可信、可靠史料的基础上，以或质疑批驳或引证修正或重新评价等多元互证探究方式，来尝试追溯客观历史事件之间的具体关联和因果关系，以提炼出更接近史实的历史研判和价值洞见。

基于发现教育的普通高中实施研究性学习课程调查研究报告

陈小军

2000 年 1 月，教育部颁布《全日制普通高级中学课程计划（实验修订稿）》，明确规定要在全国普通高中教学中开展综合实践活动课程，研究性学习活动是该课程的一项主要必修内容，已被纳入我国基础教育课程体系。2001 年 4 月，教育部印发《普通高中“研究性学习”实施指南（试行）》，进一步凸显了研究性学习这一课程改革的新亮点。2020 年 5 月，《教育部关于印发普通高中课程方案和语文等学科课程标准（2017 年版 2020 年修订）的通知》将普通高中的综合实践活动课程从 2017 年版的 14 个学分变为 8 个学分，该课程包括研究性学习、党团活动、军训、社会考察等，其中权重最大的仍是研究性学习，研究性学习要完成 2 个课题研究或项目设计，占 6 个学分。从学分的分值来看，研究性学习与刚独立呈现的劳动课程地位相等。

自本课题于 2021 年立项以来，课题组聚焦“高原筑峰”优质发展创新行动，创造性提出了以发现教育引领育人方式改革的办学新路径，发现教育已成为学校内涵发展的理念标识和实践表征。发现教育是以“发现—唤醒—发展—成全—成功”为教育价值取向，要求教育者基于试水、畅游、深潜的发现基本原理，遵循教育的发展规律及学生的身心发展规律，尊重客观事实，通过整理、分析、实践、研究等方式，寻找到前人尚未发现的事物，揭示事物显现或隐现的规律，以发现和激发学生的潜能并促成其自我发展为目标的育人行为。普通高中实施研究性学习课程调查研究是在学校发现教育理念引领下开展的教科研活动，旨在通过获取、整合、分析调查问卷中的多模态数据，捕捉研究性学习中多方的学情动态、实施情况，分析数据之间的内在关系来发现研究性学习实践中存在的得与失，从而辅助提高教学效果，促进师生共生共长。

光阴荏苒，在国家政策的指路领航下，在地方教育主管部门的大力督查下，在苏州工业园区星海实验高级中学配套对标、宣传推进、大力实施发现教育的环境中，研究性学习课程已深耕教学 23 年，研究性学习在教学开展层面已呈现出生机与活力，那么高中研究性学习的实施效果究竟如何？普通高中学生、教师在实践中对研究性学习的认知程度究竟如何？研究性学习成果的考查采取何种形式更科学和贴切？在研究性学习推进的过程中还存在哪些盲点与误区？制约高中研究性学习效果的瓶颈主要在哪里？……这些都需要我们"基于发现教育的普通高中实施研究性学习课程调查研究"课题组从大数据问卷调查中去采集、了解、分析和归纳。对此，课题组对苏州地区部分高中校的学生、教师、学校行政人员、家长四类人群进行了不同类别的问卷调查，发放学生有效问卷 354 份，教师有效问卷 42 份，学校行政人员有效问卷 6 份，家长有效问卷 64 份，具体占比见图 1，收集的问卷调查数据在研究性学习的开展状况和表现方面具有一定的现实性和代表性，对从发现教育的角度来看调查结果、研究分析报告具有一定的现实价值和指导意义。

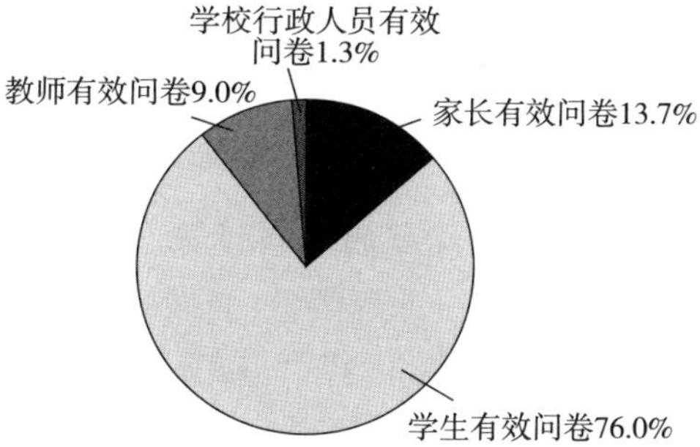

图 1　研究性学习调查问卷四类调查对象占比

一、学生：实施研究性学习的优势与困难

课题组专门设计了学生调查问卷，目的是通过调查数据分析普通高中是如何实施研究性学习的；学生作为调查对象对研究性学习课程实施的认识和思考如何。该课题组择选其中几个关键调查题目加以分析，以弥补研究性学习已有理论研究的不足，具体如下。

（一）调查研究性学习的实施情况

在回答“按照《普通高中课程方案（2020 年版）》和《综合实践活动课程指导纲要》要求，研究性学习 6 个学分（完成 2 个课题研究或项目设计，以开展跨学科研究为主），你所在学校开展实施了吗?”这一问题时，接受采访的 354 名学生的回答情况为 61. 9%的学生选“经常开展”，23. 7%的学生选“偶尔开展”，14. 4%的学生选“几乎没上过该课”（图 2）。调查数据表明研究性学习作为一门必修课程的正常开展情况比预想的要好，研究性学习课程的普及率与以往比有了不同程度的提高，并且得到了大多数学生的认可，这与教育部门和学校对开足、开齐研究性学习课程的重视程度有关。但也有不尽如人意之处，如有 14. 4%的学生选择“几乎没上过该课”，说明个别学校还抱有比较强的高考功利性，在实际操作层面对研究性学习课程不重视，没有认真落实开足、开齐必修课程的基本要求。

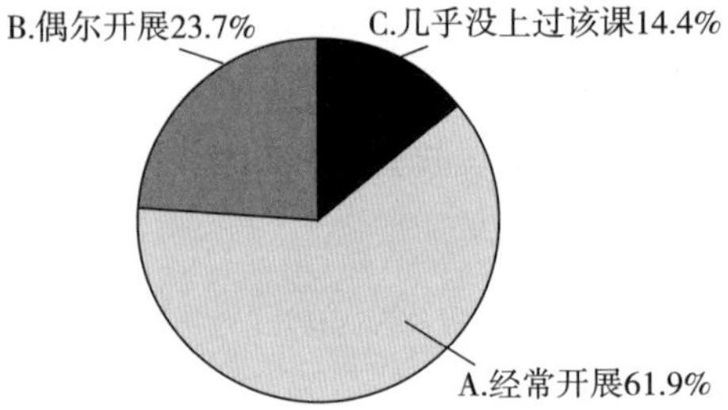

图 2　研究性学习的实施情况

（二）调查对研究性学习课程的了解情况

在回答“你了解研究性学习课程吗?”这一问题时，有 49. 4%的学生选择“十分了解”，20. 9%的学生选择“比较了解”，24. 6%的学生选择“了解一点”，5. 1%的学生选择“没听说过”（图 3）。调查数据表明，受调查的绝大多数学校是开展研究性学习活动课程的，学校相关处室制订了

研究性学习实施计划，向学生详细介绍了研究性学习课程的特点及属性，比如介绍研究性学习课程是一门开放灵活、动态生成的校本课程，以发现问题、调查研究、探究应用为其主要特征，它不等同于课外兴趣活动，对它的研究不要拘泥于单一学科的领域，解决问题需要融合与运用跨学科的知识，需要学生更多地关注密切相关的社会文化背景、生活环境及科技发展趋势等。

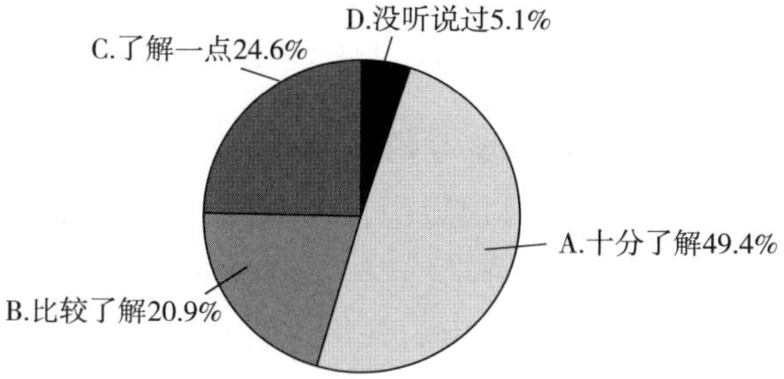

图 3　学生对研究性学习课程的了解情况

二、教师：实施研究性学习的有为与无为

（一）调查教师对研究性学习的指导情况

在回答“在开展研究性学习的过程中，您一般如何指导学生？”这一问题时，接受采访的教师中有 40.5%选择“对研究性学习开展过程中所有方面都进行指导”，有 38.1%选择“对认为重要的方面进行指导”，有 21.4%选择“对学生有疑问的地方进行指导”，有 0.0%选择“基本上不指导学生”（图 4）。调查数据表明，受调查的绝大多数教师愿意为研究性学习的探究进行方法指导，主要有全面指导和重点指导之分。教师在研究性学习的方法指导上，不能为研究而研究，不同阶段、不同领域、不同层次的研究性学习的指导方法要因题而异、不尽相同。诸如如何避免学生在选题上“跟风”，研究问题相近、相似，即同质化；如何实现从方案到行动的跨越，在文献研究法、调查研究法、实验研究法、观察研究法、个案研究法等研究方法上予以指导；如何在研究性学习的“质疑—发现—问题—方案—行动—成效”流程中把控环节与指导研究进程，做到边统筹、边研究、边实践，拾级而上等问题，仍然是深化研究性学习的指导与研究中，每位教师需要持续关注和探索解决的问题。

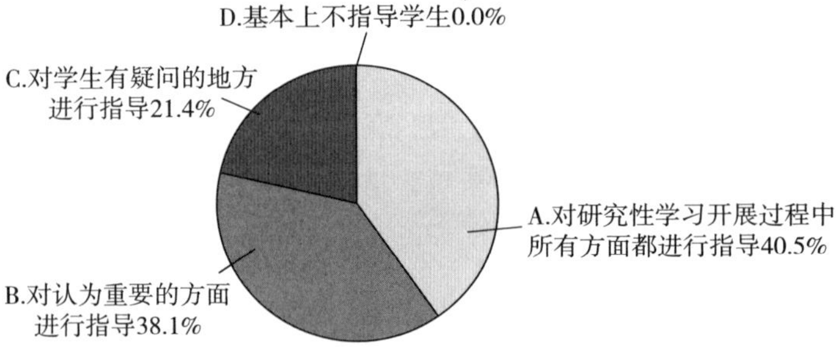

图 4　教师对研究性学习的指导情况

(二) 调查教师对研究性学习的关注情况

在回答“在研究性学习的指导中，您主要关注什么?”这一问题时，接受采访的教师中有 45.2%选择“自己是否掌握该课题所涉及的相关知识”，有 42.9%选择“学生所运用的方法是否科学”，有 11.9%选择“小组的研究活动是否能进行下去”，有 0.0%选择“自己能否全程参与，有任务做”(图 5)。调查数据表明，受调查的绝大多数教师关注与研究性学习课题相关联的个人兴趣与知识储备，以及学生所运用的研究方法是否科学。课题组认为研究性学习指导教师更应关注学生参与课题研究的整个过程，过程为王，成果为辅，能力为核。寻找研究伙伴、设计研究课题、交流研究方案、分工研究开题、实施课题研究、整理信息资料、展示研究成果等研究过程远比研究结果重要，研究过程是真正培养学生发现能力、科研能力、实践能力的核心载体，重在培养学生严谨求学的科学态度和勇于合作、攻坚克难的品质，至于研究性学习的结果是否“高精尖”并不十分重要。

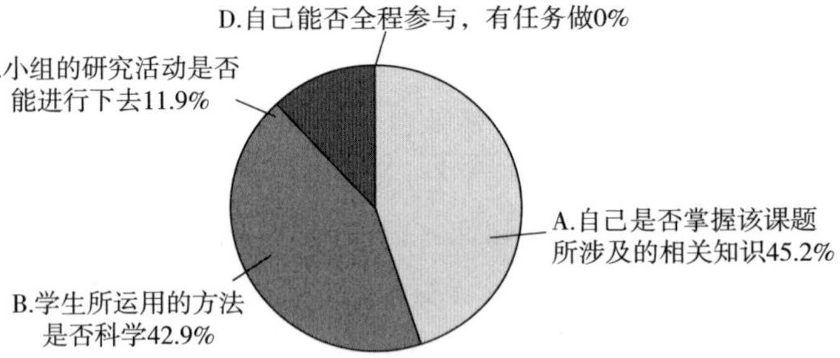

图 5　教师对研究性学习的关注情况

三、家长：实施研究性学习的有效与无效

进入21世纪，研究性学习适切新时代对教育的新要求。作为一种新的学习理念和学习方法，着眼于研究过程中给学生终身受用的应用知识和探究能力，业已成为当今包括中国在内的各国教育研究的新趋向。研究性学习的实施关系学生个体及其家庭的永续发展，家长对研究性学习的理解深度、重视程度、配合程度直接影响着研究性学习的实施成效。

（一）调查家长对研究性学习的认知情况

在回答选择题“以下关于研究性学习的观点，作为家长你赞成哪些？”这一问题时，接受采访的学生家长中有79.7%选择“学校实施研究性学习有助于学生探究能力的发展”，有3.1%选择“研究性学习学不到什么东西，会浪费学生的时间”，有3.1%选择“参与研究性学习对提高高考成绩没有直接帮助，还是不开设为好”，有14.1%选择“研究性学习课程是成绩册和高考综合评价的必需项目，要参与活动”（图6）。调查数据表明，受调查的绝大多数学生家长肯定实施研究性学习的必要性和有效性，研究性学习为学生创造了发现解决问题的真实情境，有助于学生主动参与、实际操作、提升素养，从而成长为习于发现、善于质疑、勇于实践、乐于探究、敢于创新的全面发展的人。

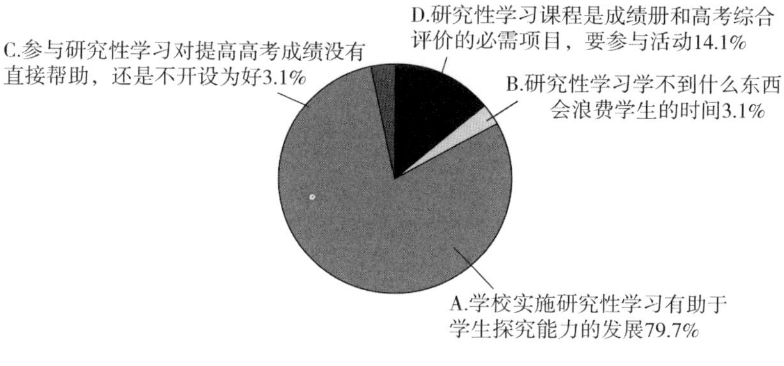

图6　家长对研究性学习的认知情况

（二）调查家长对研究性学习前景的期待

在回答选择题“作为家长你对研究性学习课程的前景如何看待？”这一问题时，接受采访的学生家长中有70.3%选择“会逐渐受到重视，得以广泛开展，并落到实处”，有25.0%选择“如果不搞好各种配套改革（如

高考改革)，就无法落到实处”，有4.7%选择“走走形式，落不到实处，最终会被取消”（图7）。调查数据表明，受调查的绝大多数学生家长对研究性学习的开放性、探究性和实践性，有助于锻炼学生的动手能力，激发学生的求知兴趣，培养热爱家乡、关心家乡的情感等方面持肯定态度，也有一定比例的家长对开展研究性学习的前景表示担忧，将研究性学习的有效开展与深化和包括高考在内的配套改革挂钩。

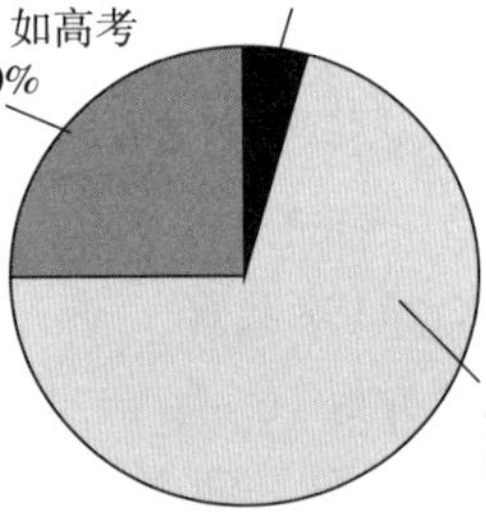

图7　家长对研究性学习前景的期待

四、学校：实施研究性学习的亮点与痛点

亮点昭示学校实施研究性学习的成功经验和做法具备可复制性和借鉴性；痛点彰显在实施研究性学习过程中遇到的瓶颈与堵点，但这也为更好地推进研究性学习、转段升级研究性学习提供了契机与方向。

（一）调查正常开展研究性学习的阻力因素

在回答不定项选择题“您认为贵校实施研究性学习的困难有哪些?”这一问题时，接受采访的学校行政人员中有66.7%选择“高考压力”，有16.7%选择“学校物质条件，书报资料及经费的困难 ”，有0.0%选择“家长不支持”，33.3%选择“教师不愿意开展研究性学习”，0.0%选择“教师教学时间紧，没有时间开展研究性学习”，0.0%选择“教师水平限制”，16.7%选择“学生对研究性学习不感兴趣，应付了事”，有33.3%选择“学生外出调研活动的交通安全问题”（图8)。调查数据表明，受调查的绝大多数行政人员将开展研究性学习的阻力因素归结为高考压力、交通安全问题和学生对研究性学习的兴趣欠缺，这反映出学校管理层在推进研究性学习方面，不仅动机“不纯”，存在一定的现实功利性和学业成绩导向性，对学生参与研究性学习的态度认知也存在一定错位性和主观性。

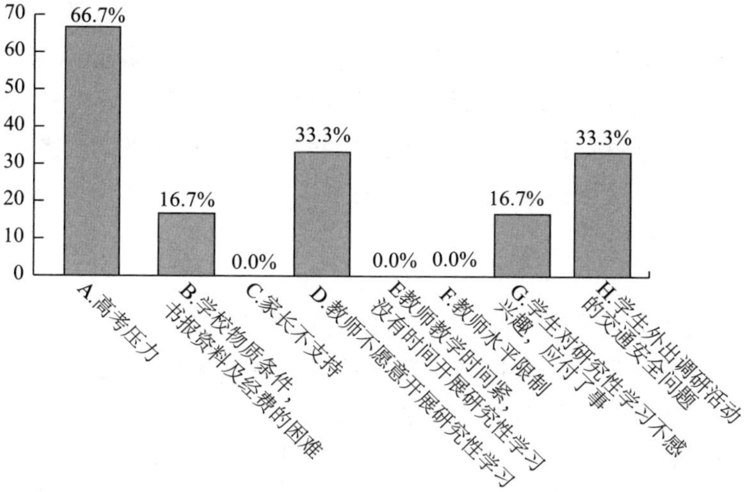

图 8　正常开展研究性学习的阻力因素

（二）调查当前研究性学习活动的需求

在回答不定项选择题“您认为开设研究性学习当前需要些什么?”这一问题时，接受采访的行政教师中有 50.0%选择“改革高考制度”，33.3%选择“加强教师指导”，33.3%选择“提高教师素质”，33.3%选择“赢得社区和家长的支持”（图 9）。调查数据表明，受调查的行政教师中有半数认为不断创新“改革高考制度”有利于推进研究性学习的开展实施，

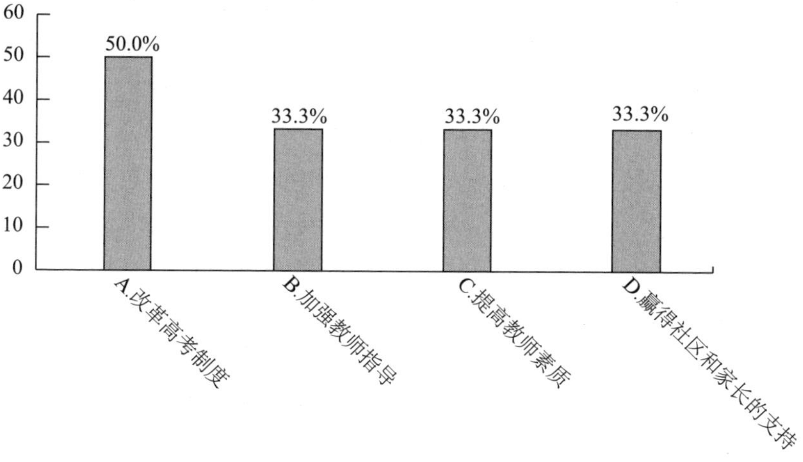

图 9　当前开展研究性学习活动的需求

高考改革要增加实践性、应用性和综合性知识的考核内容，要改单一的书面考试形式为书面考试、口头表达和实验操作相结合的多元考核形式，发挥个人多样成长成果资料在高校选拔综合评价中的作用。高考选拔指向与高中的教育教学息息相关，改革和完善高考制度其实就是高校人才选拔机制、评价方向、衡量标准的调整，这有利于调动学生与家长参与和支持研究性学习的积极性。

五、发现：实施研究性学习的数据分析与问题发现

（一）现行高考教育体制下研究性学习实施时间不足

研究性学习以培养学生的发现能力、综合素养、实践能力为主要目的，在现行的高考中，对学生实践性、应用性、综合性知识的考核内容比较少。在这样一种环境下，不开展研究性学习，腾出宝贵时间复习高考学科的收益要大于开展研究性学习的收益，普通高中普遍缺乏开展研究性学习的源动力和主动性，部分普通高中对研究性学习的开展采取敷衍拖延的态度也就不难理解了。在 2017 年教育部《中小学综合实践活动课程指导纲要》对中小学综合实践活动指导安排的课时要求中，对高中学段采用了模糊的弹性表述，即小学 1—2 年级，平均每周不少于 1 课时；小学 3—6 年级和初中，平均每周不少于 2 课时；高中执行课程方案相关要求，完成规定学分。

（二）开展研究性学习受校园物质条件、信息资源和经费等的制约

研究性学习以转变学生的传统接受学习方式为目的，强调学生拥有主动独立探究和团队互助创新的实践精神，它的形是“研究”，实是“学习”，是指在教师精心指导下，从自然科学、人文社会科学中选择和确定专题进行问题研究，学生按选题研究需要组建研学团队，在研究过程中主动分工协作，达成发现现象、应用知识、解决问题、获取能力的合作学程行为。研究性学习需要花费精力、时间和经费，难以产生直接效益，在大家心中的地位宛如鸡肋，食之无味、弃之可惜。研究性学习并不是一门“实实在在”的高考学科，在高二学业水平合格性考试和高三学业水平测试中甚至难觅它的踪迹，也少有用武之地，加之我国大多数学校的办学经费并不充裕，要专门为开展研究性学习改善和提升物质条件，增添图书资料、创新实验器材，难度较大。即便研究性学习能发掘优势因地制宜，聘

请到当地富有公益心的专家给予指导，充分挖掘富有地方特色的各种资源，选择贴近地方的有关社会发展、物产资源、民风民俗、历史文化等方面的选题着手研究，经费能省尽省，但一些研究性学习必备的基本工具、文献资料和工艺耗材还是需要用专项经费进行采购的。

（三）家长对研究性学习的理解存在盲点和误区

对研究性学习来自家长代表的声音是："我们根本不了解研究性学习是什么，不了解研究性学习有什么作用与价值，高考成绩能'真金白银'的加分或优先录取吗？我们连它究竟是什么、有什么作用与价值都没搞清楚，我们凭什么要不遗余力地支持？"

研究性学习的开展和深入与社会各界有着广泛的联系，研究性学习顺利开展的首要保障就是得到学生家长的认同、社区公众的理解、社会有识人士的通力支持。根据对家长问卷调查的数据分析，绝大多数家长并未对研究性学习的概念表示理解，甚至有相当比例的家长对子女学业的关心很简单——只看考试成绩，其余概而不论，在研究性学习经费和安全上他们不会给予足够多的支持，认为为"虚无缥缈"的研究性学习花费宝贵的学习时间得不偿失，担心影响子女未来的高考成绩。

（四）开展研究性学习的校外安全保障制度欠缺

学生开展研究性学习需要一个比较开放的时空，需要小组深入社会实际生活进行调查研究，这势必存在一定的安全风险。在目前家长积极性不高的形势下，家长不愿意承担研究性学习的安全责任。虽然学校和教师对学生安全问题高度重视，采取了一定的安全防范措施，但这些措施并未规范化、体系化、制度化，没有形成一套行之有效的安全保障制度。安全责任不明确，没有明确学校领导、教师、家长和学生本人在开展研究性学习时就安全防范能做些什么，应做些什么，应承担哪些职责。安全责任的重担几乎全部压在学校方面，而学校又往往将之分解到带队指导老师身上，指导老师为避免安全责任便尽量在校内开展活动或放手让学生自行组织校外活动。

（五）研究性学习的组织指导和实施效果跟进配套机制不健全

从调查中了解到，不少学校的行政人员、教师、学生及家长在还没有搞清摸透研究性学习是什么及为什么去研究的情况下，就主观臆断、仓促上阵。不管研究的是"真问题"还是"伪问题"，缺乏研究性学习课程的整体教学计划和配套推进措施，只要有研究性学习活动，结果无足轻重，到最后连参与者自己都没搞清楚研究性学习究竟研究的是什么、有什么好的收获。这与一些学校的行政人员和教师对研究性学习的认识不到位、观念未及时转变有关，也与学生和家长对研究性学习的理解不到位有关。不少人认为最后的评价是个模糊评价，很难做出精确判定，于是学生打着研究性学习的旗号趁机肆无忌惮地打游戏或逛街游玩，家长看着研究性学习短期内难见效果，心急如焚，对之阻挠反对的情绪持续发酵。

（六）提升教师研究性学习业务素质的机制和开展研究性学习的激励措施缺失

教师是研究性学习的组织者、指导者、引导者，教师的能力与水平直接影响到研究性学习能否顺利开展，以及开展的质量。对教师问卷调查的数据结果表明，由于教师研究性学习的指导能力有限，很多学生在开展研究性学习过程中产生的疑问及遇到的困难得不到教师的及时指导，致使研究性学习的实施效果大打折扣。指导研究性学习的专职教师很少，以兼职教师为多，加上三年新冠疫情的影响，教师的研究性学习业务提升往往采用在线教育的方式，培训形式走过场、拍照留痕的占多数，有针对性的、实质性的全员培训、脱产学习并不多见。从学校考核的角度来看，鲜有学校将课程的工作量与教师的奖励及待遇挂钩。无论是缺乏提高教师研究性学习业务素质的机制还是缺乏开展研究性学习的激励措施，都不利于激发教师开展研究性学习的积极性，不少教师因此缺乏把这项工作干得更精彩的持续动力。

（七）研究性学习的质量评价机制亟待完善

研究性学习作为一种发挥学生个性特长、培养学生创新能力和实践能力的学习活动，旨在挖掘学生主动发现和发展的潜能，它与传统的学习活动有所不同，需要一套应和新时代教育发展“一核四层四翼”评价体系新要求的学、教、测、评、管评价体系与之相配套。以开放性、探究性和实践性为显著特点的研究性学习的目标是多维的，这就决定了对研究性学习的评价不能局限于单一的评价方式，而应从课程预设、集体磨课、同课异构、课后研讨等方面进行多维度、多角度的评价，评价的侧重点在于研究未知世界的过程，而不是追求研究的结果。要将学生自评、学生互评与教师评价相结合，以学生的自评、互评为主；将结果评价与过程评价相结合，以过程评价为主；将定性评价与定量评价相结合，以定性评价为主；将综合评价与分析评价相结合，以综合评价为主。在具体操作中，可以采用档案评价、操作评价、答辩评价等方式。目前，以传统的机械划一的方式对研究性学习进行评价甚至不评价的现象大量存在，不仅影响了研究性学习效果的顺利实现，而且对研究性学习的开展与深化有根本性的制约作用。

（八）支撑研究性学习的相关资源缺乏

1. 缺少网络互动平台

目前，研究性学习网络交流平台的建立面临不少困难，不同地区、不同学校之间的同步或异步交流不畅，且基本无法实现真正意义上的校内校际网上讨论、合作、借鉴与交流。与时代的日新月异相比，学校图书馆、学生阅览室、教师阅览室藏书有限，学习资源不能与时俱进，难以满足教师、学生日常教学和学习的需要。

2. 缺少创新实验操作平台

生物实验室、化学实验室、物理实验室、体育保管室、电教室、微机室的设施和耗材都是针对学科要求购置的，而研究性学习活动所需要的仪器设备与耗材存在一定的不确定性，缺乏统一的标准和要求，这给经费预算和器材采购带来了不确定性。

3. 缺少共享网络资源平台

如今网上资源平台鱼目混杂、良莠不齐，以致网上查找相关资料的便捷性、真实性、前瞻性大打折扣，学校对网上不健康信息对学生的毒害也忧心忡忡。目前，已有一些学校、教研组或个人建立了研究性学习网站，但是这些网站由于资金、技术、资源及人力、物力等的局限，未能很好地发挥作用。

六、启示：实施研究性学习的初步结论与认识反思

（一）明确对“研究性学习”概念的界定

从现实的角度来看，“研究性学习”这一称谓本身就容易造成误解，让人误以为研究性学习就是要让学生学会从事研究，在研究中学习进步，获得优异的学业成绩。关于“研究性学习”的概念表达，本课题组文献组发现，目前教育理论界说法较多，不尽相同。教育理论界的这种混沌不一

的表述或多或少影响到实践界对研究性学习的认识与实际操作。“研究性学习”对应的英文是“inquiry learning”，它不同于一般的学科课程，没有特定的知识体系，也不局限于某一学科领域，而是一种开放的、灵活的、积极的发现问题、分析问题和解决问题的探究学习过程，它以问题、调查研究、探索、应用、综合为基本特点，既是一种教育理念，一种学习方式，也是一门课程。从课程的结构形式考量，研究性学习是综合实践活动课程的一个重要而相对独立的部分。

（二）跟进研究性学习的配套教育改革

长期以来，我国普通高中形成了以高考备考为中心的教育教学管理模式。在这种教育管理模式下，有与之相适应的一系列的思想观念、方法体制、组织机构、评价方式等。而研究性学习是以培养创新精神和实践能力为重点的素质教育的重要组成部分，它独具的代价体认、问题解决和责任担当的开放教育理念与传统的教育理念有很大的不同，在一定程度上与传统的以高考为中心的教育方式相冲突。研究性学习的开展以自上而下的各种配套教育改革为基础，只有搞好了各种配套教育改革，研究性学习才有其生长的土壤和发展的空间。

（三）重视研究性学习开展中存在的不良现象

随着研究性学习的持续开展，一些不良现象也逐渐显现在大家面前：将研究性学习方式的功能扩大化，将之与接受式学习方式相对立；将研究性学习的实施过程科研化，效仿教育课题申报流程；将研究性学习的主体精英化，让优秀学生充当研究性学习的组织者和引领者，普通学生形式上跟随参与研究性学习；研究性学习评价囿于传统的终结性评价，评价方式单一；等等。这些认识上的误区或操作中的不当大大影响了研究性学习活动的目标达成，而且还可能产生或滋长急功近利思想和形式主义倾向，甚至加深同学之间的“阶层分化”等，影响协作能力和探究能力的培养。

（四）建设共商、共建、共享研究性学习线上和线下资源库

多维性、全域化研究性学习资源平台建设要聚焦学生的实际需求。互联网资源具有信息量大、检索方便、呈现形式多样等特点，它符合研究性学习的需要和学生线上快乐学习的天性，是最受学生欢迎的资源平台之一。传统书籍、刊物等纸质学习资源具有科学性、严谨性、专题性的特点，也是学生易接受并普遍使用的资源。教师拥有的多媒体学习光盘、电子文档课件和学校开辟的创新实验室，对研究性学习的有效开展和深化有很大帮助。在研究性学习过程中，学校一方面要丰富完善专题网站或研究性学习平台，建立与研究性学习选题相关的开放性资源模块，另一方面要创造条件让学生从网上或实体图书馆查找相关资料，学校机房、专业室场、实验室对学生要定时开放。

七、未来：实施研究性学习的调查结语与研究展望

本课题对基于发现教育的普通高中实施研究性学习课程的情况进行调查研究，利用5G大数据网络优势对教师、学生、家长、学校行政人员四类人群进行问卷调查，及时准确地了解研究性学习的现实盲点与学生需求，掌握广大师生开展研究性学习的基本情况，并对研究性学习的未来进行展望。

课题组充分认识到，研究性学习作为发现教育视域下的一种新的学习方式和学习理念的变革，对传统被动接受学习的教育模式无疑是一种冲击，它在推行过程中已经展现出其积极的一面，但也遇到了不少阻力。高中学校深入开展研究性学习课程的效果不甚理想，原因有以下几个方面。首先，这与当下的高考制度和学校的应试压力密切相关，学校管理者左右为难，建议教育行政部门适时加强指导与管理，进一步优化完善高考选拔制度。其次，这与教师对研究性学习的认识不到位密切相关，建议教育业务部门要定期组织教学研究和培训工作，让教师充分认识到研究性学习的优越性、掌握科学的指导方法，且多引入各领域的学科专家、研究方法专家、信息技术专家等。再次，这与学校研究资源有限密切相关，建议学校与社会多联系，筹建更加丰富完备的线上资源平台和线下图书资源场所。最后，这与不少学生被动学习、不善于自主性思考的学习习惯密不可分，建议调动学生的参与热情，把学生从被动执行教师指令的樊笼里解放出来，让学生自主地选择感兴趣的课题、自主地选择伙伴、自主地选择学习策略和方法、自主地选择成果展示方式。

本课题的研究方向在两年前研究发现教育时就开始酝酿了，然而在教师、学生、家长、学校行政人员四类人群问卷调查已完成的今天，对基于发现教育的普通高中研究性学习的调查研究与思考并没有结束，它进一步启发了我们对以下关键问题的感悟与思考：社会环境在研究性学习中究竟

起什么作用，是助力还是阻碍？学生作为研究性学习的主体从中会有何收益？研究性学习活动是基于资源的学习，网络资源占据绝对优势，是搜索网上资源即可还是实地勘察为好？关于研究性学习活动的展示与评价问题，如何操作更具有趣味性、可行性和成就感？这些关键问题也成为本课题研究者今后研究和努力的方向，以推动形成研究性学习的理论化、课程化、体系化。

跋：发现教育涵育终身学习者

赵　华①

苏州工业园区星海实验高级中学（以下简称“星海高中”）致力创办高品质科学特色高中，建设激活创造力的科学课程体系，打造生长学习力的数智保障体系，构建科学多元的测评考核体系，为涵育终身学习者设计全景式育人蓝图。

一、发现教育的星海解读

以下是发现教育的星海理解和创造。首先，发现是一种主动、自主、自治的个体行为，具有内生动力；其次，发现是一种方法，在科学领域，发现需要积累证据、逻辑循证和数理建构；最后，发现是一种智慧，要能够有发现，就必须有激情、有好奇心、葆有童心。培养发现者的本质，就是培养好奇心、想象力和探求欲。

教育从来不是知识的单向传递，而是灵魂与世界的对话过程。星海高中提出的“发现教育”，以“尊重—发现—成功”为价值链，本质上回应了苏格拉底“产婆术”对教育本质的追问——教育不在于灌输真理，而在于唤醒心灵对真理的追寻欲望。这种教育观渗透着现象学“回到事物本身”的哲学意蕴：当学生通过 STEM 实验室探究物质的电子跃迁规律，或是在天地融合课程中观测银河系的光谱红移时，本质上是在进行海德格尔所言“在世界之中存在”的本体论实践——知识的习得过程即与世界建立意义联结的生命体验。

二、通向终身学习的课程重构

“领雁”课程体系的智慧在于其建构主义的顶层设计。基础型课程的模块化重组打破了传统学科壁垒，体现着怀特海“教育节奏论”中“浪

① 作者工作单位：江苏省教育科学研究院。

漫—精确—综合”的认知螺旋。当化学实验教学从验证性操作转向原理循证的探究时，知识便脱离静态容器，成为杜威所说的“经验的改造”。这种改造在空间维度延伸至“行思润志”文化长廊与创造发明工坊的虚实交融，在时间维度贯通“初中—高中—高校”的培养链，形成布迪厄场域理论中的“惯习养成”机制。更具哲学启发性的是发现教育对知识确定性的解构。在数学建模室，学生面对的从来不是封闭的答案，而是哥德尔不完备定理般的认知挑战；在国际理解教育中，文化差异引发的认知冲突化为列维纳斯“他者伦理”的具身体验。这种知识观暗合怀特海“过程哲学”的要义：真理永远处于生成状态，教育的价值在于培育从容面对认知不确定性的心智素养。

三、构建终身学习力的评价谱系

星海高中的改革实践揭示：当教育评价从“摄影机”转向精准评价中的“欣赏与激赏”时，学习的热情必将被唤醒。“五色图—雷达图—彩虹图”的三阶演进，本质上是认知诊断技术的现象学转向，这种评价体系规避了工具理性的异化风险，更贴近哈贝马斯“交往理性”的教育理想。教师通过微表情捕捉技术分析学生的课堂参与深度，是将维特根斯坦的“语言游戏理论”转化为教学诊断工具的创新尝试，更深层的哲学变革发生在评价主体维度；“伴学者”概念的引入，构建起拉图尔“行动者网络”式的评价共同体；家长通过数字化平台参与研学课程设计，企业导师介入创客空间的项目评估，评价成为社会联结的教育仪式。这种去中心化的评价生态，正是终身学习者需要的成长环境。正如阿伦特所言，只有“在人与人之间”才能实现真正的存在。

在人工智能“奔涌”的时代，发现教育更需要保持清醒的价值定力——围绕“人的觉醒”展开，其根脉在发现式课堂，培养终身学习者的问题发现力、方法发现力、思维发现力和创造发现力。

涵育终身学习者，让每个生命时刻保持对世界的好奇，在永恒的发现之旅中实现终身成长。